Forthcoming **I**nformation **S**cience

これからの
情報科学

師　　啓二　MORO Keiji
樋口　和彦　HIGUCHI Kazuhiko
舩田眞里子　FUNADA Mariko
黒澤　和人　KUROSAWA Kazuto

学 文 社

●著者略歴

師 啓二（もろ けいじ）

1949 年東京都中央区生まれ。

早稲田大学大学院理工学研究科博士課程単位取得満期退学，理学博士。米国ニューヨーク州立大学博士研究員，米国スタンフォード大学博士研究員，早稲田大学理工学部助手を経て，現在白鷗大学経営学部教授。

担当科目：物理学 A・B，経営情報科学，法学情報科学。

主な著書：『化学者のための数学』（共著）東京化学同人，1981 年。『物理学辞典（改訂版）』（共著）培風館，1992 年。『初心者のための情報科学入門』（共著）同友館，2000 年。『情報科学の基礎と活用』（共著）同友館，2006 年。『力学 I』（共著）および『量子力学 I』（共著）森北出版，2008 年。『現代の情報科学』（共著）学文社，2010 年。『力学 II』（共著）森北出版，2012 年。『波動現象』（共著）森北出版，2015 年。

樋口和彦（ひぐち かずひこ）

長野県松本市生まれ。

青山学院大学大学院経営学研究科博士課程単位取得満期退学。白鷗大学経営学部・大学院経営学研究科教授。

担当科目：財務管理論，経営情報科学，決定の科学，等。

主な著書：『現代企業経営論』（共著）新評論。『現代企業の経営行動』（共著）同文館。『経営学辞典』（共著）東洋経済新報社。『経営行動の現在的意義』（共著）同友館。『初心者のための情報科学入門』（共著）同友館。『経営管理の新潮流』（共著）学文社。『ビジネスコミュニケーションの基礎理論』（共著）学文社。『情報科学の基礎と活用』（共著）同友館。『IT 革命と企業組織』（共著）学文社。『現代の情報科学』（共著）学文社。

舩田眞里子（ふなだ まりこ）

栃木県足利市生まれ。

青山学院大学大学院理工学研究科博士後期課程単位取得満期退学，博士（工学）（東京工業大学）。富士通，青山学院大学研究員等を経て，現在白鷗大学経営学部・大学院経営学研究科教授。

担当科目：経営情報科学，統計調査法，経営分析法，情報管理論特論等。

主な著書：『パソコンシステム工学ライブラリ』（共著）HBC，1987 年。『情報科学のための数学入門』（共著）東京図書，1991 年。『初心者のための情報科学入門』（共著）同友館，2000 年。『情報科学の基礎と活用』（共著）同友館，2006 年。『数と計算の歩み』（共著）牧野書店，2009 年。『現代の情報科学』（共著）学文社，2010 年。『オートマトンと形式言語の基礎』（共著）牧野書店，2011 年。『計算理論入門』（共著）牧野書店，2013 年。『COMPUTING A Historical and Technical Perspective』（共著）CRC Press，2014 年。『離散数学入門』（共著）牧野書店，2017 年。

黒澤和人（くろさわ かずと）

1953 年茨城県土浦市生まれ。

茨城大学大学院工学研究科修士課程情報工学専攻修了。産能短期大学等を経て，現在白鷗大学経営学部教授。白鷗情報処理教育研究センター長。

担当科目：経営情報科学，マルチメディア論，数学概論 A・B，代数学，解析学。

主な著書：『情報数学入門』共立出版，1995 年。『統計・OR 入門』共立出版，1995 年。『Word と Excel によるパソコン演習』（共著）共立出版，1997 年。『MS-Office による情報活用演習』（共著）共立出版，1997 年。『初心者のための情報科学入門』（共著）同友館，2000 年。『パソコンプレゼンテーション入門』現代図書，2003 年。『情報科学の基礎と活用』（共著）同友館，2006 年。『現代の情報科学』（共著）学文社，2010 年。『Web 教材制作演習』丸善プラネット，2017 年。

はしがき

　本書は大学の初年度の学生を対象とし，彼らが将来会社に就職しても通常の業務であれば困らない程度のコンピュータの基礎知識と操作能力の修得をめざし，テキストとしてまとめたものである。また，「IT パスポート試験」など情報処理関連の資格試験の出題分野の一部も含んでいるので，そのような資格にチャレンジしたい読者諸君にとっての参考書としても使えるように考慮している。

　ICT（情報通信技術）関連技術の進歩と普及は目覚ましい。総務省の調査*によると，2011 年に普及率が 14.6% であったスマートフォンの個人保有率（全体）が，5 年後の 2016 年には一気に 56.8% まで上昇した。20 代の若者に限れば，2011 年の 44.8% から 2016 年には 94.2% へとほぼ全員が保有するくらいの状況にまで普及している。つまり，彼らは SNS やゲームで日常的にインターネットを当たり前のものとして使っているのである。電子メールよりも SNS のTwitter や LINE を使い，ゆるいつながりの中での会話を楽しんでいる。こうなると「情報リテラシー」に関する教育は十分でもう必要ないのではないかという議論もでてくるわけであるが，実はそうではないことがわかった。

　* 総務省：「スマートフォンの個人保有率の推移」
　（http://www.soumu.go.jp/johotsusintokei/whitepaper/ja/h29/html/nc111110.html）より。

　2006 年は，高等学校において教科「情報」が必修となり，その教育を受けた学生が大学に入学した最初の年であった。原則として，基礎的な教育は済んでおり，たとえば「文字入力ができない」という学生はいなくなった。しかし，必修になったとはいえ，実際に彼らが高校で受けた情報教育の内容はまちまちで，かなりのレベル差があることもわかった。「携帯メール」や「ツイート」などの短いメッセージのやり取りはしていても，PC を使って送る正式な文書の「電子メール」の経験はないとか，Word の実習はあっても公文書の体裁は知らないとか，Excel は習わなかったとか，さまざまであった。PC の性能が向上していろいろな機能が追加され，またプログラムも MSOffice は盛んにバージョンアップをしているが，個人間にレベル差がある状況は 10 年以上経過した今日でも変わらない。彼らは社会に出る前に，きちんと知識を整理し，技術や操作能力も最低限のことはできるようになっていなくてはならない。

　本書の姉妹書にあたる『現代の情報科学』（学文社）を出版した 2010 年以後，最も変わった

i

のは前述のとおり「スマートフォンの普及」という点であろう。調べごとがある場合，スマートフォンを使ってインターネットを検索し，すぐ「ウィキペディア」などから必要な情報を得ることができるし，SNS を使えば，あまり公になっていない情報なども場合によっては入手することができる。YouTube にアップロードされた動画を見ることもできる。不要となった品物の写真をスマートフォンで撮影してアップロードして販売するサイトもある。ネットオークションに参加することもできる。このようにさまざまなことがスマートフォンでできるようになった。これは通信回線のブロードバンド化など情報システム基盤（情報インフラストラクチャー）の整備が進んだおかげである。

　本書は以上のような状況を背景に，いま現実に求められている情報教育を確実に行なうための教材として作成された。本書のキーワードは「これから」である。前述のように，PC 関連技術の進歩は目覚ましく，これからも新しいハードウェアやソフトウェアが登場し，新たな使用法が生まれてくることであろう。第 I 部理論編では，これらコンピュータを使っていくのに必要なさまざまな基礎知識にくわえて，「フィンテック」，「ブロックチェーン技術」や「量子コンピュータ」など「これから」発展が予想される事柄について紹介し，その理解を深めることができるように工夫した。

　第 II 部活用編では PC を使った実習を行なう。ここでは「文字入力にはあまり負担を感じることなくできるし，簡単な表計算ソフト程度なら使ったことのある」程度の基礎能力を持った読者を対象としている。状況によりスマートフォンを活用する場合もある。実習の課題としては，電子メールとクラウドの活用，ビジネス文書・英文の手紙の作成，表やグラフの作成とデータ分析，プレゼンテーションの準備と発表用資料の作成，データベースの活用法など，PC を活用するさまざまなシーンで必要とされる実例を取り上げる。そのため第 II 部活用編では，Microsoft Office（MS Office）365 を使用し，実習を進めるというスタイルとした。PC をすぐにでも仕事で使いたいという読者は，この第 II 部から始められるとよいだろう。MSOffice は頻繁にバージョンアップを繰り返してきて，「これから」も新たなバージョンが発表されることであろう。しかし，バージョンの違いにこだわる必要はない。「表計算ソフトなら，このような使い方ができるはず」という大まかな理解ができていることの方が重要なのである。そうであれば，バージョンが改まり，表示画面の体裁が大きく変わっても，「これから」困ることはない。

　第 III 部応用編では，「タスク・オリエンテッド（「何をしたいのか」，まず目的ありき）なプロジェクト」という視点でいくつかテーマが集められている。取り上げたプロジェクト（テーマ）はレポートの書き方・まとめ方，主として投資をテーマとした各種のシミュレーション，意思決定法，統計学の基礎，動画編集，アルゴリズムとプログラミング，と内容は多岐にわたってい

る。これらは上級生となってから，たとえばゼミなどに入ってからでも良いだろう。「これから」の問題として応用力をつけるという意味でいくつかのプロジェクトを選び，第Ⅱ部で身につけた実力を遺憾なく発揮して取り組んで欲しい。

　以上を踏まえてまとめた本書の内容は，半期の科目ならば2科目分，通年の科目ならば1科目分の講義の分量に相当するものとなっている。目次では，一応の目安として，大学初年度の前期で扱う内容の項目は無印，後期では (*)，また2年度以降で扱っても良いと思われる内容の項目には (**) をつけているが，もちろん取り上げ方は読者の自由である。項目によってはいわゆる理系分野の内容も存在する。また多くのデータを扱う統計学の例題もある。これらは，もし理系志向の読者の皆さんに受け入れられるとすれば誠に幸いである。執筆には白鷗大学経営学部の4人の専任教員があたり，各自の分担は次の通りである。

　　　　第Ⅰ部　第1章～第5章　師　　啓二
　　　　第Ⅱ部　第1章～第6章　黒澤　和人
　　　　第Ⅲ部　プロジェクトA　師　　啓二
　　　　　　　　プロジェクトB　樋口　和彦
　　　　　　　　プロジェクトC　樋口　和彦
　　　　　　　　プロジェクトD　舩田　眞里子
　　　　　　　　プロジェクトE　舩田　眞里子

　限られた時間の中で稿をまとめたという事情もあるので，筆者らの勘違いによるミスなどあるかもしれない。そのような場合は，遠慮なくご指摘いただければとてもありがたい。

　執筆にあたり，快く資料をご提供いただいた東京理科大学教授蔡兆申先生，キーエンス株式会社様およびキッセイコムテック株式会社様に厚く御礼申し上げる。また，出版にあたりいろいろお世話になった，株式会社学文社社長　田中千津子氏にも心から感謝の意を申し上げたい。

平成30年2月19日

執筆者一同を代表して

師　啓二

目　次

はしがき　　i

第Ⅰ部　理論編

第1章　情報通信技術と現代社会 ———————————————— 2
1.1　金融・経済　　2
1.2　物流・商取引　　7
1.3　通信・放送　　11
1.4　地理情報・ナビゲーション　　11
1.5　公共施設・官公庁　　13
1.6　病院・医療　　13
1.7　デジタルアーカイブ　　14
1.8　教　育　　14
1.9　これからの情報技術と問題点 (＊＊)　　15

第2章　ハードウェア ———————————————————— 18
2.1　アナログとデジタル　　18
2.2　コンピュータの構成要素　　20
2.3　補助記憶装置 (外部記憶装置)　　25
2.4　入出力機器の接続規格　　31
2.5　入力装置　　33
2.6　出力装置　　38
2.7　通信・ネットワーク関連機器　　42
2.8　映像メディア関連機器　　43
2.9　これからのコンピュータ　～量子コンピュータ～ (＊＊)　　47

第3章　ソフトウェア ———————————————————— 51
3.1　概　要　　51
3.2　オペレーティング・システム　　52
3.3　ファイルシステム　　55
3.4　データ処理システムの形態　　57
3.5　ファイルとデータ構造　　59
3.6　アプリケーション・プログラム　　60
3.7　ヒューマンインタフェース技術　　64
3.8　マルチメディア技術　　66

3.9 これからのソフトウェア技術　68

第4章　ネットワーク ——————————————————— 71
4.1 コンピュータ・ネットワーク　71
4.2 コンピュータ・ネットワークの仕組み　72
4.3 インターネット　74
4.4 セキュリティの問題　77
4.5 これからのインターネット技術（**）　79

第5章　情報倫理 ——————————————————— 88
5.1 情報の財産的価値　88
5.2 情報化と社会問題　89
5.3 情報社会と犯罪　91
5.4 これからの暮らしと情報技術　95

第Ⅱ部　活用編

第1章　インターネットの活用 ——————————————————— 100
1.1 端末のセキュリティ設定　100
1.2 検索と資料の活用　103
1.3 電子メールとクラウドの活用　105

第2章　ワープロソフトの活用 ——————————————————— 109
2.1 デジタル文書の基礎知識　109
2.2 ビジネス文書の基礎知識　111
2.3 ビジネス文書の実際例　115

第3章　表計算ソフトの基礎 ——————————————————— 123
3.1 表の作成　123
3.2 基本的なグラフ　124
3.3 関数の基本操作　128

第4章　表計算ソフトの活用 ——————————————————— 136
4.1 連続量データの処理（1変数の場合）　136
4.2 連続量データの処理（2変数以上の場合）　140
4.3 カテゴリカルデータの処理　143

第5章　プレゼンテーションの実際 ——————————————————— 150
5.1 プレゼンテーションの準備　150
5.2 スライドの作成　151
5.3 リハーサル・発表・事後処理　154

第6章　データベースソフトの活用 ——————————————————— 159

6.1 リスト処理　159
6.2 データベースソフトの基礎　164
6.3 データベースソフトの活用　171

第Ⅲ部　応用編

プロジェクトA　文章のまとめ方 (*) ——— 178
A.1 文章構成の基本型　178
A.2 資料の集め方　180
A.3 実例：レポート作成　181

プロジェクトB1　企業の投資業績とマクロ経済指標との関連性分析 (相関分析) (*) ——— 184
B1.1 基本統計量の処理　184
B1.2 データの加工 (相対データ)　185
B1.3 散布図による関連性分析　186
B1.4 関連性の数値化　188

プロジェクトB2　株式ポートフォリオの期待値とリスク (**) ——— 191
B2.1 個別株式投資の期待値とリスク　191
B2.2 株式ポートフォリオの期待値とリスク　194
B2.3 リスクの分散化　197

プロジェクトB3　最適在庫水準 (最適発注量) の意思決定 (**) ——— 199
B3.1 発注量と平均在庫量との関連　199
B3.2 在庫関連費用の分析　200
B3.3 最適在庫量の決定　202
B3.4 在庫維持費と品切れ費用からの在庫管理　204

プロジェクトB4　設備投資案の評価 (**) ——— 209
B4.1 評価における時間 + 利子要素の重要性　209
B4.2 純現在価値法　210
B4.3 内部利益率法　211

プロジェクトB5　経営資源の最適配分 (**) ——— 214
B5.1 線形計画法—図解法　214
B5.2 線形計画法—代数法　216
B5.3 線形計画法—シンプレックス法　218

プロジェクトB6　Zチャートを活用した経営分析 ——— 221
B6.1 チャートの作成　221
B6.2 Zチャート作成　223
B6.3 業績分析のポイント　223

プロジェクト C1　ガウス分布 データ分布の正規性 (*) ――――――― 225
C1.1　データの正規性　　225

プロジェクト C2　ベイズ統計 (**) ―――――――――――――――― 227
C2.1　ベイズ統計学 (ベイズの定理)　　227
C2.2　意思決定の樹とベイズの定理　　227

プロジェクト C3　動画処理とファイルユーティリティ活用 ――――― 230
C3.1　キャプチャ　　230
C3.2　保存動画ファイルの読込　　232
C3.3　動画ファイルの編集　　233
C3.4　ファイルの保存とユーティリティの活用　　236

プロジェクト D　アルゴリズムと VBA の基礎文法 (*) ――――――― 241
D1　アルゴリズムとアルゴリズムの表記法　　241
D2　VBA の基礎文法　　243
D3　基本統計量の計算 (1)　　249
D4　基本統計量の計算 (2) －ソーティング－　　253
D5　Sub プロシージャと Function プロシージャ　　257
D6　再帰法を用いたプログラミング　　262

プロジェクト E　VBA を用いた株式投資シミュレーション (**) ――― 267
E1　乱数列と乱数　　267
E2　株価発生モデルと株価発生アルゴリズム　　267
E3　株式投資モデルと株式投資シミュレーション　　277

和　文　索　引　293
数字・欧文索引　298

付録のディスクについて

付録のディスクには，第Ⅱ部ならびに第Ⅲ部の各章で使用するファイルあるいは参考となるファイルが保存されている。「chap 1」〜「chap 6」の6つのフォルダは第Ⅱ部，「project A」〜「project E」の6つのフォルダは第Ⅲ部で使用する。

Windows, Microsoft Office (Word, Excel, PowerPoint, Access), VBA (Visual Basic for Application Edition), VBScript (Visual Basic Scripting Edition), Internet Explorer は米国マイクロソフト社の意匠登録です。
JaveScript は，米国 Sun Microsystems 社の商標または登録商標です。
DVD Movie Writer は，ユーリードシステム社（現在はコーレル社）の登録意匠です。
その他，本書に記載する社名・製品名は，一般に各会社の商標または登録商標です。
なお，本文中には TM および R マーク等は省略しています。

第Ⅰ部
理論編

第1章　情報通信技術と現代社会

　ICT（Information and Communication Technology，**情報通信技術**）の発展によって私たちは，社会から多くの恩恵を受けている。たとえばいつでもどこにいても，スマートフォンを使えば，インターネットにアクセスして必要な情報をすぐ入手することができるし，メッセージのやりとり，商品代金の支払いや預金の残高確認・振込なども即座に行なうことができる。情報はあたかも水や空気のように私たちの暮らしの中にあり，必要とする時に必要なだけすぐ手に入る。かつてこのような社会は「情報化社会」，「ユビキタス社会」などと呼ばれていたが，現在ではあまりいわれない。当たり前のこととなってしまい，とくにことさらいう必要がなくなったからである。

　さて，技術の発展に伴い新しい産業が創成されるという事実が存在する。ICT の場合がまさにそうである。経済活動の基盤となる金融部門，日々の生活に必要な物資を供給する物流部門，病院などの医療部門，および娯楽や情報を提供する放送・出版などのメディア部門，これらさまざまな分野において，コンピュータの性能向上と通信技術，使い方のノウハウの発達に伴い，従来なかった新しい産業が登場している。本章ではこれらの各分野における最近の状況を概観し，さらにはこれからの発展について考えていきたい。

1.1　金融・経済
1.1.1　金融システム

　わが国の金融業界における最初のコンピュータシステムの導入は 1959 年のことであるが，当時は「電子計算機」といわれていて，まだ，日々の銀行事務を**バッチ処理**（batch processing，**集中処理**，第 3 章，第 4 章参照）していたに過ぎない。**オンライン処理**（on-line processing，第 3 章参照）が導入されたのは 1965 年が最初であるが，多くの都市銀行，相互銀行，信用金庫がオンラインシステムを導入するのは 1970 年代に入ってからのことである。都市銀行間は**BANCS**（BANks Cash Service），地方銀行間は **ACS**（All Japan Card Service）で相互に結ばれていたが，現在では両システムは接続され，**MICS**（MultiIntegrated Cash Service，**全国キャッシュサービス**）として**現金自動預け払い機**（ATM：Automated Teller Machine）のサービスを行なっている。利用の際には，磁気情報が記録された専用のカードまたは通帳，および通常 4 けたの数字からなる暗証番号を用いている。カードの磁気ストライプからは容易に情報が読めるので，それによる不正使用を避けるため，本人確認には情報を記録した IC チップを埋め込ん

2　第 I 部　理論編

だIC カードを用いるとか，利用者の手の指や手のひらの静脈のパターンを利用して生体認証するなど，よりセキュリティの高い方法の採用へと移行しつつある。なりすましの被害を最小限とするため，一日に口座から引き出せる金額の限度額が定められているが，これは万が一口座番号や暗証番号を盗まれた場合にも一度に大量の現金を引き出されることのないよう配慮したものである。

インターネットの Web サイトを利用した**ネットバンキング**（on-line banking，**オンラインバンキング**）も行なわれている。自宅から PC (personal computer，パソコン）やスマートフォンを使って銀行のサイト（「○○ダイレクト」との表示があることが多い）にアクセスして預金残高の確認や送金ができる。さらに，**ネット銀行**（on-line Bank，**オンラインバンク**）のような，店舗を持たずにインターネットでの営業活動に特化した銀行も登場し，これらのサービスは土日や祝日および 24 時間サービスにも対応できることを長所として盛んに業務展開をしている。

ネットバンキングでは，PC やスマートフォンで銀行のネットバンキングのサイトにアクセスし，ネットバンキング用の口座番号（ログイン ID）に続いてネットバンキング用のパスワードを入力し口座情報にアクセスする。これらはすべて暗号化して送られるが，振替や振込などの送金を伴う場合には，それに加えて「**ワンタイムパスワード**（one-time password）」の入力が求められる。つまり，ATM の操作より高いセキュリティ対策がとられているのである。「ワンタイムパスワード」とは一度限り有効なパスワードを用いる方式のことで，たとえばあらかじめ顧客 1 人ずつに郵送しておいた「ワンタイムパスワード発生器」（図 1.1.1 参照）にその都度表示される「パスワード（**ワンタイムパスワード**）」を入力させる方式のことである。この「パスワード」は毎回異なり，またおよそ 1 分程度しか有効でないため，その間に入力を済ませなくてはならない。また，スマートフォンを利用する場合は，あらかじめ登録しておいた生

図 1.1.1　ワンタイムパスワード発生器
写真はゆうちょ銀行で採用しているもの。

体情報による認証（「指紋認証」・「静脈認証」・「顔認証」）を使うシステムを導入している金融機関も多く，より安全な本人確認のシステムが使われている。これらの対策をとることによって，スパイウェア（後述）などで万一パスワードが盗まれるようなことがあっても，不正な送金を防ぐことができると考えられている。

　証券会社においても銀行同様のオンラインサービスがある。各種の投資信託や株式の購入は証券会社のATMだけではなく，自宅からインターネットを通じて行なうことができる。なお，機関投資家（銀行や証券会社，特定のファンドなど個人以外の投資家）では，「**アルゴリズム取引**（algorithmic trading）」が行なわれるようになった。それはアルゴリズム（プログラム）を用いて，株価変動のデータをもとにコンピュータが自動的に売り買いの注文を出し，たとえわずかな相場の変動からでも累積して確実に利益を上げることのできるという取引のことである。アルゴリズムは直接個人で作る場合や，証券会社が提供する場合があるが，米国の例では取引所を介して直接マーケットにアクセスし，膨大な過去のデータをもとに「人工知能システム」が自動的に売り買いの注文を出している。売り買いの判断はコンピュータが「機械学習，ディープ・ラーニング（深層学習）」により将来の株価を予想して行なっている。実際，株価はミリ秒（1000分の1秒）単位で変化するので，人間が判断していてはとても追いつかないのである。しかし，アルゴリズムのわずかな誤りで大きな損失を出してしまったとか，コンピュータの誤動作に基づく「株価のクラッシュ」により大きな被害があった，などの事例もあり，問題点も指摘されている。

　以上は，我が国で「**システムトレード**（system trade，シストレ）」という通称で通っている取引のことであるが，そもそもの広い意味では，自分自身のコンピュータシステムを使っての取引のことをいい，売買の判断や執行を自動的に行なうことまでは含まない。

1.1.2　電子マネー

　電子マネー（electronic money）とはICTを利用した，企業により提供される電子決済サービスのことで，貨幣という物品をやりとりする代わりに電子的なデータのやりとりで決済を行なうことである。デビットカード（debit card）のようにオンラインで銀行口座とリンクして即口座引き落としで決済される方式のものと，suicaやpasmo，Edy（楽天Edy）のように金銭価値を電子化して（デジタルデータとして）ICカードに記録し（「チャージする」という），小売店などの決済端末にてオフライン方式で決済されるものとがある。ICカード方式は，わが国では非接触通信技術Felica*を採用しているものが多く，これらは実質的にはICタグ（後述）であるので，携帯電話やスマートフォンにも搭載されて使われている（**おサイフケータイ**）。

*非接触型ICカードの通信技術。

　電子マネーの導入はお釣りのやりとりの煩わしさから買い物客と小売店の店員を解放すると

いうメリットがあり，キャッシュカード番号などの機密を要する番号を使わなくてすむことのほか，日常生活においても，現金を狙った犯罪にあわないとか，入場や乗車時の支払いや確認がスムースにできる，などのさまざまなメリットがある。さらにはクレジットカードや携帯電話での利用と合わせて，家計を一元管理することも可能となった。

「おサイフケータイ」は携帯電話に埋め込んだ IC チップ（FeliCa チップ）を使った電子決済サービスで，ドコモ・KDDI・ソフトバンクなど携帯電話会社が提供している。 Edy や suica などの機能の他，量販店のポイント，バスや電車の乗車カード，クレジットカードとしての利用など，多岐にわたっている。PC から支払い代金を送金するなどの場合はカードリーダ・ライターの「PaSoRi」が必要である。

量販店で商品を購入する際に発行されるポイントもその量販店限定の電子マネーということができる。ただし，これら電子マネーどうしの互換性はなく，統合化の動きも進んでいない。

1.1.3 フィンテック

フィンテック（fintech）とは金融（finance）と技術（technology）を組み合わせた造語である。だいたい「情報技術の金融への応用」といったくらいの意味で使われている。これまで金融機関が半ば独占的に提供してきた金融サービスに，ICT を活用してさまざまな起業家や大手ICT 企業などが参加して，より利用者サイドに立った新しい金融商品やサービスを提供しようとする動きが活発になっている。例えば，代表的なフィンテックのサービスとしては次のようなものがある。

a. 個人財務管理（PFM：Personal Financial Management）

個人の財務を管理するプログラムのことであるが，一般的には，複数の銀行・証券会社，クレジットカードなどの口座情報を一元的に確認できるオンラインサービスを指すことが多い。米国では，顧客はスマートフォンを使って投資状況を確認しつつ，ポートフォリオに関するアドバイスを受けることができるというサービスを提供する例がある。わが国では口座間の連携が進んでおらず，モバイルへの対応が遅れるなどが原因で限定的なサービスに限られているのが現状である。

b. マーケットプレイス・レンディング（Marketplace lending）

「マーケットプレイス・レンディング」とは「ネット上で融資を受け付け，それに対する投資を複数の投資家から受け付ける」資金調達のことである。「ソーシャルレンディング」，「P2Pレンディング」ということもある（「P2P」については第 4 章を参照のこと）。

一般の金融機関からの融資に比べ，貸し手は店舗を持たず，銀行としての規制も受けないという強みがあり，また借り手も，若干利率が高く設定されてはいるが，必要な資金がすぐ簡単に入手できるので，英米を中心として世界的に急拡大し，**マーケットプレイス・レンディン**

グは金融の新たな形として注目されている。わが国では規模と機能の面でまだ限定的なものにとどまっている。ネット上で寄付を集める場合のように不特定多数の投資家（crowd, 群衆）から財源の提供や協力を受ける（funding, 資金調達）行為は**クラウド・ファンディング**（crowd funding）といい，これとは異なるサービスである。

c. ロボ・アドバイザー（robo-adviser）

「ロボ・アドバイザー」とは「投資家に対して，人工知能を利用して資産管理や資産運用のアドバイスを行なうシステムやサービスのこと」である（例：**WealthNavi**）。投資家がいくつかの質問に答えることにより，資産規模やリスクに対する態度（つまり，「リスク回避型」なのか「リスク選好型」なのか）などを判断し，さまざまな投資理論*の金融アルゴリズム（プログラム）に基づき，ロボット（コンピュータ）が株やETF（証券取引所で売買できる投資信託）などへの分散投資に関する情報を提供する。

> * 基盤となっている投資理論としては，ポートフォリオ理論，CAPM（Capital Asset Pricing Model, 資本資産評価モデル），OPM（Option Pricing Model, オプション評価モデル），および CAPM とは異なる仮定をおき，裁定概念に基づく APM（Arbitrage Pricing Model）などいくつかある。

d. モバイルPOS

スマートフォンなどのモバイルデバイスを利用したクラウド型（「インターネットにおいたデータを共有する」という意味で）の **POS**（Point Of Sales, 販売時点情報管理システム, 後述）のこと。アプリ（プログラム）をインストールすることでインターネット経由で商品のリアルタイム管理ができる。従来のPOSレジと比べて初期投資額を抑えるメリットがあるため，中小企業でもビッグデータ（後述）の恩恵を受けやすいという利点がある。

e. 仮想通貨（Virtual Currency, Cryptocurrency）

円やドルなどの法定通貨に対して，特定の国家による価値の保証を持たない通貨のこと。日本では「不特定の者を相手方として相互に交換を行なうことができる財産的価値であって，電子情報処理組織を用いて移転することができるもの」と定義されている。簡単に言えば，インターネット上で「通貨（お金）」として流通しているデジタルデータのこと**であり，全世界に約1000種類あるといわれている。その代表的存在がビットコイン（Bitcoin）で現在（2018/01/21）発行総額 16,816,262BTC，市場価格は約23兆円（単価1BTC=¥1,363,563）である（BTCはビットコインの単位）。

> **資金決済に関する法律（平成21年6月24日法律第59号）

前述の「お金として使えるデジタルデータ」である電子マネーとの違いは，電子マネーが実質的には法定通貨と同じであり，発行主体（suicaの場合はJR東日本）のコンピュータが中央集権的にデータの（台帳の）管理をしているのに対し，ビットコインでは管理主体がなく，P2Pでつながった（分散型）ネットワークのコンピュータ間でのやり取りを記録したブロック（台帳）

のチェーン（連鎖）が連続していることを担保として通用している「お金」ということになる（第4章参照）。従来の銀行を介しての国際送金と比べて，安い費用でしかも短い時間で決済できるというメリットがあり，利用者が増えているが，匿名が守られるという面から麻薬の売買，マネーロンダリング（不正な資金の洗浄）に利用されるという事例もあった（第5章参照）。

　メガバンクも独自の仮想通貨の導入を検討している（三菱UFJフィナンシャル・グループの「MUFGコイン」など）ほか，中央銀行にもその動きがみられる。前者ではATMの維持費が銀行業務の収益を圧迫していて，送金費用や手間がかからない仮想通貨を利用することでコストを下げたいという狙いがあること，また後者では中央銀行の金融政策の効果がビットコインなど従来の仮想通貨によりうまく機能しなくなることへの対策という意味合いがある。2013年のキプロスや2014年の中国のように中央銀行の政策に不安を感じる人々がビットコインの購入に走り，価格が急上昇し，その後の沈静化とともに下落したということがあった。また，日々の値動きも激しい乱高下を繰り返す局面がみられる。その後も投機的なマネーの流れ込みは止まらず，2017年の12月から翌年にかけては一時1BTC=220万円まで高騰したが，その後急激に下落している（第4章参照）。

1.1.4 経　済
　インターネットを探索すると，さまざまな経済データが存在することがわかる。なかでも日本銀行のWebサイトでは，企業物価指数や短期経済観測調査（**短観**）など，わが国の経済の動向を知るためのいろいろな統計データを入手することができる。短観は日銀が景気の動向を知るため企業を対象として行なったアンケート調査の集計結果を業種・企業規模に応じてまとめたものである。年4回行なわれる調査の結果は新聞で報道されるが，ホームページでは詳細なデータがpdf形式やExcel形式（第Ⅱ部第3章参照）で提供されている。これらのデータを，基礎資料として自分のPCにダウンロードすれば，表計算ソフトのExcelなどで分析してレポートやプレゼンテーション用資料を作成することができるので大変都合が良い。日本銀行のサイトでは，Excel形式のデータは「自動解凍の設定がされた圧縮ファイル」という形で用意されているので，ダウンロードしてすぐそのファイルを使い始めることができる。一般に圧縮されたファイルを元のファイルに戻す（「解凍する」という）作業には「**Explzh**」などのユーティリティーソフトが必要であるが，これらの多くは無料で，例えば「窓の杜」のようなポータルサイトで（無料の）「フリーソフト」として入手することができる。

1.2　物流・商取引
1.2.1 POS
　スーパーマーケットやコンビニエンスストアでは仕入れ・販売の効率化を図るため，レジで

はPOSが使われている。レジで商品のバーコード (bar code) から読み取られたデータは自動的にコンピュータシステムに取り込まれ、金額の合計を求めるだけではなく、在庫や仕入れの管理に利用される。これらのデータは、品不足や売れ残りをなくすためだけでなく、消費者のニーズを知り、新たな商品開発のための一次資料として活用される。さらにこれらの一次資料は天候などの気象データ、店舗の位置データなどほかの資料を合わせたビッグデータ (big data) として、より総括的な経営分析へと利用されていく。

さて、バーコードにはいろいろな規格があるが、始まりと終わりを表す文字（スタート／ストップキャラクタ）、バーとスペースの組み合わせで表した数字データとチェック・ディジット (check digit) という数字からなるという構造は同じである。日本ではJAN (Japanese Article Number) という規格の標準タイプ (13桁) と短縮タイプ (8桁) のものが使われているが、そのほか自動車業界ではCODE39、流通分野ではUCC/EAN-128というシンボルのものも使われている（図1.1.2 (a) 参照）。読み取りにはバーコード・リーダー (bar code reader) という光学的読み取り装置を利用しているが、たまにうまく読み取れないこともある。そこで読み取りが正しく行なわれたかどうかチェックするためにチェック・デジットが入れられている。チェック・デジットは1桁の数字コードであり、読み取ったデータをあらかじめ決められた計算式で計算して、この数字と合っていれば正しく読み取りが行なわれたものと判断される。一般に、読み取り誤差は極めて小さく、信頼性は高い。バーコードにより多くの情報をもたせたいという要望から2次元バーコード（図1.1.2 (b) 参照）が登場した。2次元バーコードにも「Data Matrix」・「QRCODE (quick response code, QRコード)」などいくつか規格がある。たいていの携帯電話やスマートフォンは「QRcode reader」のアプリを実装しているので、カメラで「QRコード」を撮影し、「リーダー」で解読してWebサイトのアドレスにアクセスする、というような使い方ができる。

バーコードに代わるものとして、「ICタグ」の使用も検討されている。ICタグには商品の情報が記録してあり、タグリーダーから電波を受けると、その電力で内蔵した個別番号などの

(a) 1次元バーコード (CODE39)　　　　(b) 2次元バーコード (QRコード)

図1.1.2　1次元バーコードと2次元バーコード

株式会社キーエンスのHPより許可を得て掲載。

情報処理を行ない，タグリーダーに電波を返す。このようにして，読み取り機を近づけるだけでタグの個別情報を読み取り，その商品に関する情報をインターネット上のサーバから得ることができるのである。これによって生産者や流通経路もわかり，物品の流通管理に使うことができる。便利な一方，IC タグのついた商品を購入した消費者の行動は追跡できるので，欧米では「スパイ・チップ」とも呼ばれている。今後はこのような，消費者のプライバシー保護という面にも配慮していかなくてはならない。

1.2.2　書籍販売の物流

　いま，大手の書籍取次店は全てコンピュータで管理され，本の在庫管理や注文などの業務は本につけられた **ISBN**（International Standard Book Number, 国際標準図書番号）コード（図 1.1.3 参照）を使って行なわれている。2007 年から採用されている現行規格（ISBN-13）によると，図 1.1.3 で「ISBN978」に続く最初の数字が「4」であるのは，日本で出版された本であることを表している。中小の書店では本の「注文短冊（注文カード），売り上げカード」を使っているところもあるが，それにも ISBN コードは印刷されていて，取次店では「注文短冊（注文カード）」で注文を受けても注文する際には ISBN コードを使って出版社に発注している。したがって，書店で本を注文する際には書名，出版社名と一緒に ISBN コードをいえば，いくらか早く入手することができる。

ＩSBN978 - 4 - 7620 - 2088 - 9

図 1.1.3　ISBN（International Standard Book Number, 国際標準図書番号）

　さて，1995 年に米国のインターネット書店としてスタートしたアマゾン（amazon.com）は独自の物流拠点（「フルフィルメントセンター」という）をアメリカ，ドイツ，イギリス，日本，中国などに設置し，全世界で商品販売を展開している。商品はバーコードを使って管理され，その商品が巨大な倉庫のどこにあるかも把握されている。商品の識別には **ASIN**（Amazon Standard Item Number）という 10 桁のアルファベットと数字で構成されるコードが利用されている。当初書籍の ASIN は ISBN と同じであったが，上記のように ISBN が 13 桁に変更されて以後，両者は異なるコードとなっている。現在，アマゾンは書籍の販売に限らず，電子書籍（Kindle），音楽 CD や DVD・BD（Blu-ray Disc, 第 2 章参照）ソフト，衣料品や食品まで幅広く消費者のニーズに対応した販売展開をワールドワイドで行なっている。アマゾンの最大の特徴は商品に対する強力なレコメンデーション機能にある。つまり，過去に一度でもアマゾンで購入したことがあれば，その顧客の購入履歴やホームページの閲覧履歴から顧客一人ひとりの趣味嗜好を探り出し，それに合致すると思われる属性をもった商品を電子メールやホームページ

上で重点的に紹介し購入を促すという機能である。場合によっては思想信条に関する情報を探ることにもなるので，プライバシー保護の観点から問題提起されることもある。アマゾンのように，例えば年に数冊しか売れないような本のニーズにも細かく対応して売上を増やそうとする販売形態は**ロングテールビジネス**（long-tail business，第4章）と呼ばれている。

1.2.3 電子商取引

　インターネットなどコンピュータネットワークを利用して決済や契約などのビジネスを行なうことを**電子商取引**（electronic commerce）という。その態様は次の3つのケースに分けられる。

a．B to B（Business to Business，企業間の取引）

　Webサイトを介して売り手と買い手が中間流通業者を通さずに直接取引をする**電子市場**（e-marketplace）や企業内の業務をネットワークを通じて外部業者に委託すること（**アウトソーシング，outsourcing**）などがあげられる。電子市場はオフィス用品の販売業務などから始まり，急速に拡大している。

b．B to C（Business to Consumer，企業と個人間での取引）

　Webサイトを介して企業が製品や音楽・映像などのデジタル化されたコンテンツを直接個人に販売する**オンライン・ショップ**（on-line shop，電子商店），証券会社の**オンライン・トレード**（on-line trade），やアマゾンなどの取引形態が該当する。

　最近では，CDを購入する代わりに，気に入った音楽だけを1曲単位でPCやスマートフォンに直接ダウンロードして楽しむという使い方が盛んである。AIスピーカー（スマートスピーカー）は，PCやスマートフォンがなくても音声を認識するので，部屋の照明や家電製品のオンオフばかりでなく，好みの音楽を音声でリクエストし，音楽ストリーミングサービスによって曲を楽しむということができる。インターネットのブロードバンド化が進み，映画やドラマもレンタルショップでDVDを借りる代わりに，PCにアマゾンやShowTimeなどのサイトから有料で**ストリーミング配信**を受ける，という使い方ができるようになった。放送局では，「NHKオンデマンド」のように，過去に放送した番組を有料でダウンロードできるサービスも行なっている。単に見逃した番組の視聴というだけでなく，資料性の高い情報番組がデジタルアーカイブ（後述）としていつでも視聴できることの意義は大きい。

c．C to C（Consumer to Consumer，個人間の直接取引）

　Webサイト上でオークションを行なう**ネット・オークション**（internet auction）が代表的な例としてあげられる。オークションの事業者は「場」やサービスを提供するだけであって，ネット・オークションはあくまで出品者・落札者という個人間の取引なのである。事業者はその手数料や広告収入などで利益を得ている。フリーマーケットのサービスの「**メルカリ**（mercari）」では，個人がスマートフォンで撮影した「売りたい品」の写真や動画を掲載する場を提供し，

10　第I部　理論編

購入希望者には出品者が宅配便でおくるというサービスを行なっている。当初は 20 〜 30 代の女性に人気のサービスであったが，中年の男性の出品も増加し，さらには Web サイトからの出品もできるようになり，2010 年代後半には個人間売買のサイトとしては国内最大のネット・オークションおよびフリーマーケットアプリの「**ヤフオク!**」に迫る規模となっている。

1.3 通信・放送
1.3.1 電子メール

　電子メール（e-mail）は郵便に代わる個人間の通信手段として使われている。「iモード」のサービス開始に伴い，PC だけでなく，携帯電話・スマートフォンが実質的に PC と同じ役割をもつ情報機器となり，いつでもどこでもインターネットの利用ができる。Gmail や Yahoo! メールのように無料で使える電子メールサービスも普及し，Web ブラウザやメールソフトを利用して使われている。

1.3.2 デジタル放送

　インターネットのブロードバンド化や放送のデジタル化にともない，通信と放送の融合が進んだ。本来は放送が目的であるケーブル TV（**CATV**：Community Antenna TeleVision, cable television）がインターネットのサービス・プロバイダ事業を行なうとか，**通信衛星**（CS：Communication Satellite）を利用した放送も行なわれている。

　BS デジタル放送（NHK および民放 TV）・CS デジタル放送（スカパーなど）・地上デジタル放送（NHK および民放 TV）により，ゴーストのない鮮明な放送が受信できるようになった。放送局が増えて番組の選択肢が増えただけでなく，データ放送，携帯電話への移動体受信サービス（「**ワンセグ**」などといわれる）なども行なわれている。データ送信の機能を使うと，たとえば**双方向サービス**（interactive service）のように，視聴者が クイズ番組に参加して回答したり，リアルタイムでアンケートに参加したり，通信販売で商品を購入したりすることができる。

　映画やドラマ，ニュースなどのストリーミング配信を無料で行なっているアマゾンの「Prime Video」や Yahoo! Japan のサイト「GyaO!」，無料動画共有サイトの「YouTube」なども放送の一種と見なすことができる。

1.4 地理情報・ナビゲーション
1.4.1 地理情報

　インターネットの地図サイトには単に縮尺に応じた地図を表示するだけではなく，個人のブログとリンクして，たとえば口コミによる飲食店の情報（「食べログ」）であるとか，付近の写真が表示されるサービスを提供しているところもある。「**Google** マップ」（http://maps.google.

co.jp/）」では地図の表示だけではなく，地図の上に人型のアイコン「ペグマン（Pegman）」をドラッグすることによってその位置のパノラマ写真を見ることができる「ストリートビュー」のサービスがあり，その場に行かなくても実際の現場の様子を知ることができるので大変便利である。なお，偶然に被写体となった人や建物のプライバシー保護の問題が起きないよう，できるだけ「ぼかし」を入れるなどの配慮はなされている。バーチャル地球儀システム「Google Earth」では上空から撮影した世界各地の高解像度の写真をいろいろな縮尺で見ることができるので，TV 報道でも利用されている。

1.4.2　ナビゲーション

　カーナビゲーションシステム（car navigation system）とは米国国防省の **GPS**（Ground Positioning System，全地球測位システム）衛星から発信される電波を使って車の位置を測定し，それを画面上のデジタル地図に表示し，目的地まで誘導するシステムのことである。3つの衛星を使って，三角測量の原理を利用して車の位置（緯度と経度）を割り出すことを**2次元測位**（2-dimensional positioning）という。4つの衛星を利用すれば高度の情報も得ることができる（「3次元測位」という）。デジタル地図は **GIS**（Geographical Information System，地理情報システム）を使って入力・表示される。「目的地までの誘導」は GIS アプリケーションが行なう。

　歩行者用ナビゲーションシステムでは，KDDI の「EZ ナビウォーク」が，第3世代携帯電話（CDMA2000 1x）を端末として，カーナビゲーション・システムと同様に常時 GPS 衛星による測位を行なって，歩行者の現在位置を地図と音声で知らせるシステムとして始まった。ルートも最短距離だけではなく「雨にぬれない」ルートが選べるなど，いろいろと工夫されている。「NAVITIME」ではスマートフォン用の同様のサービスを提供している。

1.4.3　道路交通システム

　有料道路の料金所で停車することなく，利用料金の決済ができる **ETC**（Electronic Toll Collection，自動料金収受システム）の普及も進んでいる。**ITS**（Intelligent Transportation System，高度道路交通システム）とは，人と道路と車両をネットワークで結び，交通渋滞や交通事故など道路交通上の問題を解決することを目的として構築する交通システムのことである。たとえば，前述の ETC ほか，カーナビゲーションに **VICS**（Vehicle Information and Communication System，道路交通情報通信システム）機能を搭載することによって，リアルタイムで交通渋滞や事故の情報を得て，渋滞を考慮したナビゲーションができる。**バスロケーションシステム**は，無線通信や GPS などを利用してバスの位置情報を得ることによりバスの運行調整に役立たせるシステムである。路線バスの現在位置やバス停に到着するまでのおおよその時間がわかるので，乗車待ちの客のイライラ解消に役立っている。

12　第 I 部　理論編

1.5 公共施設・官公庁
1.5.1 行　政
　役所のシステムもオンライン化が進んでいる。「住民基本台帳カード（**住基カード**）」に代わって登場した「マイナンバー制度（国民総背番号制度）」は，住民基本台帳をもとに，国民一人ひとりに原則生涯不変の 12 桁の番号を振り，社会保障・税・災害対策，自治体が条例で定める事務などの分野での活用と行政の効率化を狙ったものとされている。個人には申請に基づき IC を装着したマイナンバーカードが交付される。これを利用して情報の連携およびデータ・マッチングを図ることを目指した，マイナポータル（マイナンバーを用いた政府のポータルサイト）サービスが 2017 年 11 月 13 日から始まった。しかし，これにはまず以下の問題点を指摘することができる。
- マイナンバーは個人を特定する，いわば，暗証番号であるので，「1 つの番号を生涯使う」ことは大変危険である。
- 個人に番号をつけることが，憲法 13 条「個人として尊重される」に反するのではないか。
- 国民情報の国家管理につながる。

　政府の提唱する電子政府モデルでは，自宅において PC を使ってマイナンバーカードの情報を読み取る際にはカードリーダを必要とし，スマートフォンやタブレット端末では使えない。役所に行なって実際に面談が必要な業務ではかえって手間が増えるだけである。このように現行のマイナンバー制度にはまだまだ多くの問題点が存在している。

1.5.2 司　法
　裁判の判例については，以前は最高裁のホームページから最高裁の判例のみ閲覧できるだけであったが，最近では各地の高等裁判所・地方裁判所の判例も全文が pdf 形式のファイルで提供されており，自分の PC にダウンロードして見ることもできる。判例の電子化も進んでいる。

1.6 病院・医療
　病院のシステムは最もオンライン化が進んでいる分野の 1 つとしてあげられる。大きな医療機関では紙の媒体である「カルテ」はほとんど使われなくなった。診療・入院の予約，診察や手術の記録は全てオンライン化されていて，患者が持つ「診療カード」をキーとして，これらのデータにアクセスする。医師はレントゲン写真や超音波エコー・内視鏡・MRI などの画像データや肝機能など各種の検査結果のデータをモニターで見ながら，患者と綿密に治療計画を立てていく。過去の検査データがある場合はそれらも参照される。病院どうしがネットワークでつながれ，専門医がいない病院でも専門医のいる病院に患者の検査データを送って，治療に関する意見を求めることができる，というシステムを構築している事例もある。診療や手術

第 1 章　情報通信技術と現代社会　*13*

の内容（点数）に基づき，保険料の計算と治療費の請求などの会計事務も自動的に行なわれる。処方される薬には，使用方法・回数・効能・副作用などが明記された説明書が同封され，誤用を防ぐ手だてが施されている。なお，Web サイトの「ハイパー薬事典」では，処方された薬の番号を入力すれば，個人でもこれらの情報を得ることができる。「IC チップ」を薬の外箱に付け，読み取り機でアクセスすることによって，薬の情報をインターネット上のサーバーから取り込んで表示する試みも行なわれている。

1.7　デジタルアーカイブ

　歴史的・文化的遺産や自然遺産をデジタル映像やデジタル文書として保存・蓄積したものを**デジタルアーカイブ**（digital archive）という。前述の通り，放送番組はデジタルアーカイブとして保存され，インターネットを通じて，希望者に有料のオンデマンド配信により提供するサービスも開始されている。稀覯本や絵巻物など貴重な資料もデジタルアーカイブ化することによって，まったく劣化させずに後世に残すことが可能となっただけでなく，インターネットを通じて誰でも閲覧することができる。

　政府の 2003 年の「e-Japan 重点計画 -2003」や 2004 年に決定された「e-Japan 戦略 II 加速化パッケージ」でも，教育用コンテンツの充実・普及や，放送・出版のコンテンツや美術館・博物館・図書館などの所蔵品，Web 情報など有形無形の文化遺産などのコンテンツの保存を図るため，デジタルアーカイブ化と国内外への情報発信を推進していく計画である。

1.8　教　育

　2003 年度に高等学校の教育課程に教科「情報」が新設され，高校の段階において情報に関する基礎教育が必修科目として始まったことを受け，大学の新入生の情報リテラシーのレベルはそれ以前と比べて格段に進歩した。小学校や中学校においても情報教育は行なわれていて，例えば携帯情報端末を使って自分たちで調べて発表を行なうという教育も行なわれている。このような状況を背景に，大学教育においても，従来の「大教室に学生を集めて教師が一方的に講義を進めていく」という講義スタイルを改め「学生自身が問題意識をもち，互いの討論などを通じて能動的に理解を深め，教養・知識・経験を含めた汎用的能力を深めていく」という「アクティブラーニング（active learning, 能動学習）」が導入されつつある。関連して「リバースティーチング（reverse teaching, 反転授業）」などの事前学習や「フィールドワーク（field work）」も研究され，スマートフォンやタブレット端末を手に学生たちはさまざまなスタイルの授業に参加している。

14　第 I 部　理論編

1.9 これからの情報技術と問題点（＊＊）

1.9.1 AR（Augmented Reality, 拡張現実）（＊＊）

AR（Augmented Reality, 拡張現実）とは「人間が知覚する現実の環境を，コンピュータにより拡張する技術，および拡張された環境そのもの」をさす用語であり，**拡張現実感**とよばれることもある。

「顔交換アプリ」の「MSQRD（マスカレード）」はカメラでとらえた映像をリアルタイムで加工し，別の映像，例えば，他の人の顔とかマスクなどに交換して表示するというアプリであるが，このように現実の映像（といってもスマートフォン上のバーチャルなものであるが）をリアルタイムで加工して付加価値をもたせる技術には大きな収益を生み出す可能性がある。

2016年に大ヒットした「ポケモンGO!」はスマートフォンに搭載されたGPSの位置情報をもとにスマートフォンに表示される現実の世界にポケモンが現れるというものであった。ポケモンを集めるためには現実の世界を歩き回らなくてはならないが，それを集客に結びつけようという試みもあった。

「Wikitude」はスマートフォンなどモバイル機器に搭載されたカメラを通してユーザーの周囲の情報を画面に表示するという位置情報アプリケーションである。例えばこれを自動翻訳機能と組み合わせれば，看板や標識の意味がわからない外国に行なってもリアルタイムで翻訳してもらえるということも可能となるだろう。

1.9.2 ロボット（＊＊）

ロボット関連の技術は近年で飛躍的に進歩した。産業ロボットの分野でみても，たくさんの事例がある。自動車の生産ラインはロボットが行なっている。アマゾンの巨大な倉庫では仕分け作業をたくさんの自走式の棚が走り回って行なっている。このようにかつて人がやっていた単純作業は全てロボットに置き換えることができるといえる。また，手術支援ロボット「ダヴィンチ」は医師が患者には直接触れず患部の立体画像をみながら遠隔操作で外科手術を行なう装置である。小さな患部の縫合も行なうことができ，手術の成功率も向上する。パワードスーツ（ロボットスーツ）は人工筋肉などをつかって人間の力をはるかに上回る筋力を出せる衣服型の装置である。このように人間の機能を補い，さらに高めるというタイプのロボットも存在する。

1.9.3 デジタルデバイド（digital divide, 情報格差）

デジタルデバイドとは「インターネットなどのICTを利用できるものとできないものとの間に生じる格差」のことである。原因は以下のようなものが考えられる：

a. 国家間・地域間の格差によるもの……発展途上国においては一部の都市部や富裕層にしか

インターネットが普及しておらず，先進国と比較すると一般家庭にまで普及しているという状況ではない。

b. 身体的・社会的条件によるもの……加齢による身体的能力の低下，光ケーブルの敷設がなされていないなどのインフラの問題などで情報収集能力に差が生じる。

衛星を使ったモバイルインターネットサービスや光ケーブルの敷設など情報インフラ（基盤）の整備やスマートフォンやタブレットなどの使いやすい情報端末の普及により，徐々に解消していくことが期待される。

章末問題

1. 次の用語の意味を述べよ。
   (1) チェック・ディジット　(2) 電子商取引　(3) GPS　(4) AR
2. 自分が所有するスマートフォンでどのような情報サービスが可能なのか，調べてみよ。
3. スマートフォンで次の2次元バーコードを読み取り，インターネットの接続サービス機能を使ってアクセスしてみよ。

図1.1.3　2次元バーコード（QRコード）

【参考文献】
師啓二・樋口和彦・舩田眞里子・黒澤和人『情報科学の基礎と活用』同友館, 2006
師啓二・樋口和彦・舩田眞里子・黒澤和人『現代の情報科学』学文社, 2010

＊専門用語の解説にあたっては，富士通総研のホームページ，「ウィキペディア（wikipedia）」および http://e-words.jp/ の解説を参考にした。

第2章　ハードウェア

　コンピュータを電気で動く機械としてみた場合，その機械装置をコンピュータの**ハードウェア** (Hardware) という。コンピュータは本体のみならずさまざまなハードウェアの組み合わせで構成されている。コンピュータの用途が広がるにつれ，いろいろなハードウェアが登場し，なかには消えていったものも多い。本章では，**PC**（**Personal Computer**，パソコン）で現在使われているハードウェアを中心にとりあげ，それらの仕組みと働きを紹介する。

2.1　アナログとデジタル

　我々が今日使っているコンピュータは，処理すべきデータもプログラムも全て「0」または「1」の数字に直して計算を行なっており，正しくは「**デジタル式コンピュータ**」という。コンピュータを扱う上で欠かせない，この「デジタル」・「アナログ」という概念をまず考えてみよう。

2.1.1　アナログ方式とデジタル方式

　針表示式の時計で時刻を知る場合を考えてみよう。文字盤に書かれた目盛を短針（時針）が指す位置でおおまかな時刻を知り，長針（分針）が指す目盛で分の単位までの時刻がわかる。長針の先端の指す位置が目盛と目盛の間に来た場合には，秒針があれば秒単位で知ることができるが，秒針がない場合でも，近い目盛の方の値をとるか，あるいは目盛の間を按分して読むことによってさらに細かな単位まで知ることができる。これは物指しで長さを測るのと全く同じであって，このように連続した量で量目を表す方式を**アナログ式** (analogue，相似型) という。

　一方，液晶時計のように数値で表示するタイプの時計もあり，「デジタル時計」と呼ばれている。時刻を，「指 (digit) を折って数えられる」数字に直して表示するので**デジタル式** (digital，計数型) と呼ばれるわけである。

　コンピュータ，ひいては古くから使われた計算道具一般にもアナログ式とデジタル式があった。"数値計算する" という意味ではそろばんのようなデジタル式が望ましいが，そろばんでかけ算や割り算をするのはかなり面倒である。1970 年頃までは，かけ算や割り算を行なう場合には計算尺という，物指しに似たアナログ式の計算道具が使われていた。今日，コンピュータは全てデジタル式である。

18　第Ⅰ部　理論編

2.1.2　アナログ量とデジタル量

　楽器の音や人間の音声をマイクロフォンで電流に変えて，その波形を見ると連続した複雑な形をしていることがわかる。たとえば音声を収録してCDに収める場合，音声の入力信号（アナログ量）に対し，いったん図1.2.1 (a) に示すように一定の短い時間間隔で区切ってその強度を測定する。この作業を**標本化**（サンプリング，sampling）という。このとき信号強度を何段階で表すかはあらかじめ決めておき，実際の強度はその最も近い値で表される。これを**量子化**（quantization）という。こうして得られたデジタル信号の数値データを記録し，再生する場合には，(b) に示すように，それらを同じ一定の時間間隔で並べてやれば，もとの信号に近いアナログ信号が得られる。もとのアナログ信号と量子化したデジタル信号の差を**量子化誤差**（quantization error）という。

　人間が聴くことのできる周波数の範囲にはだいぶ個人差があるが，それでもせいぜい20 Hz～20,000Hz（20 kHz）の範囲とされている。そこで，ふつうの音楽用CD（コンパクトディスク）の場合，標本化の周波数（サンプリングの回数）は44.1 kHz（1秒間に44,100回），量子化は16 bit（65,536段階）でアナログ信号をデジタル信号に変換して記録している。この変換作業はAD（analogue to digital）変換器（コンバータ）で行なわれる。再生する場合はディスクからデジタルデータを読み出し，DA（digital to analogue）変換器を通して音声に戻すという，逆の手続きを行なっている。

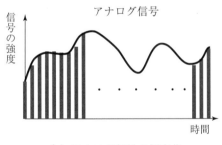
(a) アナログ信号の標本化

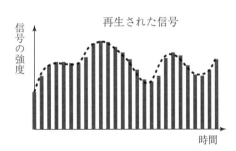
(b) 再生されたアナログ信号

図1.2.1　アナログ信号の標本化と再生

2.1.3　デジタル通信

　電子メールのように，PCで情報を送る場合には，文字・音声・画像などのデータは全てデジタル量に変えられ，つまり一度「0」と「1」の数字に直してから送られる。これら「0」と「1」で表された情報は図1.2.2 (a) に示すような電圧パルスとして送出される。図で「1」はパルスがある状態，「0」はない状態，に対応している。このように，いったんパルスに変えられた

ならば，その情報が伝達される過程で，たとえば図1.2.2 (b) のように，多少変形したとしても，パルスの「ある（「1」）」・「なし（「0」）」さえわかればよいので，もとのデータに正しく戻すことができる。このようにして，音声や絵，動画を遠方まで劣化せずに送ることができるのである。コンパクトディスクやデジタルオーディオプレーヤの音，デジタル放送の絵がクリアなのはこの理由による。これが**デジタル通信技術の特長**である。

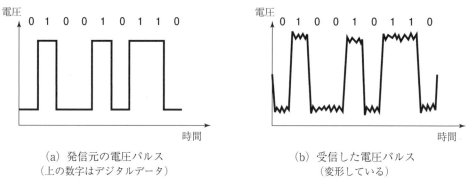

(a) 発信元の電圧パルス
　（上の数字はデジタルデータ）

(b) 受信した電圧パルス
　（変形している）

図1.2.2　電圧パルスの変形とデジタルデータ

2.2　コンピュータの構成要素

　コンピュータはノート型PCから大型のスーパーコンピュータにいたるまで，基本的には，**制御装置・演算装置・記憶装置・入力装置・出力装置**の5種類の装置で構成されている。これらを**コンピュータの五大装置**という。これらのうち，制御装置・演算装置・（主）記憶装置（メインメモリ，**内部記憶装置**などともいう）は1つのケースに収められていて**中央処理装置**（**CPU**：Central Processing Unit）とよばれる。入力装置・出力装置およびCPUの記憶装置の記憶容量の不足を補うための**補助記憶装置**（**外部記憶装置**ともいう）は中央処理装置に接続され，それを取り巻くようにおかれるので，**周辺装置**（peripheral apparatus）とよばれる。次にこれらさまざまな装置の働きを見てみよう。

2.2.1　中央処理装置

　PCの内部を開けると1枚の基板（CPU基板）が入っている。基板には，**マイクロプロセッサ**（**MPU**：Micro-Processor Unit），ICのメモリ（主記憶装置），各種のインタフェース（**IF**：Interface）などが取り付けられ，電源ユニットや各種の入出力端子と接続されている（図1.2.3参照）。

　マイクロプロセッサ（MPU）は中央処理装置（CPU：Central Processing Unit，つまり，演算装置，レジスタ（一時記憶装置），各装置をコントロールする制御装置など，コアとなる装置）のVLSI（大規模集積回路）であり，人間でいえば頭脳に相当する最も重要な働きをする装置であ

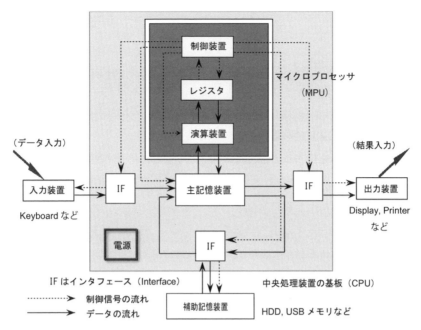

図 1.2.3　PC の中央処理装置 (CPU, Central Processing Unit) の基板
マイクロプロセッサ (MPU) は制御装置，レジスタ (一時記憶装置)，演算装置の働きをする VLSI (大規模集積回路) である。

る。ちなみに，1例として，製品名としては「Core i7-8550U (1.8GHz)」などと表す。「Core i7-8550U (1.8GHz)」はノート PC 用のコアのユニットが4つ入ったマルチ CPU タイプ (インテルの第8世代 CPU) である。マルチ CPU タイプは幾つかの処理を同時に行なうので，高画質の画像処理などの動画編集をする作業などにおいて処理が早く，高い性能を発揮することができる。なお，MPU などを実装した基板自体を CPU ということもある。

マイクロプロセッサは，CPU 基板に設置された水晶振動子がだす電気パルス (クロック) により，ちょうど音楽のメトロノームのように，同期をとりながら処理を行なっている。1秒間に1回の振動を 1Hz (ヘルツ) といい，**クロック周波数**の単位である。1Hz で 1 クロックのパルスが発生する。つまり，

1 GHz (ギガヘルツ) = 1 秒間に 10 億回の振動。……1 秒間に 10 億クロック。

クロック周波数の大きい MPU は処理速度が速いが，PC の総合的な性能はメモリなど他のデバイスの性能やそれらの有無によるので，クロック周波数だけで性能の全てが決まるわけではない。

[例題 2.1]

1.5 GHz で動作する CPU をもつ PC がある。この CPU が (機械語の) 命令1つを平均2クロックで処理するとき，この CPU は 1 秒間に約何回の命令を実行できるか。

CPU は 1 秒間に 15 億クロックで動作し，2 クロックで 1 つの命令を処理するというのであるから，

∴ CPU は **1 秒間に 7.5 億回の命令**を実行する。……答

ちなみに命令を処理する平均実行時間は 1 秒間 ÷ 7.5 億 ≒ **1.33 ns**（ナノ秒，後述）である。

2.2.2　メインメモリ（主記憶装置）

主記憶装置は**メインメモリ**（main memory）ともいい，CPU（基板）のソケットに取り付けられた幾つかの IC のメモリで構成されている。メモリの素子としての性能は，以下に述べるアクセスタイムと記憶容量の大きさで表す。

a．アクセスタイム

記憶装置に命令が出されてから，実際にデータの読み書きできるまでの時間を**アクセスタイム**（access time，呼出し時間）という。アクセスタイムの短い（小さい）素子はデータの入出力が速い。その短い時間を表すために，次に示す小さい時間を表す単位が使われている。

時間の単位

ミリ秒（ms）…	1000 分の 1 秒	$1\,\text{ms} = 10^{-3}\,\text{s}$
マイクロ秒（μs）…	100 万分の 1 秒	$1\,\mu\text{s} = 10^{-3}\,\text{ms} = 10^{-6}\,\text{s}$
ナノ秒（ns）…	10 億分の 1 秒	$1\,\text{ns} = 10^{-3}\,\mu\text{s} = 10^{-9}\,\text{s}$
ピコ秒（ps）…	1 兆分の 1 秒	$1\,\text{ps} = 10^{-3}\,\text{ns} = 10^{-12}\,\text{s}$

VLSI（Very Large Scale Integrated circuit，超大規模集積回路）レベルの IC で構成されている主記憶装置のアクセスタイムは 100 ns ～ 10 ns の程度で，きわめて速いのに対して，ハードディスクのような，可動部分を有する補助記憶装置のアクセスタイムは 10 ms 程度と遅く，データの読み書きに時間がかかる。

［例題 2.2］

アクセスタイム 20ns の VLSI のメモリはアクセスタイム 10 ms のハードディスクと比べて原理的に何倍速くアクセスができるか。

10 ms を ns 単位に直すと，10 ms = 10/1000 × 10 億 ns = 1000 万 ns.

∴ 1000 万 ns ÷ 20 ns = **50 万倍**……答

b．記憶量の基本単位

記憶量（情報量）の基本単位は**ビット**（bit，binary digit）である。これは 2 進数 1 桁，つまり「1」（「ある」）または「0」（「なし」），で表される情報量に相当する。

1 ビットで 2（$=2^1$）通りの状態を表す。［例］　「0」と「1」，「A」と「B」など

2ビットで4（=2^2）通りの状態を表す。［例］　　(0, 0)，　(0, 1)，　(1, 0)，　(1, 1)

　　　　　　　　　　　　　　　　　　　「A」，　「B」，　「C」，　「D」

　　　　　　　　　　　　　　　　　　　「0」，　「1」，　「2」，　「3」

　nビットで2^n通りの状態を表すことができる。

［例題 2.3］

　0 〜 9 の 10 種類の数値を表す（記憶する）には少なくとも何ビット必要か。

　3 ビットでは，$2^3 = 8$ 通り，であるので **4 ビット必要**（$2^4 = 16$ 通り）。……答

c．データの処理単位

　コンピュータは電気回路により計算を行なう。スイッチのような動作をする回路がたくさんあって，それぞれの回路のスイッチオンの状態（「1」を表す）かオフの状態（「0」を表す）かの組み合わせで数値や命令文を表して，処理が行なわれる。したがって，データ（数値や文字）を数字（デジタル量）に直す場合には，私たち人間が慣れ親しんだ 10 進法ではなく，2 進法の方が都合が良い。

　2 進法で 8 桁の数字（8 ビット）を使うと 256 通り（$2^8 = 256$）の表現が可能であるので，8 ビットを **1 バイト**（byte，**B**）として文字や記号を表している。また，0 から 9 までの 10 進数 1 桁は 4 ビットで表すことができる（**[例題 2.3]** 参照）ので，けっきょく，1 バイトでは文字ならば1 文字，数値ならば 10 進 2 桁の数字をそれぞれ表すことができる。これが **半角文字**（**1 バイト・コードという**）である。

　一方，漢字は種類がたくさんあるので，かな・漢字は 2 バイト（**B**）で 1 文字を表す仕組みになっている。これが **全角文字**（**2 バイト・コードという**）であり，パソコンの画面では，半角文字より少し幅の広い字体で表示される。このように，私たちは半角の文字と数値，全角の文字が混在したデータを扱っているのである。

d．記憶素子

（a）RAM（Random Access Memory）

　訳語としては「随時読み出し書き込みメモリ」という。「随時」とは，「メモリの中でデータが並んでいる順序がランダムなので，端から順に読み出したり，書き込んだりしなくてよい」という意味である（次節参照）。DRAM（Dynamic Random Access Memory，記憶保持動作が必要な随時読み出し書き込みメモリ）はメインメモリ用で後述の SRAM と比べると処理速度はそれほど速くはないが容量は大きく取れる。「Dynamic」とは，「電気が通じているときのみ記憶装置として動作する」という意味で，たくさんの素子がキャパシタ（コンデンサ）に電荷を蓄えることによって情報を記録する。スイッチを切ると，メモリの内容が消えてしまうので，**揮発性メモリ**という言い方もある。DRAM は SIMM（Single Inline Memory Module）あるいは DIMM（Double Inline Memory Module，図 1.2.4 参照）と呼ばれる，接続端子がついた板に IC メモリ

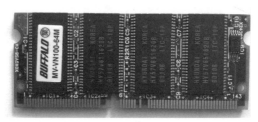

図1.2.4　DRAM DIMM
バッファロー社製 VN100-64M 型。PC/100（ベースクロックが 100MHz）対応ノート PC 用メモリ。

の素子をマウントした形のものが市販されている。メモリを増やしたい場合には必要な枚数の DIMM を CPU 基板のメモリ用ソケットに設置する。SRAM（Static RAM）も揮発性メモリであるが，情報を電気回路（フリップフロップ回路など）で記憶するタイプであり，リフレッシュ動作（キャパシタの放電）が不要なので，処理動作は速い。容量は小さく高価なので，容量が少なくて済むキャッシュメモリ用に使われる。

IC 関連の半導体技術の発展により，経験則として DRAM の容量（集積密度）は約 1.5 年（18 カ月）ごとに倍増している（「**Moore の法則**」という）。これは，メモリの値段はあまり変わらないので，容量の面から見ると，約 1.5 年ごとにメモリの値段が半分になってきたということである。

画像データを処理するための RAM を **VRAM**（Video RAM）という。VRAM を使用すると CPU の負担が軽くなり，画像処理の速度を速くすることができる。

(b) ROM (Read Only Memory)

読み出し専用のメモリである。電源を切っても，記憶内容は保持される（**不揮発性**）。「ROM」といえばふつうは「マスク ROM」のことをいい，書き込みは製造時だけ，データの書き換えはできない。例えば，携帯用情報端末では OS（Operating System，基本ソフト，第 4 章参照）が ROM に入っていて，スイッチオンの直後からすぐ使いはじめることができる。書き換えが可能な ROM もある（PROM）。

e．主記憶装置の構成

主記憶装置はたくさんの VLSI メモリを集めて構成されている。その容量を表すため，次に示す単位が使われている。

記憶容量を示す単位

　　k（キロ）：1 kb　　$= 2^{10}$ b　　$= 1,024$ b　（≒千 bit）

　　M（メガ）：1 Mb　$= 2^{20}$ b　　$= 1,048,576$ b　（≒百万 bit）

　　G（ギガ）：1 Gb　$= 2^{30}$ b　　$= 1,049,165,824$ b　（≒十億 bit）

　　T（テラ）：1 Tb　$= 2^{40}$ b　　$= 1,099,511,627,776$ b　（≒兆 bit）

[例題 2.4]

32 ギガビット（32 Gb）の VLSI メモリ 8 個で構成した DIMM 1 個の記憶容量はいくら（B）か。

8 ビット（b）を 1 バイト（B）としているので，求める容量は，

32 G ビット（32 Gb）× 8 個 = 256 G ビット（256 Gb）= **32 G バイト**（**32 GB**）……答

2.3 補助記憶装置（外部記憶装置）

CPU 基板に設置するメインメモリ（主記憶装置または内部記憶装置）に対して，その容量不足を補う目的で周辺装置として用意された記憶装置を特に**補助記憶装置**（または，**外部記憶装置**）という。

データの読み出し書き込みの動作を**アクセス**（Access）という。一般に，記憶装置はアクセス方式の違いによって，以下のような 2 種類のタイプに分類することができる。

- **ランダムアクセス・メモリ**（**RAM**：Random Access Memory，随時読み出し書き込みメモリ）……記憶装置の記憶媒体（メディアともいう）のどこでも任意の場所に任意の順序で直接読み書きできるタイプの記憶装置のことである。例えば，CD や DVD はランダムアクセス方式の音楽・映像メディアである。

- **シーケンシャルアクセス・メモリ**（**SAM**：Sequential Access Memory，順次読み出し書き込みメモリ）……データが記憶されている物理的な順番で記録を書き込んだり，読み出したりするタイプの記憶装置のことである。例えば，ビデオテープはシーケンシャルアクセス方式の映像メディアである。

さて，代表的な補助記憶装置といえば磁気ディスク装置であるが，以下に見るように，そのほかいろいろな種類の記憶装置がある。それぞれの特長が生きるように，うまく組み合わせてシステムを構成することが重要である。

2.3.1 磁気ディスク 装置

磁気ディスク装置（**MDS**：Magnetic Disk Storage）は，金属の薄膜を貼ったガラスあるいはアルミニウムの円盤の表面に磁性体の粉を塗布し，その表面を磁化して記録するタイプの記憶装置であり，PC では必ず装備されるといってよいほど標準的な補助記憶装置である。硬い円盤を使っているので，**ハードディスク装置**（**HD**：Hard Disk storage）ともいわれる。

ディスク部は金属の箱に収められ，外気にふれないようになっている。図 1.2.5 に外付け磁気ディスク装置の内部構造を示す。

何枚かの円盤が互いに平行に 1 本のシャフトで縦につながって一緒に回転する構造を持つタイプのものが標準的で，それを**ディスクパック**という。ディスクパック部がカートリッジになっていて交換できるリムーバブル（Removable）タイプのハードディスク装置もある（図

図1.2.5 外付け磁気ディスク装置の内部構造
回転する円盤の表面上を，磁気ヘッドを備えたアームが移動する。

1.2.19参照）。

　ビデオデッキや音楽用カセットデッキと同じように，磁気的に記録するために**磁気ヘッド**が使われる。磁気ヘッドは自由に動くことのできるアームに取り付けられている（図1.2.5および図1.2.6参照）。この磁気ヘッドを備えたアームはディスクの各面あたり1つずつ用意されていて，各面ごとに非接触でデータの読み書きを行なう。さて，いま，もしアームを動かないように固定したとすれば，円盤は回転しているので，磁気ヘッドは常に円盤のシャフトを中心とした同心円で挟まれた，ある帯状の領域の真上に位置することになる（図1.2.6参照）。ここで磁気ヘッドを働かせると，磁気ヘッドはこの帯状の領域を磁化してデータを記録することができる。つまり，磁気ディスクの表面はこのような同心円状の領域の集まりという形に分けられて，記録されるのである。この帯状の領域のそれぞれを**トラック**（track）という。トラックはさらに細かく分割され，そのひとつひとつを**セクタ**（sector）と呼んでいる。さて，最初，磁気ディスクはまっさらの状態であるので，それに記録できるようにするためには，ディスクの表面をこのような同心円上の領域にわけ，続いて，トラックをセクタに分割し，それぞれのセクタに番地をつけるという作業が必要である。これら一連の作業をディスクの**物理フォーマット**と呼んでいる。その上でパーティション（分割）やファイルシステムのために必要なデータを書き込む作業があり，それを**論理フォーマット**という。フォーマットといえばふつう論理フォーマットのことをいい，**初期化**（initialize）ともいう。フォーマットの細かな仕様はいくつかあり，OS（基本ソフト，後述）のファイルシステムによって異なる。いったんフォーマットを行なってしまうと，そのディスクにもともと記録されていたデータは二度と読むことはできないので，フォーマットの作業は特に慎重に行なわなければならない。市販のハードディスク装置の中にはすでにフォーマットを済ませたものもあるので，そのようなハードディスク装置を購入した場合は，すぐ**PC**につないで使いはじめることができる。フォーマット形式の違うPCで使い始める場合には，ディスクの再フォーマットが必要である。

　最近では数TB（Tera Byte）もの大容量ハードディスク装置が廉価で入手できるようになっ

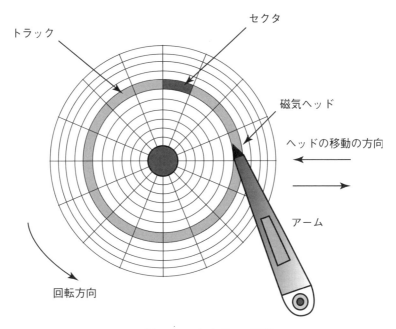

図1.2.6　磁気ディスク表面への記録

た。ディスクの回転速度が7,200rpm（回転/分）と速いものが登場して，ディスクのアクセスタイム（access time, 前述）も以前と較べて大変短く，データの読み書きがとても速くできるようになった。TV番組を録画するDVDレコーダやBlu-ray Disk（BD）レコーダもハードディスクを内蔵するものが標準となっている。とりあえずハードディスクに録画し，必要なものだけを編集してDVDやBDなどのメディアに記録して保存する，という使い方をする。

　ハードディスク装置は，データの読み書きの動作中に衝撃を与えることは絶対に避けなければならない。磁気ヘッドが記録面に衝突すると，その個所が損傷するので，データが読み出せなくなり，場合によっては装置自体起動しなくなって，使用不可となってしまうこともある。そのため，ふつうはアクセスがしばらくないとアームが動いて磁気ヘッドを安全な位置に移動させるなどの保護対策がとられているし，電源オフの場合も，まず磁気ヘッドを安全な位置に移動してから電気が切れるように工夫されている。ハードディスク装置も機械である以上，故障から免れることはできない。いつ起こるかわからない故障に備えて，ふだんからデータのバックアップを定期的に行なうことが大事である。装置の大容量化が進むにつれ，事故に対する備えの重要性が増している。

　磁気ディスクにファイルの追加や削除を繰り返していると，ディスク上の連続した領域を確保することができなくなり，ひとつのファイルが分割されてあちこちに格納されてしまう，ということが起こる。これを**ファイルの断片化**（fragmentation, **フラグメンテーション**）という。

ファイルの断片化が進行するにつれ，アクセス時間が長くなるので，そうなった場合は，ばらばらに格納されたファイルの断片をアクセスしやすいように，再度並べ直す必要がある。この作業を**ディスクの最適化**（defragmentation，**デフラグメンテーション**）という。もし PC の動作が遅くなったと感じたら，まずデフラグメンテーション（**デフラグ**ともいう）を試みるとよい。

2.3.2　光ディスク

a．CD（Compact Disk）

音楽用 CD と同じ形状をもち，レーザー光を利用して，データの読み出しを行なう，読み出し専用の**光ディスク**（Optical Disk）が **CD-ROM**（Compact Disk Read Only Memory）である。1枚のディスクで 650MB 〜 700MB の記憶容量がある。市販のソフトウェアは多くの場合 CD-ROM に収めて販売されるので，CD-ROM ドライブ装置は PC の必需品である。書き込みのできるタイプのものでは，1 回だけ書き込みができるタイプのディスクを **CD-R**（CD-Recordable），何回でも書き込み読み出しのできるものを **CD-RW**（CD-ReWritable）という。

b．DVD（Digital Versatile Disk）

DVD は CD-ROM と同じ 12 インチの光ディスクメディアであるが，記録密度は高く，動画を記録するのに適しているため，現在では次の BD とともに記録メディアの主流となっている。動画を PC の DVD レコーダで記録する際の標準的な媒体であるが，以下に示すように，さまざまな規格があり，PC の DVD ドライブも旧い機種によっては記録できない場合がある。使っている DVD ドライブや DVD レコーダでそのディスクが使えるのかどうか，十分調べてから購入する必要がある。一応 DVD の読み書きができるドライブであれば，CD の読み書きもできる。CD 同様，以下の規格がある：

- **DVD-ROM**（Read Only Memory）……読み出し専用。最大 4.7GB の容量，片面 2 層（DL）記録タイプで最大 8.5GB の容量。互換性が高い。使用例：映画の DVD ソフトなど。

- **DVD-R**（DVD Recordable）……上記で，一度だけ書き込みができる規格。追記は可能。互換性が高い。最も普及しており，PC の DVD ドライブで読み書きできる。DVD プレーヤーでも再生可能である。

- **DVD-RW**（ReWritable）……さらに，およそ 1000 回程度まで書き込みができる規格。PC の DVD ドライブで読み書きできる。DVD プレーヤーでも再生可能だが，微妙な相性の問題があり，読み取れないこともある。

以上は「DVD フォーラム」が定めた規格により製品化されたものである。このほかに「DVD+RW アライアンス」の規格により製品化された「DVD+R」と「DVD+RW」があり，録画・記録したディスクは相互に再生できる。片面 2 層（DL）メディア（ DVD+R DL）もあり，「ROM 化」を行なえば，DVD プレーヤーとの互換性は高い。PC で使う場合，後から登場し

た規格は，もちろん，その規格に対応した新しい DVD ドライブでないと，使うことができないが，一応，最近の PC 用ドライブ（「スーパーマルチドライブ」等と表記されている）であれば，すべてのメディアで読み書きができる状況にある。映像ソフトのハイビジョン化に伴い，大手メーカーでは DVD プレーヤーの生産をやめ，BD プレーヤーへの移行が進んでいる。

c．BD（Blu-ray Disc）

BD はさらに高密度記録のできる記憶媒体を用い，青色レーザー光で記録するタイプのメディアであり，大容量の記録用としての用途のほか，とくにハイビジョン映像（HD 画質）の録画用として使われている。以下の規格がある。

- **BD-R**（Blu-ray Disc Recordable）……片面 1 層で 25GB，片面 2 層（DL）で 50GB の記録が可能。
- **BD-RW**（Blu-ray Disc ReWritable）……繰り返し（1000 回程度）録画可能なタイプ。

さらに大容量の記録用として，片面 3 層タイプのメディアもある。

さらに，Blu-ray Disc の後継となる光ディスク規格として，4K UHD（2160p，3840 × 2160 60fps）をサポートする Ultra HD Blu-ray（UHD BD）の規格があり，Ultra ハイビジョンのホームシアターなどの映像フォーマットとして，映像ソフトも発売されている。

2.3.3 フラッシュメモリ

読み出し書き込みを何回でも行なうことができ，電源を切っても内容が消えない半導体メモリ（VLSI メモリ）のことである。以下に示すようにいろいろなものがある。

a．メモリカード

カード型のケースに入れたものを「**メモリカード**」といい，デジタルカメラや携帯電話などの携帯機器などの記憶媒体として広く使われている。SD は「Secure Digital」の略とのことである。大きいほうから「SD メモリカード」，「miniSD カード」，「microSD カード」の規格があり，記憶容量もいろいろなものがある。図 1.2.7 で一番左にあるカードが microSD カードで，

図 1.2.7　いろいろなメモリカード
左より，microSD（カード容量 2GB），miniSD カード（ただし同型のアダプター），
SD メモリカード（同じくアダプター）。一番右が FullHD ビデオ録画対応（スピード
クラスが Class 10）の SDHC カードで容量は 32GB のもの。

容量は 2GB。スマートフォンの記憶媒体としても使われている。一番右のカードはデジタルビデオカメラ（後述）の録画用の SDHC カード（SD の上位規格品）で，容量は 32GB，スピードクラスは「Class 10」（最低処理速度が毎秒 10MB）でスペックとしては転送速度が毎秒 95MB（最大値）という高速タイプである。

b. USB フラッシュメモリ（Flash Memory）

USB コネクタ（後述）が付いたものを「**USB フラッシュメモリ**（Flash Memory）」あるいは単に「**USB メモリ**」といって，PC の補助記憶装置として使われる。記憶容量は 1GB〜64GB で，小型軽量であるので，持ち運びに便利である（図 1.2.8）。

図 1.2.8　USB フラッシュメモリ
上は大容量 64GB で，リード速度毎秒 180MB の高速タイプ。下は小さいがそれでも容量 8GB のもの。

また，特に 32GB 以上の大容量のもの（図 1.2.9 参照）は，「シリコン・ディスク」あるいは「フラッシュ SSD（Solid State Disk）」といわれている。衝撃に強い，アクセスタイムが短いと

図 1.2.9　フラッシュ SSD（Solid State Disk）
写真はバッファロー社製 SHD-PEH256U3-BK。256GB の大容量タイプ。転送速度は USB2.0 で毎秒 60MB，USB3.0 で毎秒 600MB（いずれも規格値）。

いう利点がある。ハードディスク装置の代わりとして，外付けの記憶装置あるいはノート PC 内蔵の補助記憶装置として使用されている。

2.3.4　磁気テープ装置

　磁気テープ装置（MTS：Magnetic Tape Storage）とは，ビデオカセットテープのようなケースに収められた磁気テープの表面を磁化して記録する方式の記憶装置である。読み書きに時間がかかるが，安価で場所をとらず大容量の記憶が可能である。主としてバックアップ用として，コンピュータシステムの保守作業で用いられる。

2.4　入出力機器の接続規格

　入出力デバイスとはコンピュータに接続し，データの入出力（I/O）をする周辺機器の総称である。入出力デバイスをコンピュータに接続するための規格を**入出力インタフェース**，デバイスを動作させるプログラムを**デバイスドライバ**（簡単に，**ドライバ**）という。

2.4.1　入出力インタフェース

　2 つの方式があり，1 ビットずつデータを送る方式を**シリアルインタフェース**（serial interface）といい，同時に複数の信号をまとめて送る方式を**パラレルインタフェース**（parallel interface）という。

a．シリアルインタフェース

（a）RS232C

　PC と周辺機器とを接続する，かつての汎用インタフェースである。データ転送の速度は 115.2k ビット / 秒であり，現在ではより速度の速い USB 規格に役割を譲っている。

（b）USB（Universal Serial Bus）

　PC と周辺機器とを接続する標準規格である。キーボードやマウスなど周辺機器を最大 127 台まで接続可能。ホットプラグ（PC の電源が入っている状態でも着脱可能）方式であるので，使いやすい。ケーブルを介して電気の供給を受けることができる（バスパワー方式）。

　USB1.0，USB 1.1 の規格もあるが，現在ではより高速な USB2.0 規格（480Mb/ 秒）や USB3.0 規格（5Gb/ 秒，コネクターの形状が違う）が使われている。

（c）IEEE1394（FireWire，または iLINK）

　PC と周辺機器を接続する高速なインタフェース。最大 63 台までの周辺機器が接続できる。データ転送速度は最大で 400M ビット / 秒。800M ビット / 秒の速度に対応した**IEEE1394b 規格もある**。ホットプラグ方式採用。

(d) シリアル ATA（SATA）

パラレルの規格である ATA より高速（1.5Gビット/秒）なインタフェース。PC 内蔵のハードディスクの接続に用いられる。

b．パラレルインタフェース

(a) Ethernet（1000BASE-T など）

1000BASE-T などの規格がある。PC と周辺機器とを接続し，LAN を作るときのインタフェース。100BASE まではシリアルであった。ホットプラグ方式。

図 1.2.10　1000BASE-T 規格のイーサネット
（Ethernet）・ケーブルのコネクター

(b) SCSI（Small Computer System Interface）

ANSI（米国規格協会）で規格化した，PC と周辺機器との接続のためのインタフェース。最大 8 台まで周辺機器が接続できる。SCSI-3 規格で転送速度は最大 40Mビット/秒である。

(c) ATA

PC 内蔵のハードディスクの接続に用いられるインタフェース。

2.4.2　無線接続のための規格

a．IrDA（Infrared Data Association）

赤外線（Infrared）を利用してデータ通信をするときの規格である。データ転送の速度が 115.2kビット/秒と 4Mビット/秒のものがある。携帯電話でも利用されている。

b．ブルートゥース（Bluetooth）

携帯情報端末やノート PC どうしの接続で使われる。文字情報や音声情報といった比較的低速度のデジタル機器用短距離無線通信規格のひとつ。使用電波の周波数帯が電子レンジや医療機器で使われている帯域と同じ 2.4GHz を使っているので，電波障害となることを避けるため，あまり遠くまで電波が届かないようになっている。

2.4.3 バス規格

コンピュータにおいて，1つの信号線・通信線に複数のデバイスがぶら下がり，通信線を共有する構造を**バス** (bus) と呼んでいる。次の規格がある。

(a) PCI（Peripheral Computer Interconnect）

PC で使われている標準バスの規格である。データ転送速度は最大 533M バイト / 秒と高速である。PC にビデオカードなどを接続するときに使われる。パラレル転送方式。

(b) AGP（Accelerated Graphic Ports）

PC のビデオカード（グラフィックボード）専用のポート（拡張バス規格）。主記憶装置との間で大容量の画像データを高速で通信できる。

(c) PCI Express

PCI の後継規格で，シリアル転送方式に変わった。転送速度は PCI Express4.0 では片方で 32G ビット / 秒，双方向で 64G ビット / 秒と高速である。

2.5 入力装置

コンピュータにデータを入力するための装置が**入力装置** (Input Unit) である。さまざまな種類のものがあるので，ここでは，従来から存在した一般的な入力装置，画像入力装置，およびその他の入力装置に分けて説明する。

2.5.1 一般的な入力装置

a. キーボード

キーボード (keyboard) は文字や数値を入力するために用いる代表的な入力装置である。英数字だけのキーボード，カナ付きのキーボードなどのほか，キーの配列の仕方にもさまざまなバリエーションがある。

b. マウス

マウス (Mouse) は **GUI**（Graphic User Interface，後述）のための入力用デバイスである 。発光器と受光器をもち，マウスの移動方向と速度を検知する**光学マウス**や，PC 本体との接続にケーブルではなく赤外線を使う**ワイヤレスマウス**がある。タブレット形式のもの（**マウス・タブレット**）もあり，ノート型 PC ではキーボードと一緒に組み込まれ，標準的な入力用デバイスとなっている。

c. タブレット（Tablet）

タブレット（Tablet）は CAD（Computer Aided Design，コンピュータ支援設計）による図面の作成やイラストなどを手書きで作図する場合に使う図形入力装置である。画面上の位置を指定する筆圧ペンと位置を検出する板状の装置で構成され，それらを使って線画を入力するグラ

第 2 章 ハードウェア *33*

フィックツールである。マウスでは，現在のカーソル位置との相対的な位置関係で位置を指定するのに対し，タブレットでは，画面上の絶対的な（あらかじめ決まっている）位置座標で位置を指定する点が異なる。マウスを使って絵を描く場合と違って，線の太さや濃淡を自由にコントロールすることができるので，使い勝手は格段に良い。読み取り分解能は，標準的な機種で最高 0.01mm が達成されている。画面の大きさは，A4 タイプが標準である。大きいサイズで高精細度のものは**ディジタイザ**（Digitizer）と呼ばれ，業務用途に利用されている。

2.5.2 画像入力装置 (Image Input Unit)

次に，プレゼンテーションでスライド（**コンテンツ**ともいう）製作などに利用される画像入力装置をいくつか紹介しよう。

a. デジタルカメラ

デジタルカメラ（Digital Still Camera）とは，従来の銀塩フィルムに代わって，**CCD**（Charge Coupled Device）と呼ばれる半導体素子を使って静止画像を電気信号に置き換え，フラッシュメモリなどの記憶媒体に記録する装置である（図 1.2.11 参照）。このほかに CMOS（Complementary Metal Oxide Semiconductor）という撮像素子もあるが，ここでは CCD を取り上げよう。

CCD には光を受けて電荷を発生させるフォトダイオードが多数集積されており，その個数が CCD の画素数である。一般に，画素数の多い CCD ほど解像度は高いとされていて，実用化されている CCD の画素数は，約 27 万～600 万画素である。現在市販されているカメラのほとんどが 1000 万画素以上の CCD を利用しているので，実際には 35 万画素で 640 × 480 ドット，80 万画素で 1024 × 768 ドットの画像を出力することが可能である。スクリーンを利用して行なう通常のプレゼンテーションに使う程度ならば，30 万～50 万画素のカメラで十分実用になる。画素数に関しては，より多い方が，画像がシャープで美しい映像が撮れると思われが

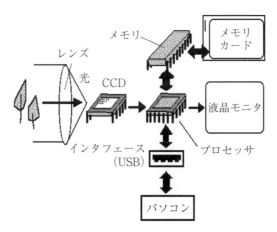

図 1.2.11 デジタルカメラの原理

ちであるが，実際画素数が多くなると画素の大きさは小さくなるので，画素1つあたりの光量も十分でなくノイズが増えるということもある。2010年代になると，画素の密度は光学系の解像度と同じくらいになり，それ以上の画素数（解像度）に関する議論はあまりされなくなった。プロ仕様のカメラでいうと，ニコンD4で画素数は約1660万画素，キヤノンEOS-1DXが約1810万画素と，他のふつうの機種が2200万画素から3600万画素であるのに比べさほど多くはない。これはカメラの性能が画素数だけで決まるわけではないことを意味している。

　画像ファイルはそのままコンピュータに入力して編集できるし，プリンタで印刷すれば従来のような写真プリントが得られる。電子メールに添付して送ることもできる。携帯電話やスマートフォンには標準でデジタルカメラの機能が組み込まれていて，写真撮影とその配布や「2次元バーコード（QRコード）の読み取り」など，手軽に楽しめる。画素数はiPhoneXで1200万画素とじゅうぶんであり，動画撮影も「4K」（後述）対応となっている。スマートフォンで撮影した画像ファイルを送ると高画質の印画紙にプリントして返すサービスを行なっているサイトもある。

　撮影した画像はそのままでは記憶容量が大きいので，ふつうはJPEG（後述，第3章）などのデータ圧縮方式を用いて記録する。記憶媒体は小型のフラッシュメモリカード（前述）などに保存する。PCとのデータ交換では，直接PCに接続して転送する方法，あるいはカメラから赤外線通信機能を利用して取り込む方法などいろいろある。

　カメラ撮影での手ぶれを光学的に検知して，それを打ち消すように光学系や受光面を動かす「手ブレ補正機能」を備える機種が多い。

b. デジタルビデオカメラ

　動画像および音声をデジタルデータとして記録する機器が**デジタルビデオカメラ**（Digital Video Camera）である。現在市販されているデジタルビデオカメラは，世界標準の**DV**（Digital Video）規格に基づいているため，通常，DV方式ビデオカメラあるいは単に**DVカメラ**と呼ばれている。ハードディスク装置，DVDドライブ装置を内蔵し，フラッシュメモリやハードディスク，DVDに記録するタイプがある。

　1枚の素子にR（赤）G（緑）B（青）の各色を作り込む単板方式と，光学的にRGBの3色を分解したものをそれぞれの素子で撮影する多板方式とがある。放送局用のビデオカメラなど特に高画質・高感度の性能が要求される場合は多板方式とすることが多い。

　DVカメラは，データをデジタルで記録するため，編集やダビングによる画質の劣化が少なくてすむ反面，膨大なデータ量（1秒当たりのデータ量は音楽用CDの100倍以上にも達する）をどう高速に処理するかが問題である。

　DVカメラではカメラとパソコンとの間で映像と音声のデータを送受信するためのインタフェースも簡単化されていて，1本のケーブルで映像データと音声データと制御信号の3つを

図 1.2.12　デジタルビデオカメラ
ハイビジョン (HD) 画質対応のキヤノン社製 iVIS HFG10。撮像素子は 1/3 型 CMOS イメージセンサー，有効動画画素数 207 万画素。光学式手ブレ補正機能付き。

双方向に伝送することが可能である (IEEE1394 規格)。なお，DV カメラはデジタルカメラとして使うこともできる。

c. 書画カメラ

資料など主として平面上の物体をビデオカメラで撮影し，映像信号に変換する機器である。PC に接続して，撮影画像を PC に取り込むことができる。プロジェクターと組み合わせ，オーバーヘッドプロジェクターとして，講演や教育などのプレゼンテーションの場で利用されている。オーバーヘッドカメラ (OHC) と呼ばれる場合もある。

図 1.2.13　書画カメラ エプソン社製 ELPDC21

d. イメージスキャナー

イメージスキャナー (Image Scanner) は，印刷済みの資料に光を当てて，その反射光の明暗を CCD などで画像として読み取り，デジタル画像データに変換する装置である。紙やフィルム上の絵や文字をコンピュータに取り込むことができるので，静止画の入力・編集用に用いられて，今では収集資料の整理に不可欠な装置となっている。スキャナーの解像度は，1 インチ当たりの画素数 (**dpi**：dots per inch) で示されるが，普及型でも 300dpi 以上，フィルムのネガやポジ，あるいはスライドフィルムの映像を読み取るためのフィルムスキャナーで 2800dpi が確保される。スキャナーからパソコンへの画像データの取り込みには，スキャナー添付の専

用ソフトか，あるいは Windows や Mac 用のスキャナー制御規格である **TWAIN**（Technology Without Any Interested Name）に準拠した画像処理ソフトを使う。また，パソコンとつなげるためのインタフェースは USB ないしは IEEE1394 規格（**Firewire** または **iLINK**）を用いる。

フラットベッド型スキャナー（Flatbed Scanner）では，コピー機と同様に，原稿をガラス面の上に置き，光源を組み込んだキャリッジが動いて画像を読み取る（図 1.2.14）。オプションの透過原稿ユニットを取り付けるとフィルムスキャナーとして使えるものもある。

図 1.2.14　フラットベッド型スキャナー
エプソン社製 GT-X830。光学解像度 6400dpi。
インタフェースは USB2.0。

2.5.3　その他の入力装置

a．バーコードリーダー

バーコードリーダー（barcode reader）は商品に貼付されたバーコードを読み取り，商品メーカーや商品のコード等のデータをパソコンに取り込むための装置である。スーパーマーケットやコンビニエンスストアではレジとつながった非接触型のバーコードリーダーが使われ，**POS**（Point of Sales, 販売時点データ処理システム，前述）端末を構成している。

b．ビデオキャプチャー

パソコンを使って，ビデオカメラ，ビデオデッキ，TV チューナなどの映像機器から映像と音声をデジタルの動画データとして PC に取り込むこと，およびそのための装置を**ビデオキャプチャー**（Video Capture）という。動画を入れて作成すれば，より具体的でわかりやすい説明資料を作成することができるので，記憶媒体の大容量化と相まって，近年利用が進んでいる。

ビデオキャプチャーとパソコンとの接続には，拡張ボードを PC に入れるタイプのもの，

IEEE1394 規格や USB 規格のコードで PC と接続する外付けタイプのもの，ノート型 PC 用の PC カードタイプのものなど各種の方式があり，動画データは圧縮した形で PC に取り込むことができる。

2.6 出力装置

コンピュータで処理した結果を我々の目に見える・わかる形にするための装置が**出力装置**（output unit）である。代表的なものはプリンタとディスプレイであるが，以下に見るようにさまざまな種類のものがある。

2.6.1 プリンタ

プリンタ（printer）はコンピュータが処理した文書・画像・図形などのデータを紙などに印刷するための装置である。文字や絵を小さい点（ドット，dot）で表し，それを色の三原色である「シアン（C）」・「マゼンタ（M）」・「イエロー（Y）」と「黒（K）」のインクを組み合わせてカラー表現を行なう（CMYK 形式）。理論的には CMY の 3 色を等量で混ぜると黒となるが，実際は濁った茶色にしかならない。そこで黒の発色を良くするため，もともと画像の輪郭などを表す印刷板（key plate）に使われていた「黒（K）」のインクが別に用意されているのである。印刷方式の違いにより 2 種類に大別される。

a．シリアル・プリンタ

シリアル・プリンタ（serial printer）は文字を 1 字ずつ，または文字をあらわす点を 1 つずつ印刷していく方式のプリンタである。細いノズルからインクの滴を飛ばして字を印字する**インクジェット・プリンタ**（ink jet printer）が代表的な機械である。インクを飛ばす仕組みに圧電素子を利用する**マッハジェット**方式，細いノズル内のインクを加熱して生じた気泡を利用する**バブルジェット**方式がある。文字や絵は小さなドット（点）で表すので，ドットが小さく数が多いほど，細かくなめらかな出力が得られる。したがって，出力の解像度は 1 インチ当たりのドット数 **dpi**（dots per inch）で示される。解像度が 4800 dpi で，8 色インクで印刷する高精細度タイプのものでは，専用の用紙を使うことにより，印画紙に焼いた写真に匹敵するほどの品質のものが得られるようになった。

b．ページ・プリンタ

ページ単位で印刷するプリンタを**ページ・プリンタ**（page printer）という（図 1.2.15 参照）。**電子写真方式プリンタ**とほぼ同じ意味で使われている。**電子写真方式プリンタ**には，**レーザプリンタ**や LED（発光ダイオード）を利用した **LED プリンタ**がある（図 1.2.15 参照）。ちょうどコピー機がコピー印刷する方式と同じ要領で，プリント 1 枚分の原稿を画像データに展開し，そのデータをレーザービームなどを利用してプリンタ内のドラムの表面に作成し，それにト

ナー（粉末状インク）を塗布した後，紙を圧着してそれに写し，加熱して定着させる方式である。レーザー方式のページ・プリンタでは 600dpi〜1200dpi 程度のものが多い。高速で高品質の印刷が可能であるが，シリアル・プリンタと比べると，大きくて重い，消費電力が大きい，発熱量が多い，などの欠点がある。もともと，カラーのページ・プリンタは大変高価であったが，現在では，シリアル・プリンタの2倍ほどの価格まで安くなった。一方，トナー（インク）やイメージドラムなど，時々交換しなくてはならない部品があるので，これら消耗部品を含めた維持費（ランニングコスト，running cost）はあまり安くはない。

図 1.2.15 ページ・プリンタ

c. 3D プリンタ

3D プリンタ（printer）は三次元（3D）の CAD や CG のデータをもとに立体的な造形を作る機械のことである。コンピュータ上で作った設計図に基づき，その断面を重ねていくという方法で立体を形成する方法をとる。NC（数値制御）の工作機械のようにもともと高価であったものが個人でも買える価格まで値段が下がってきたのに伴い，普及が進むようになった。

2.6.2 ディスプレイ装置

ディスプレイ装置（display，図 1.2.16）には，以下に述べるようにさまざまのものがある。

図 1.2.16 ディスプレイ装置（LCD）

a. 液晶ディスプレイ

液晶ディスプレイ（**LCD**：Liquid Crystal Display）は，液晶を挟んだ液晶パネルと偏光板を重ね，これを格子状に制御することで画素（ドットまたはピクセル）を構成し，光の透過量の変化を利用して画像を表示する装置（透過型液晶ディスプレイ，図 1.2.17 参照）である。反射光を利用す

るタイプもあって，デジタル時計や電卓の表示装置として利用されている。消費電力が少ない，という利点があるが，表示が暗いのが難点である。有機ELディスプレイ（後述）と異なり，LCDは，液晶が自ら発光するわけではないので受光型ディスプレイと呼ばれている。LCDは，駆動方式によって，**単純マトリックス方式**と**アクティブマトリックス方式**に分けられる。前者は，格子状に組んだ導線で縦横から電圧をかけて交点上の液晶を制御する方式なのに対し，後者は，画素ごとにトランジスタなどのアクティブ（能動）素子を取り付けて制御する方式である。単純マトリックス方式には，**STN**（Super Twisted Nematic）液晶やその改良型の**DSTN**（Double Super Twisted Nematic）液晶などがある。一方，アクティブマトリックス方式には，薄膜トランジスタを組み込んだ**TFT**（Thin Film Transistor）液晶などがある。TFTは，STNやDSTNに比べて製造コストがかかるが，コントラストや反応速度の点で優れ，歩留まりが良くなるとともに製造コストが下がり，液晶ディスプレイの主役となった。

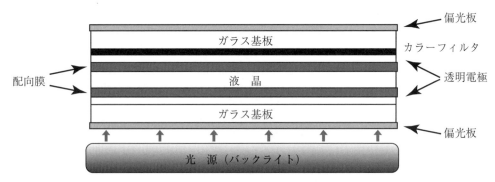

図1.2.17　透過型液晶の構造

b．有機ELディスプレイ

そもそも有機EL（Electro-Luminescence）とは有機化合物の発光を伴う物理現象のことであるが，有機発光ダイオードや発光ポリマーなど，この現象を起こす製品一般も有機ELと呼ばれる。発光素子は発光層が有機化合物からなる発光ダイオードを構成しており，液晶ディスプレイの蛍光管のようなバックライトは不要である。次世代のディスプレイとして，スマートフォンの画面や大型のスーパーハイビジョンのパネルとして使用され始めている。電力消費は少ない。

2.6.3　プロジェクター

PCと接続して，出力画面を大きく投影するための装置である。たくさんの聴衆を相手としたプレゼンテーションを行なう場合には欠くことのできない装置である。

a．LCD プロジェクター

LCD プロジェクター（LCD Projector）では，光源からの光は，特殊ミラーによって RGB の（光の）三原色に分離され，それぞれの液晶パネルを透過して三原色のモノクロ画像が作られる。それらの画像は再び特殊ミラーによって合成されて，プロジェクター前面のレンズから投影される。輝度が高いので明るい部屋でも利用できること，小型・軽量なので携行が可能なこと，設置や調整が簡単であることなどの利点がある。ノート型 PC との組み合わせで，出張先で簡単に **DTPR**（Desk Top PResentation，デスク・トップ・プレゼンテーション）を実現できる点が注目されている。

図 1.2.18　LCD プロジェクター
エプソン社製 EB-1795F。明るさ：3200lm（ルーメン），解像度：フル HD（1080i，1920 × 1080 ドット，後述）。

2.6.4　その他の出力装置

a．X-Y プロッタ装置

設計図・地図などの作図用には **X-Y プロッタ**（plotter）が使われる。ペンが上下左右に動く方式と，ペンが左右に動き，用紙が上下に動く方式とに分かれるが，いずれも精密な図形が描けるので，**CAD**（Computer Aided Design，コンピュータ支援製図）に利用されている。

b．MIDI

PC とシンセサイザーなどをつなぎシンセサイザーを制御する目的で使用する規格を **MIDI**（Musical Instruments Digital Interface）といい，MIDI 規格で楽曲データのやり取りができるインタフェースのことをいう場合もある。普通，拡張ボードとして PC の基板に設置する。現在では，より厳密に定義された **GM**（General MIDI）がデファクトスタンダード（事実上の業界標準）となっている。

第 2 章　ハードウェア　*41*

2.7 通信・ネットワーク関連機器

2.7.1 通信回線

　PC をネットワークにつないで，インターネットを利用する場合に接続する通信回線にはさまざまなものがある。通信速度は 1 秒あたり送受信するビット数 **bps**（bits per second）で示される。1Mbps とは 1 秒間に 1Mb（メガビット，百万ビット）のデータを送受信する通信速度である。通信速度は利用する回線によって異なる。以下では，それらを見てみよう。

a. 光ファイバー

　ガラスやプラスチックの細い繊維でできた，光を通す通信ケーブルを**光ファイバー**（optical fiber）という。電気信号を通すケーブルと比べてケーブル間の相互干渉はないという利点がある。通信速度は研究レベルでは 1000Gbps も可能ということであるが，現在は 100Mbps 程度のサービスが一般向けに提供されている。

b. モバイルデータ通信

　スマートフォンや携帯電話は無線を利用して携帯電話会社の有線ネットワークの基地局に接続して通信を行なっており，「パケット通信」とも呼ばれている。データ通信量はやり取りしたパケットの量で決まり，その量に応じて課金される。

2.7.2 モデム

　モデム（**Modem**：Modulator-Demodulator）とは，PC からのデジタルデータを通信回線を通すための信号に変換して（modulate）送り，通信回線を伝わってきた信号をデジタルデータに戻して（demodulate）PC に渡すための装置で，パソコン通信やインターネットを利用する際に必要である。使用する通信回線の違いに応じてそれぞれ専用タイプのものがある。Ethernet ケーブルをそれぞれの端子に接続し，PC に対し必要な設定をすれば，すぐネットワークに接続して使うことが可能である。

2.7.3 ネットワーク機器

a. ハブ

　LAN で使われる集線装置。各装置ケーブルを**ハブ**（Hub）に接続し，ハブを介して相互に通信する。カスケード式に接続することによって，ネットワークに接続できる装置を増やすことができる。

b. ルータ

　ネットワーク上のデータをほかのネットワークに中継する装置を**ルータ**（router）という。データパケットのアドレスを見て，どの経路を通して中継するか判断する，**経路選択機能**を有する。LAN どうしを接続するのに必要である。

c. NAS (Network Attached Storage)

ネットワークに直接接続して使うファイル・サーバ，つまり磁気ディスク装置のこと（図1.2.19参照）。通常はTCP/ICネットワークに（Ethernetケーブルで）接続して使われる。ネットワークにつながれた，どのPCからもアクセスすることができ，ネット上でファイルを共有することができる。

図1.2.19 バッファロー社製のNAS（Network Attached Storage）LS-WXL/R1型。取り外しのできる1.5TBのハードディスクのディスクパック（前述）2台で構成される。両方で合計3.0TBの装置として使うこともできるが，つねに両方のディスクに同じデータを記録し，1.5TBの装置として使う（「RAID1」という）ことができる。後者の場合，一方のディスクが故障しても，もう片方のディスクにデータがそのまま残っているので，大切なデータを失わずに済む。

2.8 映像メディア関連機器

PCの性能の向上にともない，動画編集など高速処理が求められる作業ができるようになった。デジタル放送は後述のようにさまざまなプロテクションがかかっているので，アナログ放送のようにはいかないが，自分で撮影した映像であれば自由に編集することができる。編集した映像はDVDに収めたり，iPodやiPadなどのデジタル携帯プレーヤーに転送して観ることができる。ここでは放送メディアについて，考えてみる。

2.8.1 テレビ画面の規格

アナログTV放送は**NTSC**（National Television System Committee）が策定した，アナログテレビジョン標準放送方式の規格（日本では，NTSC-J規格）で放送がなされていた。それによると，

画面の横縦の比（アスペクト比）は 4：3 で，総数 525 本の走査線で画面を構成し，1 秒間に 30 枚の画面（フレーム）で動画を送信している。実際は，1 本おきに飛び越し走査した絵（フィールド）を 1 秒間に 60 枚送って動画のなめらかさを出す工夫をしている（インターレース方式）が，画面がちらつくという欠点がある。実際のところ画像は 480 本の走査線で表示している。デジタル TV 放送では，画面は輝度と色の情報をもつ画素（ピクセル，pixel）の集まりとして表される。1 本の走査線を 720 個の画素で表すので，結局，1 画面を 720 × 480 ドットの画素で表すことになる。これを標準（**SD**：Standard Definition）画質という。もちろん，画面のアスペクト比は 4：3 である。PC の場合は正方形の画素を使っているので，画面のアスペクト比と同じ割合の 640 × 480 ドットで画面を表示している（VGA 規格）。

2.8.2　BS デジタル放送と地上デジタル放送

a．BS/CS 110 度デジタル放送

1920 × 1080 ドットのフルハイビジョン（フル HD，後述）放送を行なっている。表記は 1080i（i は「インターレース方式」のこと）。

b．地上デジタル放送

各放送局の 1 チャンネルあたりの周波数帯域を 13 セグメントに分割し，それを

ハイビジョン画質放送（HD，1440 × 1080 ドット）……12 セグメント。表記は 1080i。

または，

標準画質放送（**SD**，720 × 480 ドット）3 局……4 セグメント × 3。表記は 525i または 525p（p はインターレースでない「プログレッシブ方式」のこと）。

および，

移動体向け放送（**ワンセグ放送**，320 × 240 ドット）……1 セグメント。

と分けている。

地上デジタル放送のハイビジョン画質放送では横方向のドット数が 1440 ドットと BS デジタル放送（1920 ドット）と比べて少ないので，画面を横方向に拡大し，同じ横縦比の画面として表示している。

(1) 地上/BS/CS110 共用（赤色）　　(2) 地上デジタル専用（青色）

図 1.2.20　B-CAS カード

これらの放送を受信するにはテレビ受信機が機器認証システムをクリアする必要があり,「B-CASカード」という専用のカードが必要である。「B-CASカード」は2種類あり,左（赤いカード）は地上/BS/CS110デジタル放送共用,右（青いカード）は地上デジタル放送専用である（図1.2.20参照）。

2.8.3 標準（SD），ハイビジョン（HD），超高精細テレビ（4K8Kテレビ）の画質

a．標準（SD）画質

「720 × 480 ドットでアスペクト比4：3」の画質。
かつてのアナログ放送の規格。地上デジタル放送,およびDVDで採用している。

b．ハイビジョン（HD）画質

「1920 × 1080 ドット（フルHD），または 1440 × 1080 ドットでアスペクト比16：9」の画質。
地上/BS/CS110度デジタル放送,およびBlu-ray Disc（BD）で採用している。

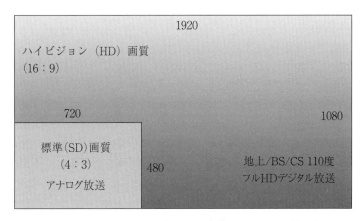

図1.2.21　標準（SD）画質とハイビジョン（HD）画質の違い

c．超高精細テレビ（4K・8Kテレビ）

現行のフルハイビジョンよりさらに高精細度の放送。アスペクト比は同じ16：9。放送局により,衛星放送からの電波の偏光が左回りの放送（左旋BS放送）と右回りの放送（右旋BS放送）の違いがある。地上放送の予定はない。

(a) 4K放送

4K UHDTV（2160p, 3840 × 2160 ドット）（pは「プログレッシブ」の意味），通称「4K」は現行フルHD（1080i, 1920 × 1080 ドット）の4倍（横2倍，縦2倍）の精細度による放送。2020年の東京オリンピックを控えて試験放送を重ね，2018年12月1日より放送開始予定。NHKはあらたに「4Kチャンネル」を立ち上げ，毎日6時から24時までの間4K放送を実施する。

(b) 8K放送

8K UHDTV（4320p, 7680 × 4320 ドット），通称「8K」は現行フルHD（1080i, 1920 × 1080 ドット）

の 16 倍 (横 4 倍，縦 4 倍) の精細度の放送。NHK では「スーパーハイビジョン」と呼んでいる。2018 年 12 月 1 日より放送開始予定。NHK はあらたに「8K チャンネル」を立ち上げ，毎日 10 時から 22 時 10 分まで 8K 放送を実施する。

2.8.4　TV 放送の録画

デジタル放送を PC で録画するには，CPRM[*] に対応したビデオキャプチャーカードなど周辺機器の整備が必要である。デジタル放送のアナログ出力のコピーガード方式「CGMS-A (Copy Generation Management System Analog)」に対応した内蔵型のキャプチャー等もあるが，編集作業まで含めるとアナログ放送の場合ほど便利な状況ではない。

[*] Content Protection for Recordable Media。現在，ダビング 10 などのコピー制限 (9 回までのコピーと 10 回目のムーブが可能) のついたコピーガードシステムとして一般的に利用されている。

ハイビジョン放送をそのままの品質でディスクに収録するには BD 録画機で録画し，BD に収めるしか方法がない。

通常，ディスクはケースから取り出してもその内容がわかるように，ディスクのタイトル面やディスク収納ケースにタイトル，録画日時および収録時間などの基礎データを記録しておくことは大切である。

2.8.5　その他のメディア関連機器

a．ドローン

無線で遠隔操作や自動制御で飛行する無人の航空機の総称。よく話題になる，4 から 8 個のプロペラで浮上し，カメラを搭載して空から俯瞰撮影するラジコンの小型機は，正しくは「マルチコプター」という。ジャイロスコープで姿勢を制御し，空中に静止したままで撮影をすることもできる。米国では宅配業務にドローンを使うことも検討されている。何台もの機種をコンピュータでコントロールし，編隊飛行をさせることもできる。2018 年 2 月開催の平昌オリンピックの開会式では 1200 機のインテル製ドローンの編隊飛行により空中に大きな五輪のマークが描かれた。

b．VR ゴーグル

3D (立体) 映像の映画やテレビを鑑賞する時に必要とする。左右の眼に入る映像の視差の違いによって立体感を生じさせている。バーチャルリアリティー (仮想現実) を体感するゲーム機 (PlayStation VR) では，ゴーグルのように装着する「ヘッドマウントディスプレー」に表示される 3D 映像がプレイヤーの周りをぐるりと取り囲み，あたかもゲームの世界に本当に入り込んでいるような錯覚を起こさせる。

2.9 これからのコンピュータ 〜量子コンピュータ〜（＊＊）

　シリコンのチップに電気回路の精細なパターンを作るという形でコンピュータのMPUもメモリも集積度をあげ，性能向上を果たしてきたが，それも限界に達したといわれ始めている。その一方，従来とは全くアーキテクチャーの異なるコンピュータを作ろうという研究はなされていて，そのいくつかは姿を現し始めている。ここでは昨今盛んに話題に上っている「量子コンピュータ」を考えてみることにしよう。ここでいう「量子」とは，物理現象としての量子効果を表す用語で，第2.1.2節で述べた信号強度の「量子化」とは別の概念である。

2.9.1　量子ビット（qubit）（＊＊）

　「量子コンピュータ」は量子力学的な重ね合わせを用いて並列演算を実現する全く新しい方式のコンピュータである。従来は情報を「0」または「1」を単位とし，いずれかの状態を表すビット（bit）で扱った（「**古典ビット**」という）が，量子コンピュータでは「0」および「1」の重ね合わせ状態を表す（これが量子状態の特徴）「**量子ビット**」（quantum bit, qubit）によって扱う。情報はハードディスクに記録するときのように，磁気的には「0」は上向きのベクトル，「1」は下向きのベクトルで表すと考えることができる。しかし，「量子ビット」では，「重ね合わせ状態」は上，下だけ（「古典ビット」）ではなく，|0> と |1>（いずれも，「0」や「1」に相当する"量子状態"の表現法）の重ね合わせにより x, y, z のあらゆる方向をとる（図1.2.22）。「量子ビット」は極低温で起こる「超伝導」という物理現象を利用して，電気回路（超伝導回路）の物理的な状態として表すことができる。やや専門的な話になるが，次にそれを説明しよう。

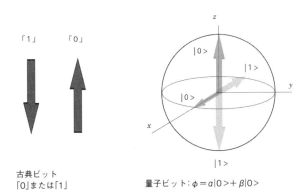

図1.2.22　古典ビット（「0」または「1」）と量子ビット（量子状態φ）
量子状態φは「0」や「1」に相当する量子状態（|0> と |1>）の重ね合わせの状態：aと$β$はその割合をあらわす量。

2.9.2　量子ビットを表す超伝導回路（＊＊）

　「超伝導」とはある物体の温度を絶対零度（-273.15℃）近くまで温度を下げた（「極低温状態」

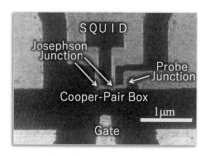

図 1.2.23 超伝導回路を用いて実現した
量子ビットの素子の電子顕微鏡写真
東京理科大学蔡兆申 (Tsai Jaw-shen) 教授の
ご厚意により写真の提供を受けた。

という) ときに物体の電気抵抗がゼロになる現象である。このとき超伝導体 (超伝導物質ともいう) の中で電子は 2 個がペア (「電子対, Cooper pair」という) を作って動くという現象が見られる。このとき超伝導体の途中に絶縁体の薄膜を作る (「接合部」という) と, 電子のペアは波のように振る舞い (前述の｜0>と｜1>はこの波動関数を表す), 接合部を越えてしみ出すように移動するという現象が起こる。これを「**トンネル効果** (tunneling effect)」といい, 量子状態に特徴的な現象である。そしてこの接合を**ジョセフソン接合** (Josephson junction) という。図 1.2.23 は NEC の蔡兆申博士の研究グループが 1999 年に世界で初めて超伝導回路を用いて実現した量子ビットとして動作する素子の電子顕微鏡写真である。目盛の 1 μm は 1 ミクロン (1000 分の 1 mm) という長さを示す。「電子対箱 (Cooper-pair box)」の 2 カ所でジョセフソン接合があり, ループ状で超伝導量子干渉計 (SQUID：Superconducting Quantum Interference Device) を作っている様子が見える。この「電子対箱」が「量子ビット」として使われる。さらに詳しく説明しよう。

初期状態では「電子対箱」の状態は高い確率で「｜0>の状態」に設定されている。「パルスゲート (図で「Gate」となっている部分)」に電圧パルス (図 1.2.2 に示すような電圧の変化) を加える。パルスが到達して「ゲート」の電荷が増えていくと,「SQUID」と書いてある領域から電子ペアが 1 対「電子対箱」の方へ移動できるようになる。移動すると「電子対箱」の状態は「｜1>の状態」になる。この移動は確率的であり, そのため「｜0>と｜1>の重ね合わせ」の状態が実現される。測定は右の方にある「プローブ電極」で行なう。「プローブ電極」との接合部 (Probe junction) の抵抗は大きく,「電子対箱」の状態に影響を与えないようになっている。「電子対箱」の状態が「｜1>の状態」のとき測定すると,「電子対箱」から 2 つの電子にわかれた電子ペアがこの接合をトンネル効果で越えてプローブ電極に流れ込んでくる。「電子対箱」の状態が「｜0>の状態」のときにはこのようなことは起こらない。これによって,「電子対箱」の状態が「｜1>の状態」か, あるいは「｜0>の状態」かがわかるのである。

このような回路を1つのチップにたくさん集積すれば「超伝導量子IC」が出来上がる。極低温状態においては，「量子ビット」（「電子対箱」）どうしが多少空間的に離れていてもバラバラに動作するのではなく，互いに干渉しあって働く。これを「コヒーレント（可干渉性の）状態」という。絶対零度の状態から温度が少しでも上昇すると，この「コヒーレント状態」はたちどころになくなってしまうので，温度管理は重要である。

2.9.3　量子コンピュータに期待する未来

現在は，「量子ゲート」や「量子アニーリング（焼きなまし）」など幾つかの方式で集積度を高める方向で素子を開発し，基礎研究が進められている。従来のコンピュータ（「古典」コンピュータ）であればnビットでは$2 \times n$の状態（情報）を同時に表すが，量子コンピュータでは，コヒーレント性により量子ビット間に「量子もつれ（エンタングルメント）」という相関性が生じるため，n量子ビットあれば，実際のところ，2^nの異なる状態を同時に表すことができ，それに応じて計算の効率も高まる。つまり，量子コンピュータは量子ビットの増加とともに指数関数的に（3bitでは：$2 \times 3 = 6 < 2^3 = 8$，10bitでは：$2 \times 10 = 20 < 2^{10} = 1024$ など）計算速度が増加するものと期待される。前述のように，古典コンピュータには，経験則として，「半導体の集積率は約1.5年（18カ月）で2倍になる」というムーアの法則（Moore's law）にしたがって発展してきたという歴史があるが，もし，30量子ビット程度以上の量子コンピュータが開発されれば，現在最速のスーパーコンピュータの性能を上回るともいわれている。ちなみに量子アニーリングによる最適化計算に特化した量子アニーリング専用機では，D-Waveが2000ビット（2017年）のものを，また万能型量子コンピュータに向けた開発では，IBMが50ビット（2017年），Intelが49ビット（2017年）のものをそれぞれ発表している。

量子コンピュータは絶対零度に近い状態で起こる量子現象を利用しているので素子を極めて低い温度に保つ必要があるが，情報の処理段階（計算するとき）ではエネルギー消費がゼロという特徴をもっている。

期待される応用としては，

- 量子シミュレーション（材料設計）
- 最適化問題（巡回セールスマン問題，4色問題）
- データ検索
- 暗号解読（素因数分解）

など，古典コンピュータを用いるととてつもなく時間がかかると思われる計算用途に向いている。量子コンピュータを用いた計算にはそれ専用のアルゴリズムやプログラミング言語が必要で，その研究開発も並行して進められている。

章末問題

1. 記憶装置を表す，次の略号の意味を述べよ。

  (a) DVD (2) MO (3) CD-ROM (4) NAS

2. 記録面の数が6面のハード・ディスク装置において，1面あたりのトラック数が5000本で，各トラックあたりのセクタ数が次の表の通りであるとき，このハード・ディスク装置の容量は約何Gバイトか。ただし，セクタ長は512バイト，1Gバイト＝109バイトとする。

トラック番号	セクタ数
0 ～ 699	300
700 ～ 1499	250
1500 ～ 2999	200
3000 ～ 4999	150

3. あるプログラムを使って，コンピュータのCPU使用時間とI/O（入出力）にかかる時間を測定した。その結果，総実行時間110秒のうち，CPU使用時間は100秒，残りはI/Oにかかる時間であった。今後，5年間にわたってCPUの処理速度は毎年，前年度比較で20％ずつ速くなるが，I/Oにかかる時間は変わらないとする。OSやその他の条件は変わらないものとして，このプログラムの5年後の総実行時間を求めよ。なお，$1.2^5 = 2.5$ とする。

4. 自分のPCの主記憶装置の記憶容量を128GBに増やしたい。64GbのVLSI 8個で作られたDIMMを何枚購入すれば良いか。

5. 「30量子ビット」で同時に表すことができる異なる状態の数はおよそいくつか。

【参考文献】

師啓二・樋口和彦・舩田眞里子・黒澤和人　『情報科学の基礎と活用』同友館，2006

師啓二・樋口和彦・舩田眞里子・黒澤和人　『現代の情報科学』学文社，2010

菊川誠之『DTPR プレゼンテーションツール & 制作テクニック』アスキー，1995

日経BP社出版局編『日経BPデジタル大事典1998年度版』日経BP社，1998

可視化情報学会編『ビジュアルプレゼンテーション』（可視化情報ライブラリー6）朝倉書店，1998

中野恵一「デジタルスチルカメラの過去・現在・未来」『情報処理』Vol.39，No.8，情報処理学会，1998

「量子コンピュータの世界」『日経バイト』2004年6月号，No.253，pp.20 ～ 47，日経BP社，2004

＊専門用語の解説にあたっては，「ウィキペディア（wikipedia）」および http://e-words.jp/ の解説を参考にした。

第3章　ソフトウェア

3.1　概　要

ソフトウェア（software）とはハードウェアに対してつくられた用語で，一般的には，広く「ハードウェアを使いこなすための利用技術」を表す用語として使われている。しかし，コンピュータシステムに限っていえば，ソフトウェアとは「コンピュータで使用するプログラム」そのもののことである。また，コンピュータの**プログラム**（program）とは「コンピュータのハードウェアに何をどのような順序で実行させるか，処理の手順を示した指示書」のことである。

最近では，「○○ウェア」という表記が一般化して，たとえば次のようなものがある。

- ファームウェア（firmware）……ルータなど機器に組み込んだプログラム。更新（書き換え）ができる。
- グループウェア（groupware）……大きなプロジェクトを分割し，役割分担して作業を進めていくような作業形態で利用するプログラム。
- スパイウェア（spyware）……コンピュータに隠れて常駐し，使用者が知らない間に通信内容などを記録し，特定の個人に向けて密かに送信する不正プログラムの総称。

3.1.1　役割上の分類

一般的に，ソフトウェアはその役割上次の2つに分類することができる。

- **オペレーティング・システム**（operating system）……基本ソフトウェア
- **アプリケーション・プログラム**（application program）……各種の応用プログラム

ふつう「コンピュータのソフト」といえば，読者はワープロソフトや各種のゲームソフトを思い浮かべるであろう。しかし，これらは**アプリケーション・プログラム**（application program）に分類される。このほかに，「基本ソフト」とも呼ばれる**オペレーティング・システム**（Operating System, **O/S** または **OS**）が存在する。オペレーティング・システムはふだんあまりその存在を意識することはないが，「いろいろなアプリケーション・プログラムがうまく動くように管理・運営している"縁の下の力持ち"的働きをするプログラム」なのである（図1.3.1参照）。今日，Microsoft の Word や Excel，PowerPoint などのアプリケーション・プログラムは PC（ハードウェア）が違っていても（例えば，Windows PC や Macintosh というように），同じ画面が表示され，全く同じように使うことができる。これはそれぞれの PC のオペレーティング・システムがハードウェアの機能をコントロールして，ハードウェアによる違いが出

ないように(「**違いを吸収する**」という表現を使っている)うまく働いているからである。

以下では、これら、ソフトウェアのさまざまな働きを考えていこう。

3.2 オペレーティング・システム

前節で述べたように、コンピュータシステムのすべての資源を常時、無駄なく使用する目的でコンピュータシステムの管理・運営をコンピュータ自身にさせることを考えて、**オペレーティング・システム**(**OS**：Operating System)は誕生した。オペレーティング・システムとは管理・運営のための総合的なソフトウェアで、各種の制御プログラムの集まり(これらを「狭義の**OS**」という)から構成されている。もちろん、コンピュータが登場した初期の頃はこのような便利なものはなかったわけであるが、まず簡単な機能のものが登場し、それが徐々に改良され、使いやすくて高度な働きができるものとなった。以下では、PCの代表的なオペレーティング・システムを考える。

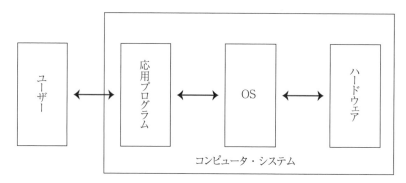

図1.3.1 オペレーティング・システム(OS)の働き

3.2.1 オペレーティング・システム(制御プログラム)の機能

オペレーティング・システムの働きはいろいろあり、分類すると以下の通りである。

- ユーザ管理……ユーザの登録・抹消。
- ファイル管理……ファイル・ディレクトリの管理。
- 入出力管理……入出力機器に対する要求の制御。
- 資源管理……CPU・メモリ・ディスクの使用状況の管理。
- ジョブ管理……ジョブ(処理単位)の実行を監視・制御する。

3.2.2 オペレーティング・システムの発達

PCの草創期には、内蔵したROMにあらかじめ**BASIC**(Beginner's All purpose Symbolic

Instruction Code）言語が組み込まれ，プログラミングにより簡単なアプリケーションを作るの
に利用されていた。BASIC はインタープリタ（対話型プログラミング言語）であり，今日でいう
オペレーティング・システムの代用となる「モニタプログラム」としての役割を持っていた。
その後，以下に見るように，PC 用の本格的なオペレーティング・システムが登場した。

a．MSDOS（MicroSoft Disk Operating System）

マイクロソフト社が開発した，16 ビット・マイクロプロセッサ（16 ビット単位でデータをや
り取りするタイプの MPU）i8086/i8088，i80286 および 32 ビット・マイクロプロセッサ i80386,
i80486 上で動くオペレーティング・システムである。補助記憶装置としてハードディスク装置
あるいはフロッピーディスク装置を使うことを前提としている。爆発的に売れた IBM パーソ
ナルコンピュータに採用されたため，16 ビットおよび 32 ビット・コンピュータ用の標準オペ
レーティング・システムとなった。ファイル（後述）のコピーや削除など簡単な操作であっても，
利用者は決められたコマンド（命令）を 1 字の間違いもなくキーボードから入力しなくてはな
らない。

b．DOS/V（Disk Operating System V）

IBM PC/AT およびその互換機（「**DOS/V パソコン**」とよばれる）上で動くオペレーティング・
システム。日本語など 2 バイト・コード（第 2 章参照）を含む各国の言語に対応した，という特
長がある。Windows95 からは，その一部として，Windows システムに組み込まれた。

c．WINDOWS

マイクロソフトが開発した **GUI**（Graphical User Interface, 後述）方式のオペレーティング・
システムである。**GUI** とは，画面に現れたアイコン（絵文字）をマウスでクリックしたり，動
かしたりというように，グラフィックを多用したやり方で，たとえば，ファイルの削除である
とか，ソフトの起動という作業ができるように工夫されたコンピュータ利用環境のことである。
1995 年に登場した Windows95，1998 年の Windows98 とそのバージョンアップ版の Windows
ME と発展し，PC 用の標準オペレーティング・システムとなった。最新版は Windows10 である。

d．MacOS

アップルコンピュータ社の Macintosh のオペレーティング・システム。登場した最初の段
階から GUI 方式を取り入れた。DTP（Desk Top Publishing）用の Adobe Illustrator，画像処理
ソフトの Photoshop や iPhoto 等の優れたソフトと共に，主としてデザイン・出版業界で利用
が進んでいる。Version X（テン）からはカーネル（核となるプログラムの部分）に UNIX（次項参照）
を採用し，安定性と速度が向上した。2016 年から「macOS v10.13」（「コード名」は High Sierra）
という表記に変わった。

e．UNIX

1968 年アメリカの AT&T のベル電話研究所で開発されたオペレーティング・システム。主

として，ミニコンピュータの標準オペレーティング・システムとして使われている。C言語で記述され，ソース・プログラム（プログラム言語で書かれたプログラム本体）があまり大きくなかったため，さまざまな機種に移植された。ネットワーク機能に優れ，安定性もあり，セキュリティ機能も高いので，基幹ネットワークのサーバのOSとして多く採用されている。

f．Linux

UNIXと互換性のあるオペレーティング・システムで，**オープンソース・ソフトウェア**[*]として提供されている。利用者に対しては技術者仲間がネットを通じてボランティアとしてアドバイスを提供している。通常は，システムの核となる「カーネル」（本来はこの部分をLinuxという）とユーティリティのプログラムとを一緒にした配布パッケージが提供される。低い性能のPCでも動作する。ネットワーク機能に優れ，安定性もあるので，サーバ用としても大手のパソコンメーカーが採用を始めている。

> [*]**オープンソース・ソフトウェア**（OSS：Open Source Software）
> インターネットなどを通じてソース・コード（「ソース・プログラム」ともいい，人間が理解できるプログラム言語で記述されたもの）が公開され，ライセンスに反しない範囲であれば，ソース・コードの改変・再配布が自由に行なえるプログラム。

g．TRON（The Real-time Operating system Nucleus）

東京大学坂村健教授によって，1984年に提唱されたコンピュータ規格。まず，「ありとあらゆるものに小型のコンピュータ（ICチップ）を組み込み，それらをネットワークでつないで連絡を取り合うことにより，生活を便利なものとする」という考え（**ユビキタス・コンピューティング**）が基本にある「**TRONプロジェクト**」がスタートした。当初は，今日のGUIのような利用環境を備えたB-TRONをOSとして搭載したPCが「教育用パソコン」として使われる予定であったが，米国の強い要請により断念した，といういきさつがある。現在では家電製品，自動車のエンジン制御システムなどの"組み込みコンピュータ（ICチップ）"や，携帯電話など電力があまり使えないシステムのOSとして広く使われている（市場占有率は世界最大である）。

h．スマートフォン向けのオペレーティング・システム

- iOS……アップルが開発提供している携帯情報端末のためのオペレーティング・システム。**iPhone, iPod touch, iPad**に搭載されている。
- Andoroid……**Google**によって開発されたスマートフォンやタブレットなど携帯情報端末のためのオペレーティング・システム。スマートフォン用としては世界シェア第1位。

3.3 ファイルシステム

互いに関連性の高いデータをひとつにまとめ,整理・分類したものを**ファイル**(file)という。表計算ソフトでは,ファイルは**レコード**(record)とよばれるデータ単位の集まりであるが,ワープロソフトでは作成した文書がファイルとして扱われる。

3.3.1 階層型ファイルシステム

補助記憶装置に格納されたファイルは記憶装置の内では,次の図のような,階層構造を持ったグループごとにまとめられて管理される。これを**階層型ファイルシステム**という。このグループに付けた名前を**ディレクトリ**(directory)とよんでいる。WindowsやMacintoshなどのGUI環境のOSではディレクトリのことをフォルダ(「ファイルの入れ物」という意味)とよんでいる。**ルートディレクトリ**は階層構造の最上位に位置するディレクトリで,また,**サブディレクトリ**はそれより下位に位置するディレクトリである(図1.3.2)。ファイルなどを参照していて,現在自分がいるディレクトリを**カレントディレクトリ**という。

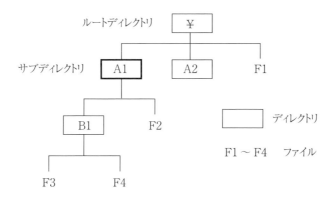

図1.3.2 階層型ファイルシステム

3.3.2 パス指定

基準とした点からディレクトリやファイルが位置する場所までの経路を**パス**(path)という。電子メールなどにファイルを添付して送る場合,添付したいファイルがある場所は,そこに至る経路を指定する形で示される。これを**パス指定**という。パスの指定の仕方には「絶対パス」で指定する方法と「相対パス」で行なう方法とがある。

絶対パス……ルートディレクトリから参照先までの経路のこと。

相対パス……カレントディレクトリから参照先までの経路のこと。

図1.3.2で,カレントディレクトリがA1として,

F4までのパスを絶対パスで指定すると,「¥A1¥B1¥F4」

F4 までのパスを相対パスで指定すると，「B1¥F4」

F1 までのパスを相対パスで指定すると，「..¥F1」

ここで，「..」は現在のディレクトリの親（上位）ディレクトリを表す。「¥」は単独でルートディレクトリを表すほか，ファイルやフォルダの名前の間に「仕切り」としていれてパス指定を行なう。

3.3.3 バックアップ

万が一の事故に備えて，ファイルのバックアップを取っておくことはとても大切である。**DAT**（Digital Audio Tape）や **DLT**（Digital Linear Tape）などのコンパクトな外部媒体に収納するのが一般的である。

- フルバックアップ……ある時点におけるすべてのデータのバックアップを取ること。
- 差分バックアップ……前回のフルバックアップ実施以降に追加・変更された全てのデータをバックアップする（図1.3.3）。
- 増分バックアップ……前回のフルバックアップあるいは増分バックアップ以降に更新されたデータだけをバックアップする（図1.3.4）。

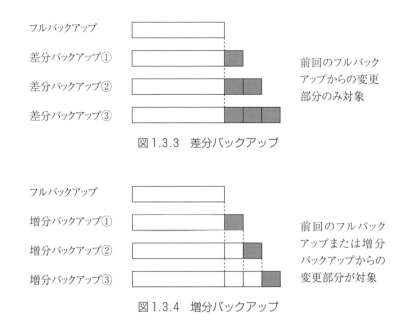

図1.3.3　差分バックアップ

図1.3.4　増分バックアップ

一般的には，フルバックアップを定期的に実施する一方，日常の業務では差分バックアップや増分バックアップを行ない，作業の効率化を図る。

3.4 データ処理システムの形態

ある程度時間が経過して蓄積された情報（データ）をある時点でまとめて処理し，必要な資料を作成するという処理方式のシステムを**バッチ処理システム**（batch processing system，一括処理システム）という。データをまとめて束（batch）にしてから処理するので，この名がついた。やがてデータもオンラインでつながった遠くにある端末から送られるようになった。これを**オンライン処理**（on-line processing）という。コンピュータどうしが通信回線で結ばれていつでもデータのやり取りができるようになったのである。初期の頃，コンピュータは「バッチ処理」しかできず，このような**リモートバッチ処理**（remote batch processing）を行なっていたが，やがてコンピュータどうしがネットワークを組むようになると，オンラインでつながった複数のコンピュータが役割を分担し協力して業務をこなすことができるようになった。ここではこのようなシステムの処理形態のいくつかを見ていこう。

3.4.1 システムの構成・処理形態

a. 集中処理システム

1つのホストコンピュータですべての処理をするシステム。

長所：データを一元管理するので，整合性に優れる。機器や設備を1カ所で集中管理するので，障害時の対応が容易である。

短所：ホストコンピュータに障害が発生すると，システム全体が影響をうける。システム停止もありえる。ホストコンピュータに付加が集中するので，機能拡張や処理量の増加に柔軟に対応できない，など。

b. 分散処理システム

複数のコンピュータをネットワークで接続し，処理を分担して行なう処理形態である。

(a) 水平分散（ピア・ツー・ピア型，peer-to-peer，P2P）

ネットワーク上のすべてのコンピュータが対等な立場で接続し，データを共有し機能を分散するシステム。

(b) 垂直分散（クライアントサーバ型，client-server）

ネットワーク上のコンピュータには主従関係があり，処理を依頼する側と受ける側で機能を分散する処理形態。クライアント（利用者，**client**）がサーバ（サービス提供者，**server**）に処理を依頼し，サーバは依頼された処理を実行する。サーバは処理をするアプリケーションソフトとデータの管理を両方とも行なう。次の2つのタイプある。

- 2層アーキテクチャ……クライアントとサーバから構成される。
- 3層アーキテクチャ……クライアントとサーバの間にアプリケーション・サーバを配置する。

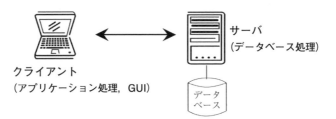

図1.3.5　２層アーキテクチャによるクライアントサーバシステム

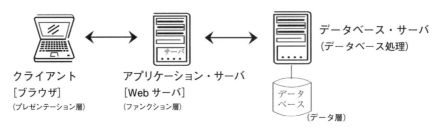

図1.3.6　３層アーキテクチャによるクライアントサーバシステム

3.4.2　システムの評価指標
a．システムの性能を表す指標
（a）スループット

一定時間内にコンピュータが処理できる仕事量のこと。単位時間あたりのジョブ（コンピュータの処理単位）量など。

（b）ターンアラウンドタイム

バッチ処理において，ジョブを依頼してから，その結果が得られるまでの時間のこと。

（c）応答時間（レスポンスタイム）

オンライン処理において，コンピュータに処理要求を出してから，結果が返されるまでの時間のこと（図1.3.7）。次式で計算できる。

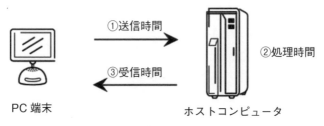

図1.3.7　応答時間（レスポンスタイム）

b．システムの性能評価法

（a）ベンチマーク法

コンピュータの使用目的に合う標準的なプログラムを実行させて，その実行時間を相対評価する。

（b）シミュレーション

システムを模擬的に再現するモデルをプログラムとして作成し，それを使ってシステムの動作状況を測定する。

c．システムの信頼性を表す指標

- 信頼性（reliability）……故障が少なく，正常に稼働していること。
- 保守性（serviceability）……保守や修理がしやすく，障害時に復旧しやすいこと。
- 可用性（availability）……必要なときにシステムが利用できること。
- 完全性（integrity）……データが正しく矛盾がないように保持されていること。
- 機密性（security）……不正アクセスに対してデータが保護されていること。

3.5　ファイルとデータ構造

プログラムがファイルにデータを書き込むとき，またファイルからデータを読み出すとき，どのような形式でデータが並んでいるかを知っていなければデータを利用することができない。このようなデータ形式のことを**データ構造**（または，データ・フォーマット）という。大きく分けて，次の2種類がある。

3.5.1　テキスト・ファイル

ワープロで作成した文書ファイルのように，文字だけでできているファイルのこと。テキスト・エディタ（文章作成ソフト）で編集できる。文字だけしかなくて，しかも，データ1個あたりのサイズが決まっているので，わかりやすく，別のデータ・フォーマットに変えることも簡単である。したがって，少量のデータを互換性の自由度の高い（自由な編集が可能）状態で保存したいとき，この形のデータ・フォーマットが選択される。

Microsoft が策定した**リッチ・テキスト・フォーマット**（**RTF**: Rich Text Format）では単なるテキスト（拡張子は「.txt」）と比べて，文字の大きさやフォント（font，字体），字飾りなどの情報をもたせることができ，ワープロソフトの比較点簡単なデータフォーマットのひとつとなっている（拡張子は「.rtf」）。

3.5.2　バイナリ・ファイル

画像のファイルや音声データのファイルなどのように，ビット単位で処理される，特定のア

第3章　ソフトウェア　*59*

プリケーション専用のデータを**バイナリ・ファイル**（binary file）という。画像ファイル（拡張子は「.jpg」，「.mpg」など）や，一般的には，ワープロのファイル（拡張子は「.doc」）のように文字や改行などの特殊文字コード以外の情報を含んでいるファイルのことをいう場合もある。テキスト・エディタで編集することはできない。ファイルの内容を見たとき，どこからどこまでがデータの1単位かがわかりにくい。一方，データを保存するとき，無駄なスペースが生じないので，大量で，高機能なデータの保存法と言える。つまり，バイナリ・ファイルには次のような利点がある。

- テキスト・ファイルに比べて，必要とするファイルサイズを小さくできる。
- 文字以外のコードも埋め込むことができるので，それを用いた高速検索が可能である。
- データフォーマットがわからないと，データが読めないので，機密データを保護する場合にも都合が良い。

3.6　アプリケーション・プログラム

　システム側で用意しているユーティリティ・プログラムとは別に，ユーザが実際の業務の処理をするときよく利用する共通のプログラムをあらかじめ開発し，簡単に使用できるように準備されたプログラムが**アプリケーション・プログラム**（応用プログラム，application program）である。このプログラムは利用の面から次のように大別される。

a. 汎用アプリケーション・プログラム

　ワード・プロセッサ（ワープロ），表計算，データベース，統計解析，数値計算等，いろいろな業務に使える，応用範囲が広いプログラム。利用する際には，あらかじめ使い方を少し学習しておく必要がある。

b. 特定業務用アプリケーション・プログラム

　販売管理，生産管理，財務管理，税務処理など，特定の業務に的をしぼり，利用の便をはかったプログラム。学習する要素が少なく，誰でも購入してすぐ使いはじめることができる。

c. 統合型アプリケーション・プログラム

　1本のソフトウェアの中で全ての情報の生産と処理を行なうアプリケーション。例えば，1本のソフトウェアで，文書作成を基本とし，文書を整形する機能，図や絵を作成する機能，数値データを管理し，計算処理をしてグラフ化する機能，およびこれらの情報を画面や紙の上に並べて総合的に編集する機能などを有する。ワープロソフトでは，後述するように簡単な図形や表を描くことのできる機能を標準で持っているが，これは本格的にそれらの機能をもたせたソフトウェア，という位置付けになる。できる機能が多く複雑なので，完全に使いこなすためには，習熟するための時間をかなり費やす必要がある。

　ところで，いくつかの汎用アプリケーション・プログラムをまとめ，**プログラム・パッケー**

60　第I部　理論編

ジ（program package）として供給される場合（たとえば，Microsoft Office 365 など）もあって，それぞれ独立したソフトウェアを切り替えながら文章作成や表の作成，プレゼンテーションのスライド作成などをすることができるが，このような場合は統合型アプリケーション・プログラムとは言わない。

3.6.1 ワード・プロセッサ（word processor，ワープロ）

文書を作成・編集するためのソフト。文書を見栄えの良いものとするための文字飾り（下線，網かけなど）や割り付け（文や図表の位置決め）といった機能，文書中に表を書くための罫線機能などを備えている。企画書や報告書を作成する場合には欠かせないソフトである。〔例〕MS Word。

日本語ワープロは，次の2つのプログラムで構成されている。

a．かな漢字変換フロントエンド・プロセッサー（FEP：Front End Processer）

文字列を「かな」または「ローマ字」で入力し，変換キーを押すと，入力された文字の並びの中から文節の切れ目を探し出し，文節中の自立語（助詞，助動詞を除いたもの）に適合する漢字を記憶装置内のかな漢字変換用辞書の中から見つけ，漢字まじりの文として表示する。望み通りの漢字が出てくるまで，変換キーを押し（未確定状態），正しい漢字が表示されたところで，リターンキーを押して，文章を確定状態にする。自分用の変換用辞書を作ると，よく使う用語の変換効率が上がるので，入力作業が楽になる。〔例〕MIME，ことえり，ATOK2017 等。

ワープロ以外のソフトでも日本語入力が必要な場合は FEP が必要である。その場合，自分が使い慣れた FEP と自分の辞書を使うように設定することも可能である。

b．編集のためのプログラム

文字飾りを付けたり，文や図表の位置決めをする，出来上がった文章を印刷する，等の機能を有する。英単語のスペルチェック機能，言葉や表現が妥当なものであるかどうかをチェックする機能を持つものもある。簡単な図や表を作成する機能や通信機能を持つ場合もある。

文字の入力・訂正・順序の入れ替え程度に機能を限った**テキスト・エディタ**（簡単に**エディタ**，editor）というソフトがあり，ワープロの代わりとしてプログラムを書く場合等に用いられる。プログラムサイズが小さいので，PC への負担は少ない。

3.6.2 表計算ソフト（スプレッドシート，Spread Sheet）

データを表の形で整理して，いろいろな処理を施すタイプのソフト。表の1つのマス目をセル（cell）と呼ぶ。セルに文字や数値データを書き込んで表を完成させる。数式を定義すれば，定義した式に基づいて自動的に計算処理を行ない，結果を表示する。表中の範囲を指定し，その範囲内のデータをもとにグラフを描くという機能がある（詳しくは第Ⅱ部第3章と第4章を

参照のこと）。一連の作業を**マクロ**として登録すれば，作業を自動化することもできる。〔例〕
MS Excel。

3.6.3　データベース・ソフト (data base)

　膨大なデータの中から必要なデータをとりだし，加工・分析するという作業に必要なプログラム。PC 用では扱えるデータ量に限りがあるが，画像データなどさまざまな種類のデータ・タイプのデータも一緒に扱えて便利である。次の2つのタイプに分けることができる。

a．カード型データベース

　カードに情報を整理するというスタイルのソフト。カードに書けるデータ（項目）には文字・数字に限らず，図や絵，写真，さらには音声，動画まで扱えるものもある。最近では File Maker のように次のリレーショナルタイプに統合されるものもある。

b．リレーショナルデータベース (relational data base)

　何枚かの表の形でデータを整理して関連づけした形でデータベースを構築する。つまり，それらの表中の特定の項目どうしが互いに結び付いているので，データの更新などが即行なえる（詳しくは第Ⅱ部第6章を参照のこと）。〔例〕MS Access。

3.6.4　グラフィック・ソフト (draw, paint)

　グラフィック・ソフトにはフリーハンドで絵を描くタイプの**ペイント系** (paint) と呼ばれるソフトと，線を主体として図を描くための**ドロー系** (draw) と呼ばれるソフトがある。

a．ペイント系グラフィック・ソフト

　PC の画面はたくさんのドット (dot，点) の集まりで構成されている。ペイント系ソフトは，これらの多くのドットのそれぞれを発色させ，それらの小さな点々で絵を表現するプログラムである。絵を拡大すると，ドットも拡大されるので，ギザギザが目立つことになる。写真加工などに用いる Photoshop も同じタイプのソフトとみなすことができる。

b．ドロー系グラフィック・ソフト

　線の集まりで図を構成するという概念のソフト。つまり，線分の両端の位置をマウスなどで指定してこれらを結ぶ，という形で命令し，線を描く。四角や円といった図形は描く範囲の外枠を指定して描く。指定した位置を変えれば，図のサイズの変更は簡単にできるし，ギザギザが目立つこともない。ベクタ形式のグラフィックソフト，という位置付けである。グラフィックデザインなど**CAD** (Computer Aided Design，コンピュータ支援設計) で使われる。〔例〕Adobe Illustrator。

62　第Ⅰ部　理論編

3.6.5 プレゼンテーション用ソフト

大学や企業で研究結果を口頭で発表するときなど発表用資料（**コンテンツ**などという）を作成するためのソフトウェア。ワープロで作成した文書ファイルだけでなく，画像や音声，動画のファイルも扱えるので統合型アプリケーションの一種と見ることもできる（詳しくは第Ⅱ部第5章を参照のこと）。発表の際に配布する印刷物（**プリント**，**ハンドアウト**，handout）を印刷する機能も有する。〔例〕MS PowerPoint。

3.6.6 業務限定型ソフト

販売管理，財務会計，給与計算など特定の業務に的をしぼり，すぐに業務に使えることを目的として作られたソフトウェアを**業務用ソフト**という。パソコン通信用ソフト，ブラウザソフトも機能が特化されているという意味で，業務用ソフトの一種とみなすことができる。

3.6.7 その他のソフト

a．プログラミング言語

Fortran，C および BASIC など，コンピュータプログラムを書くために使う言語。コンピュータが直接理解できるのは機械語であるが，機械語でプログラムを書くことは大変であるので，自分でプログラムを書いて PC を使いたい，という場合にはプログラミング言語を学ぶ必要がある。プログラミング言語で書かれたプログラムを**ソース・プログラム**（source program，**ソース・コード**ともいう）という。コンピュータで実行するには機械語の**オブジェクト・プログラム**（object program，**オブジェクト・コード**ともいう）に直して実行しなくてはならない。この作業を**コンパイル**（compile）といい，コンパイルするためのプログラムを**コンパイラ**（compiler）という。Fortran や C は**コンパイラ言語**（compiler language）といい，ソース・プログラム全体を一気にコンパイルしてから実行するタイプの言語であるのに対し，前述のBASIC ではソース・プログラムの1文1文を機械語に翻訳しながら実行するので，**対話型言語**（interpreter language）とよばれる。実行速度は遅い。このほか，Perl，VB（Visual Basic）Script，JavaScript など**スクリプト**（script）という簡単なプログラムを書くための**スクリプト言語**（script language）がある。機械語に変換する作業はコンピュータが自動的にやってくれるので，プログラムを書いたらすぐ実行することができる。たとえば，WWW ブラウザ（後述）の Internet Explorer で動く小さいプログラムを作るときに使われる。

b．インターネット用プログラム

インターネットの Web ページを閲覧するためのプログラムを **Web ブラウザ**（Web browser）といい，Internet Explorer，Mozilla Firefox，Safari，などいろいろある。Web ページを書くためのプログラミング語である **HTML**（Hyper Text Markup Language）形式の文書ファイ

ル，音声ファイル，画像ファイルなどをダウンロードして解析し，表示する。Web サーバに
データを送信したり，JavaScript を実行したりする機能を持っている。電子メールのソフトに
は Outlook Express や Mozilla Thunderbird など Web ブラウザに附属するものと，Eudora や
MS Entourage など独立したものがある。

c．TeX

スタンフォード大学 Donald E. Knuth 教授が開発した組版システム。TeX は「テフ」ある
いは「テック」と読む。数式を含む文書の作成に向く。フリーソフトとして，無償で公開され
ている。PC によらずどの機種でもまったく同じ出力が得られるという特長を持つ。

3.7 ヒューマンインタフェース技術

ヒューマンインタフェース (Human Interface) とは人がコンピュータから情報を得たり，コ
ンピュータを操作したりするための仕組み・規約などに関する総称のことで，ユーザーインタ
フェース (User Interface) とも呼ばれている。つまり，「コンピュータと人との接点」に関する
総合的な工夫のことである。

3.7.1　GUI (Graphic User Interface)

GUI とはアイコンやボタンなどグラフィカルな要素を多用することによって，視覚的に操作
方法がわかるとか，直感的に何をなすべきかわかるといったヒューマンインタフェースのこと

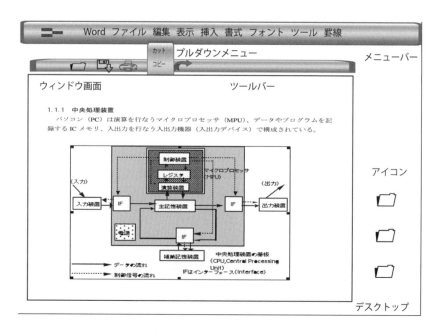

図 1.3.8　デスクトップ画面 (GUI)

である。PCではMacintoshやWindowsのOSで採用され，現在では標準となっている。次の特長がある。

a．メニュー方式

表示されたメニューから目的の処理を選択させることによって，コンピュータに処理をさせる方式をいう。

b．WYSIWYG (What You See Is What You Get)

画面上に表示された通りに印刷出力されること。GUIで動作する多くのソフトが取り入れている。

3.7.2　ヒューマンインタフェース設計

a．ヒューマンインタフェース設計法

（a）設計の留意点

- 安心できる操作環境を提供する。〔例〕コンピュータが処理中は処理の経過状況をバーグラフで示す。あらかじめデフォルトのデータを入れておく，など。
- 首尾一貫した操作方法を提供する。〔例〕アイコンなどは共通デザインとする。表示画面やメニューで使用される用語を統一する。
- 初心者のみならず熟練者にも配慮する。マウスによる入力だけではなく，「キーボード・ショートカット」や「コマンド入力」などの効率的な入力法にも対応した設計を行なう。
- システムの安全性に配慮する。初心者でもなるべく誤操作しないように，また誤入力してもシステムが致命的なエラーをしないように配慮する。

（b）入力チェック

データ入力する際に間違ったデータを入力しないように，システムでチェックできる態勢が必要である。

（c）ユニバーサルデザイン

若者と高齢者，健常者と障がい者などの区別なく，すべての人が公平に使えて，使い方がわかりやすいヒューマンインタフェースを実現しようという，設計の基本的な考え方。〔例〕文字だけではなくアイコンを多用する，文字の大きさの表示を変えられる，など。

（d）Webデザイン

インターネットで公開されるWebページ（ホームページ）は不特定多数の人がアクセスするので，わかりやすく使いやすいことが大事である。上記の「安心できる操作環境の提供」と「首尾一貫した操作方法の実現」にじゅうぶん配慮する必要がある。

b．入力設計

入力に用いられる画面の設計，入力項目の設計などを行なう。ヘルプ機能やガイダンスを丁

寧に作り，ユーザがマニュアルをいちいち参照しなくても操作ができるようにする。

c．出力設計

ユーザの業務に合った出力形式や出力方式を採用する。必要最小限のもののみ出力し，余分な情報は出力しない。ペーパーレスを心がける。

3.8　マルチメディア技術

マルチメディア（multimedia）とは文書（文字情報）に加えて，音声・静止画・動画などのアナログ情報をデジタル化してコンピュータシステムで統合的に扱うことをいう。インターネットの急速な発達と関連技術の進歩，回線のブロードバンド化などにより，コンテンツのハイパーメディア化，動画ファイルのストリーミング配信など急速にマルチメディア化が進んでいる。以下では，マルチメディア技術のさまざま技術や用語を解説する。

3.8.1　マルチメディアで使われる技術用語

a．静止画処理

画像はまず全体を細かな点（ドットあるいはピクセル）に分解する。各点は光の強度の情報のほか，光の三原色（赤・緑・青，**RGB**）に分解し，それぞれの強度で表した色の情報をもたせている。点の数が多いほど細部の違いまで表現することができるので，より忠実な再生画が得られることになるが，その分画像 1 枚当たりの情報量が多くなるという欠点がある。画像を小さい容量にしてなるべく多く保存できるように，さまざまなデータ圧縮技術が考えられている。代表的なものにはフルカラー（1677 万色）が扱える **JPEG**（Joint Photographic Experts Group），256 色しか扱えない **GIF**（Graphic Interchange Format）などがある。JPEG とは静止画像の符号化方式の国際標準化団体を指すと同時に，**JPEG 規格**という言い方によって，圧縮方式そのものをも指すようにもなっている。

b．動画処理

静止画像を連続して表示させれば動画像となる。1 枚 1 枚の静止画像を**フレーム**（frame）という。TV（テレビ放送）の場合は毎秒 30 フレームの静止画を使用している。毎秒表示する静止画のフレーム数が少ないとぎこちない動きの動画像となるため，自然な動きを見せたい場合には毎秒 20 から 30 フレームくらいの画像を表示する必要がある。したがって，動画像のデータ量は，実際，静止画とは比べ物にならないほど大きなものとなるので，何らかの圧縮技術を用いてデータ量の縮小を行なう必要がある。代表的な圧縮技術としては，**MPEG**（Moving Picture Experts Group）がある。MPEG では，各フレームどうしの差のデータ（**差分**という）のみを記録することで大幅なデータの圧縮を行なっている。

66　第 I 部　理論編

c．回線のブロードバンド化

光ケーブルなどの普及により，通信回線で送ることのできる情報量が飛躍的に伸びたことをいう。これによって動画ファイルの配信が楽にできるようになり，インターネットを利用してのデジタル放送も普及している。

d．ハイパーメディア

「従来のメディアを超えたメディア」という意味であるが，異なる種類のメディアを組み合わせれば単独の場合より高次元の活用ができる，という考え方およびそれに基づく活用法のこと。

e．ダウンロード配信とストリーミング配信

ネットワークで動画ファイルを配信するとき，**ダウンロード配信**では，配信側のサーバから送られてくる動画ファイルをPC側では全て保存し終わってから再生するため，再生開始まで時間がかかる。一方，**ストリーミング配信**では，配信側のサーバから送られてくる動画ファイルは受信したパケット（第4章参照）から順に再生する。すぐ動画を見ることができるし，PCにはファイルが残らない[*]。

[*] asf形式の動画ファイルとして残せる場合もある。

f．情報の圧縮と解凍（伸張）

静止画や動画のファイルはデータ容量が大きいので，ネットワークで送信する場合や，ディスクに保存する場合には圧縮・解凍（伸張）を行なう。「圧縮」とはデータ量を削減するための変換作業，「解凍（伸張）」とは圧縮されたデータを元に戻す変換作業をいう。圧縮されたファイルに付けられる「.lzh」や「.zip」という拡張子はそれぞれ圧縮フォーマットのファイル形式を表す。静止画や動画ファイルの圧縮では元に戻らない非可逆式のファイル形式であるJPEGやMPEGが使われている（次項を参照）。

マルチメディアで使われるファイル形式

(a) 文書……PDF（Portable Document Format）。

(b) 音声……MIDI（Musical Instruments Digital Interface），MP3（MPEG-1 Audio Layer-3），WAVE。

(c) 静止画……BMP（Bit MaP），GIF（Graphics Interchange Format），TIFF（Tagged Image File Format），JPEG，PNG。

(d) 動画……MPEG，AVI（Audio Video Interleaved），Quick Time。

3.8.2　マルチメディアの応用

マルチメディアを実現するコンテンツを作成するには，次のようなツールを備えたシステムが必要である。

a．オーサリングツール

　文書・音声・静止画・動画など，マルチメディアの素材として用意された各種ファイルを組み合わせてコンテンツを作成する作業を効率的に進めることを目的としたソフトウェアのこと。

b．ビデオキャプチャーシステム（キャプチャーカード，キャプチャーボード）

　テレビやビデオデッキ，ビデオカメラなどの映像機器から映像や音声などをデジタルデータとしてコンピュータシステムに取り込むための拡張ボードのこと。

c．サウンドカード

　コンピュータシステムに音源としての機能を追加するための拡張ボードのこと。

d．映像関連の用語

（a）コンピュータグラフィックス（CG：Computer Graphics）

　コンピュータシステムを使って画像の処理や作成を行なう技術の総称。専用のハードウェアの進歩により，高度な処理もできるようになった。映画や CM での利用が多い。

（b）バーチャルリアリティ（VR：Virtual Reality, 仮想現実感）

　コンピュータグラフィックスなどの技術を用いることにより，現実世界と機能としては同じ仮想世界をユーザの感覚を刺激することによって，人工的に作り出すことをいう。コンピュータによって作り出した物体や空間をあたかも現実世界のように感じることができる。

3.9　これからのソフトウェア技術

3.9.1　仮想現実感（VR：Virtual Reality）

　ゲームでは，PlayStation VR のように，特殊なゴーグルを装着することによってコンピュータが作り出した世界を体験することができる。フライトシミュレーターや外科手術のシミュレーターでは，実際に起こりうるあらゆる状況をコンピュータが再現し，それに適切に対応するための訓練に利用されている。コンピュータの発達によって，さらに現実に近い状況を再現することができるので，これらの訓練の質もますます向上するものと期待できる。

　宇宙探査の例を挙げると，米国の NASA の火星探査ミッションでは，2012 年に探査車キュリオシティ（Curiosity）を火星に送り，その表面の岩石や地中のサンプルを分析するのに成功した。太陽の周りを回る火星と地球の軌道間距離は最も近づいた時で約 5,700 万 km，最も離れたところでは約 1 億 km である。これは毎秒 30 万 km 進む速度の電波でも往復 6 分から 11 分かかる距離である。キュリオシティを操縦する場合，地球から映像を見ながら指示を出していたのではとても間に合わない。そこで，あらかじめ必要な地形のデータなどをすべて入手しておき，コンピュータ上でキュリオシティを動かすというシミュレーションを行なって安全を確認してから，実際にキュリオシティを動かしてみるという方法がとられた。これも一種の VR とみなすことができる。

このように人間が近づけないような環境に機械を送って調査をするとき，あらかじめ想定される事態をすべてコンピュータ上で体験し確認してから，実際の動作を行なわせるという手法（シミュレーション）はこれからますます盛んとなってくるだろう。

3.9.2　人工知能（AI：Artificial Intelligence）

AI（artificial intelligence）とは「人間の知的能力をコンピュータ上で再現するためのソフトウェア技術およびコンピュータシステム」のことである。応用例としては自然言語処理，エキスパートシステム，画像認識などがある。

スマートフォンの「Siri」やAIスピーカは人の言語を理解し，その要求に応じて必要なサービスを提供してくれる。また話した言葉を別の言語に翻訳し発音してくれる機械もある。いままでも言葉を入力すると翻訳し発音もしてくれる「電子辞書」はあったが，それよりは一歩進んだわけである。IBMの「人工知能コンピュータ」Watsonは人間の言語を理解し，音声で答えてくれる。クイズ番組では全米1の「クイズ王」に勝った。また，医療での応用では，たくさんの症例を記憶させておいて，患者の病状から可能性のある病気を推定する「エキスパートシステム（expert system，専門家システム）」として使われている。これらの例では「**ディープラーニング**（deep learning，**深層学習**）」という機械学習の手法がとられている。ディープラーニングとは4層以上の多層ニューラルネットワーク（神経伝達網）上で情報処理を行なうことによって，「ちょうど幼児が間違えながら物事をおぼえていく学習過程をコンピュータに行なわせて学習させる」という手法のことである。

第1章で触れたように，今や株取引は過去の株価のすべての変動のビッグデータをもとに，ディープラーニングによって「賢くなった」人工知能コンピュータによる売りと買いを自動で行なうという「アルゴリズム取引」がその大勢を占めるようになった。人間のトレーダーはコンピュータのそばにいて，その動きを監視するだけである。

人の顔を画像認識させることによって本人確認が高い確率でできるようになった。これは空港における入国審査で，たくさんの乗降客の中から，テロリストや犯罪者など国際手配されている危険人物を発見する業務に利用されている。

コンピュータは膨大な計算という過酷な労働から人間を解放するという点で大きな恩恵を人類に与えた。これからは，蓄えたあらゆる種類のビッグデータをもとにディープラーニングを行なった人工知能が人間の知的活動のアシスタントとして働いてくれるものと期待する。

章末問題

1. 次の言葉の意味を説明せよ。

   (a) バッチ処理　　(b) ヒューマンインタフェース　　(c) オーサリングツール

2. 図1.3.2で，カレントディレクトリが「A2」として，

   (a) F4までのパスを相対パスで指定せよ。

   (b) 同じく絶対パスで指定せよ。

3. 日本語ワープロのソフトで，Paint系ソフトで作成したファイルを開こうとしたが，ファイルを読めなかった。理由は何故か。

4. パソコンで2つのソフトウェアを使いたい。「OS」，「ソフト1」および「ソフト2」で必要となるハードディスクの容量は，次の表の通りである。これらのソフトウェアを格納して実行するために最低限必要なハードディスクの容量は，何Mバイトか。ここで，文書ファイル格納用として100Mバイトは確保しておくこととし，「ソフト1」と「ソフト2」を同時に使うことはないものとする。

(単位：Mバイト)

	OS	ソフト1	ソフト2
ソフトを格納するのに必要な容量	800	600	1000
実行時に一時的な作業領域として必要な容量	400	300	500

【参考文献】

師啓二・樋口和彦・舩田眞里子・黒澤和人『情報科学の基礎と活用』同友館，2006

師啓二・樋口和彦・舩田眞里子・黒澤和人『現代の情報科学』学文社，2010

清水誠『データ分析　はじめの一歩　数値情報から何を読み取るか？』講談社ブルーバックス，1996

小倉美香『完全マスター　ITパスポート』日経BP社，2008

情報化交流会編『ITパスポート試験　標準教本』日本経済新聞出版社，2008

＊専門用語の解説にあたっては，「ウィキペディア（wikipedia）」およびhttp://e-words.jp/ の解説を参考にした。

第4章 ネットワーク

　今日インターネットは私たちにとって身近な存在であり，いまや新聞やTVなどの報道と並んで，さまざまな情報を得るためのニュース・ソースとして欠くことのできない手段であるばかりでなく，個人間での情報のやり取り・意思交換，音楽や映像のダウンロード，オンラインゲーム，ネットショッピングやネットオークションなどのさまざまな活動も盛んで，すっかり生活の一部となっている。本章では，このインターネットの基幹技術であるコンピュータ・ネットワークおよびその関連技術について少し詳しく解説する。

4.1 コンピュータ・ネットワーク
4.1.1 ローカル・エリア・ネットワーク

　スマートフォンやタブレットの利用が進み，外出先でのモバイルの利用が盛んであるが，家庭においても学校や会社と同様にインターネットが利用されている。これらの機器は無線の電波あるいはイーサネットケーブル (ethernet cable) で**ルータ** (router) につながれてネットワークを形成し，通信回線に接続したモデム (光回線の場合は光回線終端装置) を介してインターネットに接続される (図1.4.1参照)。このような小規模なネットワークを**ローカル・エリア・ネットワーク** (**LAN**：Local Area Network) という。図1.4.1には家庭で無線を用いた**Wi-Fi** (無線LANの規格のひとつ) でLANを構成し，光回線を利用してインターネットに接続する使用例が示されているが，学校・会社ではさらに多くのPCやルータで構成される点において基本的

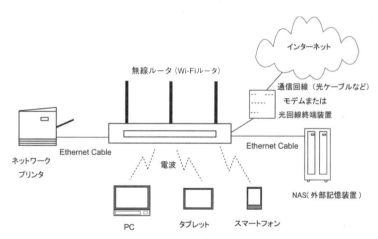

図1.4.1　ローカル・エリア・ネットワーク (LAN)

な違いはない。これらが集まりさらに広い範囲にまたがる場合は**ワイド・エリア・ネットワーク**（**WAN**：Wide Area Network）という。

モデムは通信回線を通ってきたアナログ信号などをコンピュータで扱えるデジタル信号に変換する装置であるが，光回線の場合はデジタル信号どうしなので電気信号と光信号間での変換のみを行なう光回線終端装置が使われる。**ルータ**はPCやタブレット，スマートフォンなど複数の機器をインターネットに接続するための装置で，各機器のデータの流れを整理して，ネット接続が円滑にできるような働きをしている。各機器とルータ間をケーブルで接続する有線方式だけでなく，電波で接続する方式の無線ルータ（「Wi-Fiルータ」と呼ばれることも多い）が便利である。ネットワークプリンタやNAS（前述の外部記憶装置）をルータに接続しておけば，それらの資源をLANに属するすべての機器で共有することができる。

4.1.2　コンピュータ・ネットワークの意義

PCを他から独立してそれだけ（「スタンドアローン」という）で使う場合に比べ，互いにつないでネットワークを形成する方式の利点は，以下のようなことが考えられる。

(1) データの共有……データをネットワークにつないだ外部記憶装置（NAS，第2章参照）に蓄えるようにすれば，PCごとにデータを持たなくても良い。

(2) システム資産の共有による効率的運用が可能……プリンタやスキャナなどはLANに数台入れて共有すれば良く，それぞれのパソコンごとに用意しなくても良い。スケール・メリットがある。

(3) セキュリティ対策……ファイヤーウォール（防護壁）など防護対策の導入も経済的にできる。

(4) 計算処理の高速化……インターネット上にあるたくさんのPC（CPU）で処理を分担し，ひとつの複合したコンピュータシステムとして働く，グリッド・コンピューティングなども可能。

4.2　コンピュータ・ネットワークの仕組み
4.2.1　コンピュータ・ネットワークの誕生

誕生当時のコンピュータは非常にサイズが大きく今日のように移動して使うことは難しかった。それで，処理すべきデータは全てホストコンピュータが置かれているコンピュータセンターに運ばれ，**バッチ処理システム**（batch processing system，**一括処理システム**，第3章参照）方式で処理された。通信回線でデータが送れるようになってからは，図1.4.2（a）の「集中型ネットワークシステム」に見るように，遠くにいるAやBからデータを送ってバッチ処理を行なう**リモートバッチ処理システム**（remote batch system）が誕生した。

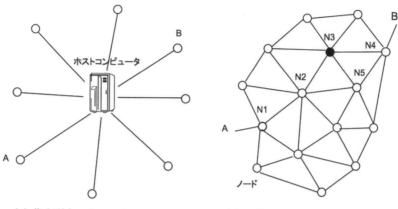

(a) 集中型ネットワークシステム　　(b) 分散型ネットワークシステム

図1.4.2　ネットワークシステムの形態

4.2.2　分散型ネットワーク

　米ソの冷戦時代を迎えて，国防システムを強化することが重要な課題となった。国防システムをリモートバッチ処理システム，つまり「集中型ネットワークシステム」として作ると，例えば中央にあるホストコンピュータが攻撃を受けて破壊されたら，このシステムは機能しなくなる。そこで考えられたのが「分散型ネットワークシステム」である。**分散型ネットワークシステム**は図1.4.2 (b) に見るように通信回線が**ノード** (node) と呼ばれる多数の接続ポイントで接続され，全体として網の目のような構造を持っている。今，AからBにデータを送る場合，いろいろなルートをとることが考えられるが，例えば，Aから途中のN1，N2，N3，N4という順でノードを経由してBに達するルートでデータを送っているとき，なんらかの理由でN3が故障あるいは破壊されたとしても，それを通らずにN5を経由するルートを選べば通信が阻害されることはない。このようにコンピュータの故障あるいは破壊に対する脆弱性が低いということが「分散型ネットワークシステム」の強みなのである。

　さて，実際にノードの働きをするように開発されたのが，前述の**ルータ**と呼ばれるコンピュータである。通信データは送り先などの情報を**ヘッダ**（荷札のようなもの）としてつけた形（「パケット」という）で，ノードからノードへとバケツ・リレー式に送られる。ルータはパケットを受け取ると，その行き先を調べ，次のルータに渡すという作業のみ行なう（次節4.3.2参照）。そのため，つねにルータどうしは通信し，ネットワークの状態を頻繁に連絡し合っている。新たにノードが追加されても，「追加された」という事実だけを連絡すればよく，システム全体を管理するコンピュータは不要である。インターネットはこの「分散型ネットワークシステム」でたくさんのノード（ルータとそれが形成しているLAN）がつながれた構成となっている。ネットワークシステムに新たにノードを追加する手続きが簡単であるため，インターネットは爆発

的に発展することとなった。

4.3 インターネット

インターネットとは世界中のコンピュータ・ネットワークがつながって巨大なネットワークを形成している状態をいうのであって,「インターネット」という名前のコンピュータ・ネットワークがあるわけではない。インターネットに接続されたネットワークはノードを介して他のコンピュータと通信を行なっている。次にその利用形態と仕組みを考えてみよう。

4.3.1 インターネットの利用

PCのみならず,タブレットやスマートフォンなど多数の情報機器の登場に伴い,インターネットはさまざまな利用がなされてきた。その主なものを挙げると,次の通りである。

- **WWW**（World Wide Web）……Web サイトにおいて文字・音声・画像などの情報を提供する巨大なデータ・ベース。ブラウザソフトで閲覧する。**HTML**（Hyper Text Markup Language）という言語で論理構造や配置が記述されている。
- **電子メール**（E-mail）……コンピュータ間での手紙のやりとり。
- **ソーシャルネットワーキング・サービス**（**SNS**：Social Networking Service）……参加者全てが社会的ワークを構築できるサービスや Web サイトのこと。Facebook, LINE などがある。
- **IP**（Internet Protocol）**電話**……インターネット上のデジタル電話サービス。VoIP（Voice over Internet Protocol）技術を用いて,音声をリアルタイムで伝送する。原理的には音声だけでなく,動画を送ることもできる（〔例〕Skype）。専用機器の開発に伴い,一般電話と同じ操作・機能となり,電話番号の割り当てにより既存の電話網が使えるようになった。

なお,実際の使用方法に関しては第Ⅱ部を参照すること。

4.3.2 通信の仕組み

インターネットにはさまざまなコンピュータが接続されているが,それらは**TCP/IP**（Transmission Control Protocol / Internet Protocol）という標準化された**プロトコル**（通信規約,protocol）を用いて相互に通信を行なっている。その仕組みは大まかにいうと次の通りである。

インターネットに接続されたコンピュータには1台ずつ**IP アドレス**という番号が付けられている。やり取りされるデータは大きさの決まったサイズの**パケット**（小包）に分割され,それぞれのパケットはデータに IP アドレスの**ヘッダ**（IP ヘッダ）をつけた形で送出される。ルータはこの IP アドレスを読み,次のルータにパケットを渡す,という形で次々とパケットを送ってゆく。到着したパケットは元の順に並べられ（TCP ヘッダによる）,中のデータ部分が取り出

74　第Ⅰ部　理論編

される。届かなかったパケットは再送するよう要求が出される。

IPアドレスは3桁の数字4つの組み合わせ（次世代の規格の**IP v.6**では6つ）である。このままでは使いづらいので，普通は「www.hakuoh.ac.jp」というような，わかりやすい**ドメイン名**（domain name）を代わりに使う。コンピュータの名前にあたる「ドメイン名」を住所にあたる「IPアドレス」に変換する作業は「**DNS**（Domain Name System）**サーバ**」というコンピュータが行なっている。

4.3.3　通信のための設定

インターネットを使うためには，インターネットに接続されているコンピュータ・ネットワークに自分のコンピュータを接続させるための準備をしなくてはならない。ケーブルでモデムと接続した後，以下の項目についてPCの設定を行なう。ルータを使っている場合にはルータの設定も同様に行なう必要がある。

- **IPアドレス**……コンピュータの住所。3桁の数字4つからなる。〔例〕「192.168.10.25」
- **サブネットマスク**……IPアドレスのうちどこまでがネットワークアドレスかを定義する。3桁の数字4つからなる。
  〔例〕「255.255.255.0」ならば上記の例で「192.168.10」までがネットワークアドレス，「25」がホスト（コンピュータ）のアドレスということ。
- **DNSサーバ名**……「ドメイン名」をコンピュータの住所「IPアドレス」に変換するサーバ（コンピュータ）のIPアドレス。

ケーブルの代わりに無線の電波でルータに接続するときはPCとルータ間で信号を暗号化して送受信を行なうための設定（「暗号化キー」の設定）をあらかじめ済ませておく必要がある。それを怠ると見ず知らずのものにハッキングされ，家の外部から家庭内のLANに接続しされてしまうといった事態にもなりかねない。暗号化キー（SSID：Service Set IDentifier）の設定は当初は手間のかかる作業であったが，いまではバッファローのAOSS（Airstation One-touch Secure System）のように，ワンタッチのボタン操作だけで簡単に設定をすますことができるようなっている。

4.3.4　現代のインターネット

光ファイバーなどの普及により，通信回線のブロードバンド化が進み，PCの性能向上とあいまって，ハードウェアの負担を感じることなく，さまざまなサービスをインターネットから受けることができるようになった。ブログなどの配信により，不特定多数の人とのやり取りなども進んでいる。ここでは，「SNS」とか「クラウド・コンピューティング」に代表される，これら最近の動向を見ることとしよう。

第4章　ネットワーク　75

a．SNS（Social Networking Service）

社会的ネットワークを構築できるサービスや Web サイトであればそれらはすべてソーシャルネットワーキング・サービスである。広い意味では，コメントやトラックバックの機能を持っているブログなども SNS に含めることができる。Facebook などのように会員制の同好の士の集まりで，互いに情報交換をするなどの活動をしている。使用機器の機能向上にともない，PC よりも携帯電話やスマートフォンによる意見交換の方が盛んである。LINE は電話番号のみで登録できるという簡単さと 1 対 1 のコミュニケーションというスタイルで電子メールより気楽にチャットの形で個人間の意見交換ができるため，若者を中心としてユーザが爆発的に拡大した。ニュース配信サービスの LINE NEWS や動画配信サービスの LINE LIVE などさまざまな連携サービスがある。関連サービスの支払いや提携している店舗での支払いをスマートフォンで簡単に済ますことのできる，LINE Pay というモバイル送金・決済サービスも提供されている。

Q & A サイトには，専門家が回答するもの，会員登録した不特定多数の利用者同士で質問と回答を投稿するコミュニティサイトの形をとっているもの（「Yahoo! 知恵袋」や「OKWave」）などがある。回答の品質を高める意味もあり，ベストアンサーの回答者はポイント（「Yahoo! 知恵袋」では「知恵コイン」，「OKWave」では「ありがとう」）をもらうことができる。ポイントは貨幣価値はないが，回答に対する感謝の気持ちを示すものとして評価することができる。

b．ネット・ビジネス（net business）

検索サイトの Yahoo! や Google などのポータルサイトは表示されるバナー広告などへの大量のアクセスによって多くの収益を得ている。

また，前述の電子商取引の一例ではあるが，**アマゾン・ドット・コム**（amazon.com）のように，自動化された在庫管理により人件費を抑え，年に数点しか売れない商品や他の店舗からの商品情報の提供，さらには中古品なども扱うことにより，インターネットの店舗販売はじゅうぶん採算の取れる収益のあるビジネスとなっている。このようなビジネスをとくに**ロングテールビジネス**（long-tail business）と呼んでいる。これは，商品名を横軸に，その販売数を縦軸にして，販売成績の良い順に左側から並べると販売数の少ない多数の商品名が右になだらかに並び，その分布がちょうど恐竜の尻尾のように見えることから名付けられた。

動画配信サイトの YouTube は個人が提供する動画の無料配信サービスであるが，その収益はサイトに表示される広告によっている。

c．クラウド・サービス（cloud service）

インターネットにはいろいろなプロバイダのサイトがあり，さまざまなサービスが提供されている。ユーザ側から見ると，これらのサイトはインターネットの雲の中にあるように見えるので，このような名前がついた。従来のコンピュータの利用ではハードウェアやソフトウェ

アは自前で揃えなくてはならなかったが，**クラウド・サービス**（簡単には，**クラウド**）では，最低限の接続環境を用意しておき，ソフトウェアなどはインターネットからサービスを受け，それに対して利用料金を払うという利用形態をとる。無料であるが「G-mail」や「Yahoo! mail」もこれに含まれる。第Ⅱ部で説明のある Microsoft Office365 ではインターネットを通じたソフトウェアパッケージ（電子メール，グループウェアなど）の提供サービスを行なっている。ストレージ・サービスでは前述の OneDrive のほか Dropbox などさまざまなものがあり，保存容量が小さい間は無料で提供されている。アマゾン・ドット・コムではダウンロードで購入した音楽などは自動的にクラウドに送られ，同じ ID とパスワードで管理される PC，スマートフォン，タブレットの間で（機器による違いは自動的に修整され）共有し，ストレスフリーで楽しむことができるようになっている。

4.4 セキュリティの問題
4.4.1 インターネット側からの保護

　インターネットは，もともとが研究者どうしのネットワークからスタートしたものであり，自由でオープンなシステムという特徴を持っている。したがって，情報をやり取りする際の安全性（セキュリティ）や機密性という意識は極めて低いということを覚悟していなければならない。

　利用者の立場として第Ⅱ部第1章で説明のあるセキュリティソフトの利用は必須であるが，システム全体としての対策も重要である。一般的に言って，LAN はインターネットに接続した瞬間から，外部からの攻撃を受ける可能性が高い。そこでインターネット（外部ネットワーク）との接続ポイント（ノード）には**フィルタ**や**ファイアウォール**（いずれも普通はソフトウェア）を置き，内部ネットワークを隔離する。しかし，外部に公開する **Web サーバ**（WWW での要求に対してホームページのデータを提供する）や**メールサーバ**（要求に応じて電子メールの送受信のサービスを行なう）などは内部からも外部からも隔離された **DMZ**（DeMilitarized Zone，非武装地帯）に設置する必要がある。

4.4.2 暗号による通信の保護

　前述のように，インターネットで送られるデータはパケットの形でノード間を次々と渡されていくという仕組みを取っているので，セキュリティ上は「はがき程度」のものでしかないと考えて良い。一方，インターネットの通信販売で商品を購入する場合のように，重要な情報（クレジットカードの番号など）を相手に送らなければならないときは，他人に覗かれたり，改ざんされたりすることなく安全にデータをやり取りする手段が是非とも必要である。その有効な手段の一つとして，データを暗号化して送るという方法が考えられる。暗号化には暗号表に相当

する「鍵」が必要であるが，初めて取引を行なう相手の場合その「鍵」をどう渡すかがまた別の問題となってくる。しかし，以下で述べる**公開鍵暗号**（public-key cryptography）方式では，「鍵」は共通ではなく，ペアとなる2つの鍵（「公開鍵」と「秘密鍵」）を使うことでこの問題を解決した。

　図1-4-3を見てほしい。まず，ペアとなる「公開鍵」と「秘密鍵」を作製する。「公開鍵」はあらかじめ取引する相手（登録したメンバーなど）に渡しておく。取引相手はその「公開鍵」を使って平文の文書（クレジットカードの番号など）を暗号化して送る。暗号化しているので途中で第三者がのぞいても意味がわからない。受信者は自分しか持っていない「秘密鍵」で文書を復号し，もとの平文の文書に戻して読む。つまり，「公開鍵で閉じたものは公開鍵では開けられず，それとペアとなる秘密鍵でしか開けられない。逆に，秘密鍵で閉じたものは秘密鍵では開けられず，それとペアとなる公開鍵でしか開けられない」というものである。

　典型的な公開鍵暗号方式であるRSA（Rivest-Shamir-Adelman）暗号では，2つの素数（1より大きい自然数で，正の約数が1と自分自身のみである数）の積で作られる大きな合成数は，求めるのは簡単であるが，もとの素数の積に因数分解するには時間がかかるという一方向性を巧みに利用したものである。

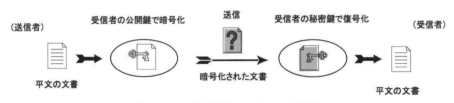

図1.4.3　公開鍵暗号方式による通信

　また，送った文書が本人のものであることを証明する，**電子署名**もこの公開鍵暗号方式で行なうことができる（図1.4.4参照）。送信者は自分しか持たない「秘密鍵」で暗号化した文書を受信者の「公開鍵」で暗号化して送る。受信者は受け取った文書を自分の「秘密鍵」で復号し，中の文書を確認する。その文書があらかじめもらっている送信者の「公開鍵」で復号化できれば，確かに送信者のものと認識される（電子式に署名されたものとみなされる）。

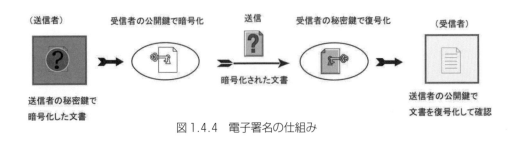

図1.4.4　電子署名の仕組み

公開鍵暗号は共通鍵暗号より，暗号化と復号化に時間がかかる。そこで，実際の運用としては，「ワンタイムの共通鍵」を使用し，その共通鍵の配送のみを公開鍵暗号方式で送るという方法がとられている。同様に，個人レベルで使える暗号化ソフト PGP（Pretty Good Privacy）でも，送信文書を共通鍵で暗号化し，その共通鍵だけを公開鍵暗号方式で暗号化して送るという，セキュアで高速な方法をとっている。

SSL（Secure Socket Layer）とはインターネット上でプライバシー情報やクレジットカード番号などを暗号化して送受信するためのプロトコルである。通信販売の Web サイトなどで情報を送るとき，「https://」となっていて「SSL を使って送る」との説明があり，かつ，そのページの下方に「鍵のマーク」がついているときは暗号化してデータが送信されると考えることができる。

4.5 これからのインターネット技術（＊＊）

第1章で紹介した仮想通貨のビットコイン（Bitcoin）は，ドルや円などの法定通貨の代わりとして，大勢の人が「通貨」としてインターネット上で利用している。このような信用はどのような仕組みで生まれているのだろうか。一般的に言って，大勢の参加者の信用を得ようとすると何らかの信用できる"権威"をもった管理者に頼ることにならざるを得ないと考えてしまうわけであるが，ここではまず「インターネットにおける信用の確立」の問題として，ビットコインを例にその基幹技術であるブロックチェーンの「管理者がいないことで信用を作り出す仕組み」という新たなパラダイムシフトについて考えてみる。続いて，「物のインターネット」としての IoT（Internet of Things）を取り上げる。

4.5.1 ビットコイン（Bitcoin）

ビットコインはサトシ・ナカモトというコンピュータ技術者が発表した「P2P システムを使い，信頼できる第三者の保証がなくても電子的な貨幣を個人から個人へ直接送ることのできるシステム」に関する論文＊に関心をもった技術者たちが実際に作った「貨幣のようなもの」のことである。一部の愛好家の間でやり取りされていたビットコインであるが，やがてこの「貨幣のようなもの」は現実の貨幣の価値を得て，価値をもった媒体として使えるようになった。売買に応じて円やドルとの交換比率が変わる「新しい貨幣」として受け入れられるようになったのである。

＊ Satoshi Nakamoto, "Bitcoin: A Peer-to-Peer Electronic Cash System", www.bitcoin.org.

現在，国際送金をする場合，外国為替を扱っている銀行などで送金手続きをするとかなりの手数料を取られる。送金コストは少なくとも5千円以上で送金金額の5％くらいかかる上，実際に届くには数日かかることが多い。しかし，ビットコインで送金すれば，ただデータを移転

するだけなので，手数料がほとんどかからずまたすぐ相手に届けることができる。これがビットコインの最大の長所である。国際的にも，出稼ぎに行った労働者が故郷に送金する際，少額であっても，ビットコインを使えば簡単な手間と少ない手数料で送ることができるので盛んに利用されることとなった。

第1章で述べたように，電子マネーは現金をデータとして IC カードにチャージしておき，支払いの都度そのデータを非接触型の読み取り機で渡すだけである。データ決済のやり取りはすべてカードを発行している主体 (suica の場合は JR 東日本) が管理する (コンピュータの) 台帳に記載され，集中的に運用されている (図 1.4.2 (a) 参照)。異なる電子マネーどうしのやり取りはできない。

ビットコインの場合は，同じように通貨をデジタルデータとして扱っているが，これとは全く異なる仕組みが使われている。ビットコインを入手するには次の3通りの方法がある。

1. ビットコインの取引所 (私設) で円やドルなどの法定通貨と引き換えにその時の時価で購入する。

2. インターネット上の商取引の決済で受け取る。

3. ビットコインのやり取りの認証作業を最初に済ませた褒美として受け取る (マイニングという，後述)。

個人が初めてビットコインを使う場合，多くの場合は「1」であろう。まず私設のビットコイン取引所に登録をし，アカウント (口座) を作ってもらう。購入したビットコインは取引所のアカウントに入れたままでも良いが，PC やスマートフォンに「ウォレット」(コインをいれる財布のこと) というアプリをインストールし，それに入れて管理することもできる。

「2」の場合，相手が送ってきたコインを自分の口座で受け取るためには相手にその口座番号を教えなくてはならない。つまり，口座番号は「公開鍵」となる。一方，自分のアドレスの口座 (暗証) 番号は自分しか知らない「秘密鍵」である。

相手から正しくコインが移転されるか，また送られてきたコインが二重支払いなどの不正手段で作られたものでないか，などについて移転の認証作業をして報酬を得るのが「3」である。

4.5.2 ビットコインのやり取り (移転，送金) (＊＊)

ビットコインにはブロックチェーン (Blockchain，分散台帳技術) と呼ばれる技術が使われている。ビットコインのやり取りは P2P (Peer-to-Peer) という互いに1対1でつながれたノード (node) で構成されるネットワーク (図 1.4.5 参照) 上で行なわれる。ビットコインの P2P の場合ノードの数は 2018 年の2月上旬において 11,679 ある＊。コインの移転 (送金) はネットワークに参加している全ての利用者が保有する (見ることができる)「ブロック」という台帳 (分散台帳，図 1.4.6 参照) に記入され，管理されている。ブロックにはネットワークで行なわれる 10

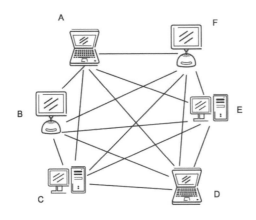
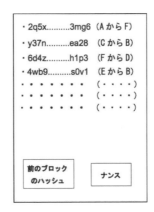

図1.4.5　P2P (Peer-to-Peer) ネットワーク　　図1.4.6　ブロック（台帳）

分間分の取引が書き込まれる。上記「2」の場合に相当する，コインの移転の仕組みを考えてみよう。

＊Webサイト「BITNODES」による。

移転には公開鍵暗号が使われる。たとえば，「FからDへの送金」では，Fが持つビットコインは利用者の誰か（図ではA）がFに送ったものであるから，

「［FがDに送るビットコイン（のデータ）］に（AからFへ送ったことがわかる）【Aの署名】と［受け取る相手（Dの公開鍵）の短縮値（「ハッシュ」という）］をくっつけて，《Fの秘密鍵》で暗号化したうえで送信する」。

これを【Fの署名】という。受け取ったDは，

「(Fの公開鍵)で復号化してそれが受け付けられれば正しいデータの移転と確認することができる」。

移転の事実（取引）はネットワークのすべてのノード（コンピュータ）に伝えられ，それぞれが持つブロック（台帳）に書き込まれる。続いて移転された送金データ（ビットコイン）の確認が行なわれる。Dが受け取った【Fの署名】の中にはそれ以前の【Aの署名】があり，その中を調べるとAが受け取っただれか【他の人の署名】があり，と連鎖をたどっていくことができる。このようにDが送金データの正当な所有者であることをネットワークに参加しているすべてのコンピュータが競争で数学的な計算を行なって検証して，最終的に送金データ（ビットコイン）の移転が確認される。この事実がブロックに書き込まれ，新たなブロックが追加される。たくさんの【署名○】がつながったもの，これがビットコインの正体なのである。

4.5.3　ブロックチェーン (Blockchain)（＊＊）

ブロックには次々と新たなブロックが追加され，チェーンのようにつながっていき，このつ

ながりが長く途切れないことがビットコインの信用を生み出すことになる。この点をさらに詳しく説明すると，次の通りである。

1. 一番新しいブロックには約10分間の取引とその1つ前のブロックを要約した「ハッシュ（Hash）」という数値と「ナンス（Nonce）」という数が書き込まれている。
2. これらブロックのすべてのデータをもとにハッシュ関数によって現在のブロックのハッシュ値が求められる。
3. このときハッシュ値は一定の条件を満たすことが求められ，ネットワークのコンピュータは一斉にこの条件（例えば，「最初からある桁まで0が並ぶ」というようなもの）を満たすナンス値を計算で探すことになる。ハッシュ関数による計算は一方向の処理であり，ハッシュ値からナンス値を知ることはできない。計算は前述の素因数分解のように，1から始めてすべての数でいちいち確かめていくような作業をしなくてはならないので大変な計算量となる。
4. 最初に正しいナンス値を発見したコンピュータがその宣言を行なうと，値の検証が行なわれ，それが確認されると，その発見者がそのブロックの責任者となり，「取引は正しい」というタイムスタンプ（timestamp，「認め印」のようなもの）を押し，報酬のビットコインをもらうことことになる（前述の「3」）。

この作業を「**プルーフ・オブ・ワーク**（proof-of-work）」という。認証が済むと新しいブロックが追加され，次のやり取りが記録される（図1.4.7参照）。

もし悪意を持ったグループが現れて，途中のブロックのデータを改ざんして，例えば自分たち宛の送金データを不正に増やす，ということが行なわれると，そこから導き出されるブロックのハッシュ値も変わり，ナンス値が変わるので，また膨大な計算をやり直さなくてはならない。各ブロックにはその1つ前のハッシュ値が書き込まれているので，あるブロックのハッシュ値が変わったということはそれに続く次のブロックにあるハッシュ値も変わったというこ

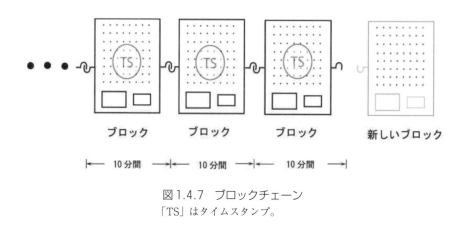

図1.4.7　ブロックチェーン
「TS」はタイムスタンプ。

とであるから，そこでもまた膨大な計算を，しかも，速くやらなくてはならない。これを最新のブロックまで続けなくてはならないので，ますます大変な計算量となる。そんなことをするよりは正当な方法で報酬を得たほうがはるかに有利である，ということで不正の防止が機能しているのである。

もし途中のあるブロックでデータの改ざんや二重支払いなどの不正が発見された場合は，そのブロック以降のブロックはすべて廃棄され，正しく認証されたブロックからまた新たにブロックがつながっていく。このようにして，2009年の開始以来2017年の暮れまでの9年間でおよそ47万個ものブロックが途切れずに延々とつながってきたのであるが，この「一度も途切れずにつながってきた」という事実こそがビットコインの「信頼の証」となっているのである。

ビットコインは2140年末に2100万個(BTC)で発行が停止するように設計されている。報酬として新たに発行されるビットコインは当初は50BTCであったが，2013年から2016年の4年間は25BTCに減り，2016年7月からは12.5BTCとなった。今後も4年経過するごとに報酬額は半分になっていくので，2033年には総量の99％が発行されることとなる。コインの総量がこのように決まっているので，ビットコインは金本位制の時代の金兌換紙幣と同じようにデフレ通貨となる性質を持っている。また，新たに発行されるコインを得るための認証作業はちょうど埋まっている金を掘り出す行為に例えられるので「マイニング(mining, 採掘)」，争って作業を行なう人々は「マイナー(miner, 採掘者)」といわれている。

マイニングは膨大な計算量をこなさなくてはならないので，たくさんのコンピュータからなる設備とそれらが消費する莫大な電力に対し多額の金銭的負担に堪えなくてはならないが，ビットコインの価値が上がっているので，現在は報酬として得られるビットコインの価値で十分採算の取れるものとなっている。このようなインセンティブ(動機付け，見返り)があるため

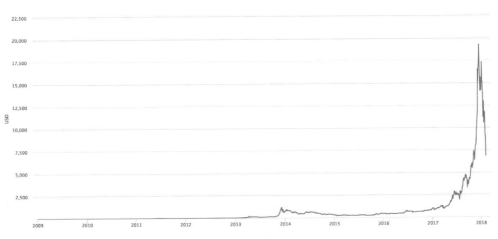

図1.4.8 ビットコインの価格変動(2009年より2018年2月上旬まで)*

このシステムは機能しているのである。ノードの中にはマイニングのみ行ない，それによって多額の収益を上げているグループが存在する。もちろん，ウォレットの機能のみ果たしているノードも存在する。

　マイニングにより報酬としてビットコインが新たに発行されるということは，それなりの利益がマイナーに与えられるということであって，実際そのコストはP2Pネットワーク全体で分担して負担しているわけである。

　＊blockchain.infoより入手。

　2013年3月のキプロスの預金封鎖と預金課税にともなうビットコインへの資金流入，同年6月の中国における人民元からの移動などに伴うコイン価格の暴騰とその後の急な下落など，さまざまな理由からビットコインの相場が投機的となり，また取引所の管理の問題からコインが失われるなど大勢の被害者がでた事件も起きている。ビットコインの最小単位は0.00000001 BTC（=1 satoshi, という）で，やり取りには多少の手数料がかかるわけであるが，2017年12月末のビットコインの高騰とその後の暴落（図1.4.8参照）という現象を見ると「安い手数料で国際送金ができる」，とか「法定貨幣の信用がないためビットコインに資金を移す」というメリットも見直す必要があるだろう。

　メガンバンクでは「安全に安い手数料で送金できる」という仮想通貨のメリットに注目して，例えば三菱UFJフィナンシャル・グループは独自の仮想通貨（MUFGコイン）を検討している。そればかりか，利用者の決済データは利用者の買い物や送金の履歴をビッグデータとして蓄積し，匿名データに加工した上で他の企業や銀行と共有して，商品開発や価格戦略にいかすという構想も検討されている。また各国の中央銀行も「自国通貨による金融政策の効果が減殺される」という危惧から，独自のデジタル通貨の発行を検討し始めている。

4.5.4　ブロックチェーン（Blockchain）の応用（＊＊）

　経済学者の岩井克人は貨幣の本質について「貨幣が貨幣として成り立つのは，すべての人が，ほかの人がそれを貨幣として受け取ってくれると信じているからにすぎない」と看破しているが，ビットコインは「貨幣とはなにか」を考えさせる格好の材料ということができる。前述の通り，ビットコインがその信用を得る根拠となったのは，大勢の人が「貨幣」としてビットコインを使った記録の47万個もの台帳（ブロック）が途切れることなく延々続いている，ということにあった。アルゴリズムとデータ構造から作られた，この「改ざん不能，無停止の分散型台帳のブロックチェーン技術」は「信頼できる管理者がいなくても信用を得る手段がある」ということを証明して見せた。インターネットは，ノードをつないだ分散型ネットワークという形をとることで，全体の管理者を不要とし故障や外部からの破壊行為に対する強靭さを獲得できることを証明した。ブロックチェーン技術は，「信用を得る」という面においても管理者の

84　第I部　理論編

いらない手段があることを示した。これはインターネットの歴史において画期的なことである。

土地登記システム，損害保険会社の損害鑑定，会社運営，などへのブロックチェーン技術を使う提案がされている。政府もブロックチェーン技術が活用できる有望な分野や社会経済に与えるインパクトの調査を開始している[*]。

[*]経済産業省「ブロックチェーン技術を利用したサービスに関する国内外動向調査」。

ブロックチェーン技術の要はP2Pネットワークに参加しているメンバーが互いに台帳を保有し，みんなでチェックできるという点にある。チェックする行為は手間と費用がかかるものであるが，ビットコインの場合はマイニングがそのインセンティブを支えていた。この技術を他の分野に応用する場合，どのようにインセンティブを持たせることができるのかは重要な要素となるであろう。

4.5.5 IoT（Internet of Things,「もの」のインターネット）（＊＊）

IoT（Internet of Things）とは「世の中のさまざまなものがインターネットにつながり情報交換することによって互いに制御する仕組み，およびそれが実現する社会のこと」であるが，その本質は優れたセンサー技術にある。

例えば，建設機械大手のコマツでは建設機械にGPSや通信システムを搭載し，位置や稼働状況をデータサーバに集約し，インターネットで閲覧できるシステム（KOMTRAX）を導入している。それらの情報から車両の保守管理（点検や部品交換の時期査定など）や省エネ対策，盗難防止に役立てている。

生産や販売による収益が頭打ちになっても，家電や事務機器などの保守管理（故障の修理，消耗品の補充など）などアフターサービスは大きな収益が期待できるマーケットである。つまり，機器が故障しかかっているとか，使い方がわからず利用者が困っているときなどに，搭載したセンサーによって，製品の利用状況をリアルタイムで把握できれば，的確な対応ができることになり，それによる収益の増加も期待できるのである。

自動車に搭載したセンサーによる安全走行のアシストの研究がすすめられ，自動運転車も実用段階にまでなっている。一方，搭載したセンサーにより，走行距離や運転の時間帯，運転特性（アクセルの掛け方，ブレーキの踏み方）など運転者ごとの運転情報を取得・分析し，その情報をもとに保険料を算出する仕組みの保険（「テレマティクス保険」）も登場している。ちなみに「テレマティクス（telematics）」とは，「自動車など移動体に通信システムを組み込んで，リアルタイムに情報サービスを提供すること」という意味で，「テレコミュニケーション（telecommunication, 通信）」と「インフォマティクス（informatics, 情報工学）」からなる造語である。

そのほか現在考えられている例としては，

第4章 ネットワーク *85*

- 家電製品の遠隔操作

  「スマートハウス」：帰宅前にスマートフォンで家のエアコンをコントロールする。風呂を沸かしておくなどができる。

- 農業の効率化

  ビニールハウスにセンサーを入れておき，野菜の生育状況を分析することで温度・湿度・肥料の量をコントロールする。

- お年寄りの見守り

  お茶を飲むポットを使ったかどうかの情報を無線でクラウドに取り込み，その使用状況から安否の確認をする。

などがある。

　いろいろな可能性が期待できる IoT であるが，ハッカーへの対策はじゅうぶん取らなくてはならない。社会のインフラとなる，電力・通信などのシステムがハッキングによって誤動作した場合に起こる被害がどれくらいになるものなのか，その規模は計り知れない。

章末問題

1. 次の言葉の意味を説明せよ。

   (a) SSL　　(b) SNS　　(c) ロングテールビジネス　　(d) プルーフ・オブ・ワーク

2. インターネットにおける通信の仕組みは，アナログ電話による通信の仕組みとどのような違いがあるか，説明せよ。

3. A氏とB氏がそれぞれ公開鍵と秘密鍵を持っているとし，それらを使って，A氏が出した文書が確かにA氏のものであることを相手のB氏が確認できる方法を考えてみよ。

4. 次の数を2つの素数の積に分解せよ。

   (1) 1577　　(2) 401963

【参考文献】

師啓二・樋口和彦・舩田眞里子・黒澤和人『情報科学の基礎と活用』同友館，2006
師啓二・樋口和彦・舩田眞里子・黒澤和人『現代の情報科学』学文社，2010
清水誠『データ分析　はじめの一歩　数値情報から何を読み取るか?』講談社ブルーバックス，1996
小倉美香『完全マスター　ITパスポート』日経BP社，2008
情報化交流会編『ITパスポート試験　標準教本』日本経済新聞出版社，2008
梓川昇・杉本古関『クラウド・コンピューティング　知的生産活用術』洋泉社，2010
野口悠紀雄『入門ビットコインとブロックチェーン』PHP研究所，2018
木ノ内敏久『仮想通貨とブロックチェーン』日本経済新聞出版社，2017
岩井克人『貨幣論』筑摩書房，1993
洋泉社MOOK　『世界を変える7つの次世代テクノロジー』洋泉社，2017

＊専門用語の解説にあたっては，「ウィキペディア（wikipedia）」およびhttp://e-words.jp/の解説を参考にした。

第5章　情報倫理

　ICT（情報通信技術）が発達し，光ケーブルや人工衛星を介した通信など情報通信の基盤がブロードバンド化されるのに伴って大量の情報がやり取りできるようになった。人々はスマートフォンやPCを用いていつでもどこにいてもインターネットに接続して，映画をダウンロードしたり，対戦ゲームをしたり，LINEでメッセージのやり取りをしたり，写真をアップしたりと，ちょうど水道の蛇口をひねって水を飲むように，必要な情報を必要なときに必要なだけ得ることができるようになった。

　このように日常たくさんの情報に触れるようになると，情報にも質があって，良いもの，取るに足らないもの，にせものなどがあることがわかってくる。私たちはその中から本当に必要なもの・信頼できるものを的確に選択することがとても大切である。そのためには，情報が持つ価値についてきちんと理解しておくことが必要となるのである。このような状況下で，**情報倫理**，つまり情報と関わりを持つ私たちが最低限守っていくべき道徳・ルール，を学ぶことの意義はますます重要となっている。

5.1　情報の財産的価値

　情報の特徴の1つとして，「情報はある種の財産的価値を有するものの，その価値の大小は受け取る相手や状況によって全く異なる」，ということが挙げられる。

　天気予報は典型的な情報であるが，たとえば砂漠（年間降雨量が250mm以下の土地）の暮らしでは，天候はほとんど晴れなので，「明日は晴れ」と教えてもらってもその情報はほとんど価値がない。一方，日本では，たとえばコンビニエンスストアの店長にとっては，天候によって売れる品物の種類も量も異なるので，天気予報は「仕入れ」を決定するための重要な要素の一つとなっている。

　もう一つの特徴は，「情報はいくらでもコピーをとることができて，しかも，そのコピーされたものもオリジナルと全く同じ実用的価値がある」ということである。書画・骨董や宝石・貴金属などはオリジナルだけが金銭的価値を有するのであって，それらのコピーは，たとえ鑑賞に耐えるものであっても，資産としては，偽造品と同様，ほとんど価値がない。ところが，コンピュータのソフトウェアについて言えば，結局「0」と「1」だけで書かれているので，それをコピーしたものはオリジナルと全く同様に動作し，使うことができる。このように情報が「無体であるが価値のある財産」であるとする認識は徐々にではあるが，確実に進みつつあっ

88　第Ⅰ部　理論編

て，それらを保護する法律の整備も進んでいる。

5.2 情報化と社会問題

　社会の情報化が進み，誰でも簡単に必要な情報を入手できるようになるのに伴い，さまざまな問題が起こっている。それらのいくつかを考えてみよう。

5.2.1 情報の入手と発信に関する問題

a. 情報の質に関して

　誰もがインターネットのホームページ（Webサイト）を開設し，情報を載せることができるようになった。それにともない，その質が問題となっている。確信のないまま載せた情報が確かなものとして通ってしまうことが起こりうる。新聞や書籍など出版物であれば，発行されるまでに何度か内容をチェックする機会があるが，インターネットの場合はそのような手続きを経ずに「うわさ」・「風説」のようなものが掲載されることも多く，また意図的に「偽情報（フェイクニュース）」を流す場合もある。インターネットを流れる情報はあまりに多いため，自分にとって都合の良い情報のみ選択して受け入れてしまうという傾向もある。「うわさ」も大勢の人が言い出すと，"真実"として一人歩きしてしまうということがある。したがって内容をただ「鵜呑み」にするのではなく，他のメディアなどのニュースソース（情報源）で確認を取る（ダブルチェックする）など，慎重な対応が望まれる。

　一方で，「ウィキペディア」（インターネット百科事典）に見るように，「それぞれの個人が持っている知識を出し合えば，専門家をもしのぐような知識の集積ができあがる」ということもまた事実である。情報が確かなものであるためには，大勢の人の目にさらされ検証を受けられるような仕組みや環境が必要なのである。

b. プライバシーに関して

　インターネットのホームページで不用意にアンケートに答えたりすると，知らない会社から突然ダイレクトメールが届いたりすることがある。これは自分が答えた内容がデータベース（data base）に登録され，顧客情報として利用されたためである。インターネットで会員登録する場合，入力する個人情報は必要最低限のものにとどめたい。すべての事項を入力する必要などないのである。できれば，入力したデータがどのように使われるのかしっかり確認しておくことも大切である。一度，データベースに入力されたデータは，削除することはもちろん，たとえ間違っていたとしても，訂正することは大変に難しい。怪しい勧誘は電子メールで来る場合も多い。そのようなダイレクトメールに対しては応えず，ただ読まずに削除することが一番である。

　電子メールを送る場合や，自身のホームページに記事や写真を載せる場合はとくに他人のプ

ライバシー保護には十分に注意を払わなくてはならない。メールを送った本人の了解なくメールを転送するとか，本人に断りもなく写真などを掲載すると「プライバシーの侵害」や「肖像権の侵害」で場合によっては訴えられることがある。スマートフォンなどで撮影した写真には日時だけでなく場所の情報も付加されており，その情報を取られてストーカーに狙われることもありうる。

c. ユーザー間のトラブルに関して

インターネットには事実上国境がなく，電子メールや SNS のやり取りは国境を越えてどの国へも瞬時に届く。語学の勉強もかねて外国人の友人と LINE やメールのやり取りをする場合もあるだろう。しかし，相手は我が国と風俗習慣が全く違う国にいるということを忘れてはならない。日本では常識的なことであっても，相手の国では全くちがっていて，何気ない一言が相手を深く傷つけてしまう，ということも起こりうる。

また，国家間で領有権をめぐって紛争中である国境付近の島や地域などについて個人的意見を主張することは自由であるが，それも個人としての立場で，あくまで自己責任のもとにおいて意見を述べるべきである。

これに関連して「ネットバッシング」の問題がある。個人の意見に対して，大勢の匿名の人たちが非難を浴びせるという現象で，「ネット炎上」に伴って発生することが多い。住まいを特定されて，ストーカー行為につながることもある。バッシング自体は昔から存在したが，人とのコミュニケーション手段が発達したインターネットの時代となって，それが大勢に見える形で頻繁に起こるようになった。

d. 公序良俗問題

インターネットの Web サイトにはいかがわしい写真や動画を掲載したところはたくさんあり，そのようなサイトから入手した画像などを不用意に自分のホームページに貼り付けて公開すると，「猥褻物陳列罪」に問われることになる。また，このようなサイトを職場のような公の場で閲覧していると，「セクシャルハラスメント」と取られるし，また，「怠業」ということで解雇の理由にもなる。「いつでも，どこでも」インターネットにアクセスできるとはいっても，「公」と「私」ははっきり区別されなくてはならないのであって，まして他人が見て不快感を持つようなものを公の場で公開してはならない。

5.2.2　情報の産廃問題

PC など情報機器は毎年機能の優れたものがつぎつぎと登場するので，数年も経つと製品の機能としての寿命がきてしまい，まだ使えるものであっても廃棄し新しい機器に買い替える必要が出てくる。その際，いままで使っていた PC やハードディスクの中のデータをきちんと消去してから廃棄することが大切で，さもないと大事な情報が流出し，多くの人に迷惑をかける

ことにもなりかねない。これが「**情報の産廃（産業廃棄物）問題**」である。過去には中古ショップで売られていたPCから，個人の診療記録や給与明細などのプライバシー情報が見つかり，問題となったことがある。用途にもよるが，廃棄された中古品の中にはまだ使えるものもあり，リサイクル市場に回されるものもある。資源の有効活用はとても大切なことではあるが，これら中古の情報機器に残された情報は，処分する前にきちんと消去しておかなくてはならない。

　2003年10月から施行の「パソコンリサイクル法（PCリサイクル法）」により，PCを廃棄する場合は使われている資源を回収して再利用することが義務付けられた。それでPCを廃棄するには各パソコンメーカーにその処理を依頼することになる。「PCリサイクルマーク」（図1.5.1）は2003年10月以降に販売されたPCに貼付されているマークで，このマークが貼られているPCは新たに料金を払わなくても廃棄できるが，それ以前に購入したPCは回収資源化料金（PCと液晶ディスプレイは3000円，ブラウン管式モニターは4000円くらい）を負担しなくてはならない。

図1.5.1　PCリサイクルマーク

5.3　情報社会と犯罪
5.3.1　知的財産権の保護

　知的財産権（知的所有権ともいう）とは，人間の知的創作活動における「**発明**」（アイデア），「**意匠**」（デザイン），「**著作物**」（小説，絵画や音楽など）等について，その創作者に権利保護を与えるものである。**著作権**は特許等とともに知的財産権に含まれる権利である。

a．ソフトウェアの知的所有権の保護

　ソフトウェアの知的所有権の保護に関しては，「ソフトウェア著作権法」が適用され，「ビジネスモデル特許」のような特許権に関してはフロッピーディスクやCDなどの記憶媒体に書き込んであることを前提として認められている。

　「1つのソフトウェアのライセンスは1つのCPU（PC）に対して認める」ということが原則となっているので，LANで結んだ複数のコンピュータで1つのプログラムを共有することはできない。ソフトウェアの不正コピーを防ぐため，購入したソフトウェアをインターネットでオンライン登録してから使うよう求めている場合もある。その際，購入したソフトウェアに対し，複数のキー（パスワード）を用意し，数回のインストールが可能としている例もあり，それはインストールの失敗やハードディスクの破損事故などにより，ソフトウェアが使えなくな

ることに対処しているのである。

b. インターネット上の知的所有権の保護

「電子透かし」とは不正コピーやデータの改ざんを発見するため，画像や音楽などのデジタルコンテンツに特定の登録情報を埋め込む（「データハイディング」という）技術のことである。このような手段によりデジタルコンテンツの著作権の保護と不正利用の発見・防止が図られている。

「リクエストがあれば自動的に送信が行なわれる」という事情から，著作権や著作隣接権をインターネットや通信カラオケなどの自動公衆送信にも認めているので，公衆送信の際にも使用量に応じた使用料を支払わなくてはならない。したがって，CD に収められた音楽などを無断でインターネットのホームページに載せる行為は違法である。

5.3.2 ネットワーク犯罪

a. 架空請求詐欺

怪しげなサイトに入り，むやみにボタンをクリックしていると，たとえば，知らない間に国際電話に自動的につながれてしまい，多額の電話料金を支払うはめになってしまうことがある。また，身に覚えのない有料サイトの会員費やコンテンツ料などの請求がハガキや電子メールで届くこともある。これが**架空請求詐欺**で，新手の「振り込め詐欺」といってよい。「法的手段をとる」とか，「自宅に取り立てに行く」など，恐喝まがいの要求をされることもある。請求額がそれほど多くない場合は「これくらいならば，面倒を避けるために払ってしまおう」と考えてしまいがちになるが，それこそ相手の思うツボである。架空請求詐欺の場合，一番良いのは返信などの対応をとらずに，無視してしまうことである。警察庁や警視庁，弁護士会では相談窓口を設けているので，トラブルにあった場合は相談すると良い。

「少額訴訟」といって，「60 万円以下の金銭の支払いの訴えを簡易裁判所に起こし，1 回の裁判で判決の出る制度」を悪用するケースがあった。この場合送られてきた『催告状』を無視していると「敗訴」となるので，このような場合は，まず消費者センターや警察にも連絡することが大切である。

b. サイバーストーカー

「**サイバーストーカー**（cyberstalker, **ネットストーカー**）」とは，インターネットを通じて特定の個人につきまとうストーカーのことである。個人のプライバシーに関する情報を詳細に調べて嫌がらせをしたり，その情報をインターネットの掲示板に掲載したり，個人を付け回すような内容のメールを頻繁に送りつけるなどの行為をして人を不快な思いにさせる者をいう。さらに，エスカレートすると，住所などを割り出し「物理的なストーカー」に発展することもある。こうなると「ストーカー行為等の規制等に関する法律（**ストーカー規制法**）」に触れる行為である。

92　第 I 部　理論編

c．マルチ商法（悪徳マルチ商法）

「マルチ商法」とは連鎖販売取引，つまり「加盟者が新しい加盟者を誘い，その加盟者がまた別の新たな加盟者を誘うという形で階層組織を拡大する取引の仕組み」をいう。多くの場合新規加盟者を増やすとか，加盟者と加盟者以下の階層の者の購入金額により報酬としてもらう利益が増える仕組みになっている。電子メールを利用した勧誘のダイレクトメールで来ることもある。物品販売を目的とせず，金銭の配当だけを目的にした場合は「**ねずみ講**」といって「**無限連鎖講の防止に関する法律**」に抵触する違法行為である。マルチ商法は必ずしも違法とはならないケースもあるが，悪質で法律（「**訪問販売等に関する法律**」）を逸脱した商活動をしている場合は「**悪徳マルチ商法**」であり，違法行為にあたる。

d．不正侵入

セキュリティで保護されたコンピュータシステム（やネットワーク）に他人のIDやパスワードを使う等の不正手段で侵入する者を**ハッカー**（正しくは，**システムクラッカー**）といい，「**不正アクセス行為の禁止等に関する法律**（**不正アクセス禁止法**）」に触れる違法行為である。なお，同法では故意に行なった場合だけが処罰対象となり，過失や未遂は対象外である。その他，システムのセキュリティホールを利用して侵入する場合，他人のIDやパスワードを無断で第三者に提供する（口頭で伝える，掲示板で公開するなど）行為も同じく違法行為となる。

5.3.3　窃　盗

コンピュータを使った窃盗事件では，盗むものの違いにより，次のように場合分けされる。

a．金銭を盗む場合

銀行のオンライン・システムを不正操作し，架空の口座にお金を集める詐欺行為は「オンライン詐欺」といわれる。例えば，「**サラミ**（Salami）」は，多くの金持ちの口座からわからない程度の少額のお金を少しずつ削り取り，自分用の架空口座に集める，という盗みの手口である。

b．情報を盗む場合

「情報窃盗」とはPCやスマートフォンなどの電子機器から，

（1）所有者の許可を得ずに中に記録されている電子データを抜き取って持ち出す

（2）料金を支払わずにデータ専用回線やデータベースを使う

（3）付加価値の高い情報を盗む

ことなどをいう。我が国の刑法の窃盗罪では原則とし窃盗の対象は「財物」としているので，財物に含まれない「情報」の窃盗は処罰対象にならない。しかし，不正にパスワードを盗むなどして情報システムに侵入した場合は「不正アクセス禁止法」に，また営業機密に属するような電子データの持ち出しに関しては「不正競争防止法」に抵触するので，これらは処罰対象となる。USBメモリやDVDのような大容量の記憶媒体が登場したため，盗難に遭った場合の損

第5章　情報倫理　*93*

害の規模はますます甚大なものとなった。

c．商品を盗む場合

架空の発注書を発行し，商品を不正に入手し，それを横流しする，などの場合がある。

5.3.4 マルウェア (malware)

「マルウェア」とはコンピュータを不正かつ有害に動作させる意図で作られたソフトウェアのことで，「悪意のある」という意味の (malicious) と「software」を組み合わせ造語である。次のものがある。

a．コンピュータウイルス (computer virus)

他のプログラムやファイルの一部を不正に書き換え，自己複製するプログラムのこと。「無意味な文字をたくさん表示させる」，「ディスクに保存されたファイルを勝手に消去する」など悪意に満ちたものまで，いろいろある。

b．ワーム (worm)

コンピュータの内部に侵入したのち，自己増殖して破壊活動をするタイプのマルウェア。知らない間に感染し，気づかないでいると感染した電子メールを他の人に送ってさらに被害を広げてしまうこともある。

c．トロイの木馬 (Trojan horse)

コンピュータの内部に侵入したのち，外部からの命令で，例えばハードディスク内のデータをすべて消去するなど，悪意のある行動をするプログラム。「実行する」と脅し，金銭を不正請求されることもある。

d．スパイウェア (spyware)

情報収集を目的とし，密かにコンピュータ内部に侵入し，内部の情報を外部に勝手に送信するプログラム。なかでも「キー・ロガー」は PC に潜んでいて，キーボードからのキー入力を記録し，それを秘密裏に特定の人物宛に送信するプログラムである。キーボードと本体の間に不正に挿入して使用するメモリタイプのものもある。これによって，所有者の ID やパスワードやクレジットカードの番号等の重要な情報が盗まれる可能性が高い。インターネット・カフェなど，不特定多数の人が共通に利用する PC を使う場合には特に注意が必要である

e．マクロウイルス (macro virus)

ワープロソフトや表計算ソフトのマクロ機能（一連の作業過程を自動化する機能）を利用して破壊活動をするマクロウイルスは文書ファイルに感染して自己増殖をする等，コンピュータの機種に関係なく感染する。

マルウェアの対策としては，**ワクチンソフト** (vaccine program) を使って定期的にコンピュータを点検することが第一である。ワクチンソフトは「ウイルス定義ファイル」に基づいてウイ

94　第Ⅰ部　理論編

ルスの判定を行なう。そこで「ウイルス定義ファイル」はインターネットからダウンロードするなどして，常に最新のものを準備しておかなければならない。自分が必要な対策を何も講じていないために感染したウイルスによって会社の貴重なデータが失われたなど，第三者に損害を与えてしまった場合には，損害賠償を求められることもありうる。このような事情から，社員に個人所有の PC や USB メモリを会社のネットワークに接続することを禁じている会社も多い。

5.3.5　ダークウェブ (dark web)

　ダークウェブ (dark web) とはダークネット（インターネットには存在するが，アクセスするには特定のソフトウェア・設定・認証が必要な特別なネットワーク）に存在するコンテンツである。通常のインターネットのサービスが水面に現れた氷山の上部として，SNS など会員登録して参加するサービスが水面下の浅い部分に存在するコンテンツとすると，ダークウェブはいわば氷山の深層に存在するようなコンテンツで特定のネットワークを通してしかアクセスすることができない。「ドラックの売買」,「児童ポルノ」,「殺人の依頼」など非合法な活動の温床となっている。代金の支払いや「マネーロンダリング（資金洗浄）」にビットコインが使われて問題となっている。

5.4　これからの暮らしと情報技術

　情報技術は私たちの暮らしを便利なものへと改善してきたが，その一方，問題となる事柄もわかってきた。ここでは，そのような技術を見ていこう。

5.4.1　省資源・省エネルギー

　情報化によりペーパーレス化が進み，省資源の面からは大変好ましい。しかし，実際のところは，書類の仕上げを確認するため，清書が完成するまでなんどもプリントアウトが行なわれたり，また，会議の際には分厚い印刷資料が，その必要がないのに，一人ひとりに配布されるなど，あまり紙資源の節約にはならなかったようである。ある大学ではオープン利用のコンピュータ室のプリンタで使用する用紙の枚数が無制限だったものを，出力枚数に制限をつける，有料にする，と徐々に変えていったところ，変化の段階に応じて紙の消費量が激減していったという事例がある。要するに，これは使う側の意識の問題であって，不要なプリントアウトはしない，プリンタ用紙を再利用するなど，ふだんから省資源についての意識を高めておかないとなかなか成果はあがらない。

　レーザープリンタは印刷の際かなり電力を使うが，スタンバイの状態でも電力を消費している。使用していない周辺機器や PC はまめに電源を切る等の対策が省エネルギーの面からいっ

ても大変好ましい。特に，つねに通電した状態にあるルータや NAS, PC などを省電力タイプ
に変えることは有効な省エネルギー対策と言えよう。

5.4.2　健康への影響

長時間コンピュータ作業を続けることによる健康への影響が問題となっている。目の疲労
や肩のこり等の症状に加えて，**テクノストレス**（technostress）という精神的な失調症が問題と
なっている。テクノストレスには大きく分けて「テクノ不安症候群」と「テクノ依存症候群」
がある。

a．テクノ不安症候群

テクノ不安症候群とは PC や **OA**（Office Automation）機器の操作がうまくできず，ストレス
から，「めまい」や動悸等の症状や，「うつ」の症状が出るなど，PC に対する恐怖心をもつよ
うな場合をいう。あまり，PC に慣れていない年配者が職務の必要上 PC を使い始めると，「テ
クノ不安症候群」になるケースがある。

b．テクノ依存症候群

テクノ依存症候群は PC やスマートフォンの操作に夢中になるあまり，それらがないととても
も不安を感じたりする人の症状である。小さい頃からゲームや PC に夢中になっていた若い人
に多く見られ，一人で部屋にこもりがちで，まわりの人との正常な人間関係が保てなくなって
いることもある。「はい」・「いいえ」でしか答えないとか，他人が煩わしいとか，他人に対す
る思いやりがなくなる，などの特徴がある。

5.4.3　監視社会

街のあちこちに防犯カメラが設置されている。なにか犯罪が起きると，その現場の近くにあ
る設置カメラがとらえた犯人の様子が放映される。そのような場合，意外なところにカメラが
設置されていることを知り，驚く。これらは便利である反面，逆に見れば常に監視されている
ことにつながるわけであるから，個人のプライバシー保護の面から，まったく問題がないとは
いえない。前述の Google の「ストリートビュー」でも，個人の顔や自動車のナンバープレート，
家の表札などにはぼかしを入れ個人が特定できないようにして，プライバシー保護に注意が払
われている。

第 1 章で触れた「**マイナンバー制度**」がスタートして，情報の集中と個人の管理を可能とす
る情報基盤ができた。全てを 1 つの番号のもとに管理することは大変危険である。顔認証によ
る本人確認システムの認識率は上がっているが，個人の映像がマイナンバーのシステムに組み
込まれると，私たちは街中にある防犯カメラで常に監視されているのと同じである。銀行預金
口座，株式口座などもマイナンバーの提出が義務化され，すべて把握されるようになると，そ

96　第 I 部　理論編

れらの個人資産に課税されるという事態もありうる。また，軽い交通違反なども犯罪歴として残ってしまう。すべてがビッグデータとして国のコンピュータで管理される監視社会が実現するのである。さまざまな行政サービスが簡単にすぐ受けられるという便利な面はもちろんあるが，その反面悪用されると大変な事態となる可能性があることを私たちは決して忘れてはならない。

5.4.4 これからの社会

第1章でも述べたように，ロボットが，かつて人間が行なっていた生産ラインの作業をするようになった。物流事業の要となる在庫の管理もたくさんの配送ロボットが行なっている。株の売買をする人工知能（AI）コンピュータは人間よりはるかに早く正確に売買の指示を行なう。米国の有名な投資銀行は2000年当時600人いたトレーダーが2017年にはたった2人になったという[*]。トレーディングや調査部門の人員の平均年収は約50万ドルであるという。AIコンピュータの導入は大幅な経費削減につながる。さらに，これらの人員が職を失うことに関連して，高級住宅や高級ブランドのスーツ，高級食材などの消費も落ち込むというように，その影響は社会の他の分野にも波及していく。米国では所得の中間層が減り，「所得の上位1%の富裕層と残りの99%の貧困層」[**]という経済的不平等（economic inequality）が出現している。この問題は本書で扱う範疇外のことであるが，このような事態が出現した背景には，企業のグローバリゼーションとともに，AIによる産業の自動化がある。

[*]ゴールドマン・サックス銀行。2017年8月の『日本版Newsweek』の記事より。
[**] Robert, B. Reich「Inequality for all（みんなのための資本論）」NHK Eテレ，2018.1.4放送（DVD）。

英国でかつて産業革命があり，紡績機が登場して多くの労働者が職を失った。AIやロボットはホワイトカラーの職を脅かす存在になりつつある。左から右へ物を移すような仕事は人工知能に置き換わっていくことだろう。会計士，薬剤師，保険業務などはコンピュータに置き換えができる割合が高い。毎日決まったルーチンワークをこなすだけとか，上司に命令されなければ仕事がこなせないということでは，早晩，仕事は機械にとって代わられるであろう。人間は人間にしかできない，アイデアを生かした創造的な仕事を任されることになるのである。

章末問題

1. 情報が持つ財産的価値は書画・骨董や貴金属のもつ価値とはどのような点が違うのか。

2. 「サイバーストーカー」とは何か。

3. 「情報の産廃問題」とはどのような問題か。

【参考文献】

師啓二・樋口和彦・舩田眞里子・黒澤和人『情報科学の基礎と活用』同友館，2006

師啓二・樋口和彦・舩田眞里子・黒澤和人『現代の情報科学』学文社，2010

T・フォレスター，P・モリソン，久保正治訳『コンピュータの倫理学』オーム社，1992

中山信弘『マルチメディアと著作権』岩波新書，1996

B・クラフ，P・マンゴー，日暮久志訳『コンピュータ・ウィルスの恐怖』早川書房，1994

『インターネットと情報倫理 1999 年版』(社) 私立大学情報教育協会，1999

『禁断の科学　軍事・遺伝子・コンピュータ』第 7 回情報化社会と監視社会，日本放送出版協会，2005

ロバート・ライシュ，雨宮寛・今井章子訳『格差と民主主義』東洋経済新報社，2014

＊専門用語の解説にあたっては，「ウィキペディア」および http://e-words.jp/ の説明を参考にした。

＊平成 14 年検定済，平成 15 年発行の教科書「情報 A」・「情報 B」・「情報 C」第一学習社および日本文教出版の記述を参考にした。

第II部
活用編

第1章 インターネットの活用

　今やインターネットは，われわれの生活になくてはならない社会基盤となっている。しかし一方，ウイルス感染，情報漏えい，著作権侵害などといったリスクもあることを忘れてはならない。本章では，事前にとるべき対処法をまず整理し，次にコミュニケーションツールとしての便利な利用法をいくつか紹介する。

1.1　端末のセキュリティ設定

　インターネットを利用する際の安全対策を考えてみよう。学校や職場のPCはもちろん，自宅PCや個人用モバイル端末から接続する場合も同様である。

1.1.1　ユーザ認証による不正アクセス防止

　システムにアクセスしようとすると，利用資格の有無が確認される。この手続きを**ユーザ認証**という。ユーザ認証は，OSやアプリの起動時の他，インターネット上の各種サービスを利用しようとする際にも実施される。認証方法としては，入力された**ユーザID**と**パスワード**が正しい組み合わせかどうかをチェックするのが一般的である（図2.1.1）。

図2.1.1　ユーザ認証の画面例（Office365）

　そこで重要になるのが個々人のパスワード管理である。以下に注意点を列挙しておく。
(1)　登録時の初期パスワードは即座に無効にし，独自に再設定すること。
(2)　氏名や生年月日などのような，すぐ試されそうなものはパスワードに設定しないこと。
(3)　極端に短いパスワードを設定しないこと。
(4)　同じパスワードを長期間使い続けないこと。

(5) システムごとにパスワードを変えること。特に，各種サイト（ネットショップ，カード会社，ネットバンキング，クラウド，SNS，等）での使い回しは絶対にしないこと。
(6) パスワードをメモした紙を，人から見えるところに貼ったり置いたりしないこと。
(7) 大量のパスワードをパスワード管理アプリで管理する場合は，古いバージョンのアプリを使わないこと。また，外部メディアにバックアップをとること。
(8) 人からパスワードを聞かれても教えてはいけない。管理者が聞いてくることもない。
(9) パスワードを忘れたときは，正規に定められた初期化の方法を試すこと。

1.1.2 セキュリティアップデート

　ユーザIDとパスワードによるユーザ認証だけでは万全とは言えない。OSやアプリの**バグ**（プログラムのミス）が**セキュリティホール**（システムの弱点のこと）となり，不正侵入を許してしまうこともあるからである。そこで，OSやアプリの製造元は，バグの修正に加え，発売後に発生したさまざまな脅威にも対応すべく，**アップデート**プログラムを配布している。ユーザはこのプログラムをダウンロードし，システムを最新の状態に保つ必要がある。

[例題 1.1]　Windows PC で Windows Update を実行する。
(操作) Windows の設定画面で，更新プログラムを実行する。
① スタート画面を開き，[電源]ボタンの上の[設定]ボタンをクリックする。
② [Windowsの設定]画面が開くので，[更新とセキュリティ]をクリックする。
③ [Windows Update]をクリックする。
④ PCの状態に応じてメッセージが表示される。[お使いのデバイスは最新の状態です。]と表示されれば完了である。[閉じる]ボタンで Windows Update を閉じる。
⑤ [更新プログラムを確認しています]の場合は，確認後のメッセージに応じた操作を行なう。
⑥ 更新プログラムのダウンロード中に，インストールの準備中やインストール中などのメッセージが出た場合は，それぞれに対応した操作を行なう。
⑦ [Windowsの更新時に他のMicrosoft製品の更新プログラムも入手します]をチェックする。
⑧ [再起動がスケジュールされています]と出た場合は，[今すぐ再起動する]をクリックする。

図 2.1.2　[Windows Update]の設定画面

第1章　インターネットの活用　101

1.1.3 セキュリティソフト

PCをはじめとする各種端末にコンピュータウイルスが侵入し，システムの破壊，データの改ざん，盗聴などを働くことがある。そこで，ウイルスを検知・駆除するアンチウイルスソフトやネットワークからの不正信号を防御するファイアウォールソフトなどをインストールし，システムの動きを常時監視して，セキュリティを維持する必要がある。

［例題 1.2］ Windows10 には Windows Defender というセキュリティソフトが標準装備されている。Windows Defender が有効になっているか確認してみよう。

（操作）Windows Defender の設定確認

① スタート画面から［設定］をクリックし，［Windows の設定］画面を開く。
② ［更新とセキュリティ］をクリックする。
③ ［Windows Defender］をクリックし，説明文の下の［Windows Defender セキュリティセンターを開きます］をクリックする。
④ ［Windows Defender セキュリティセンター］が表示されるので，Windows Defender が有効になっているか確認する。

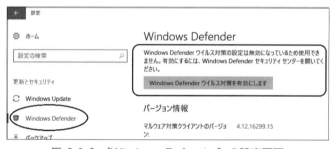

図 2.1.3 ［Windows Defender］の設定画面

【注意】セキュリティソフトの選択

- Windows Defender には，ウイルス対策（侵入監視，ファイルスキャン），改ざん防止，アプリケーションの脆弱性監視などの機能が備わっている。したがって，インターネットの閲覧やワープロの利用などが中心であれば特に問題はない。しかし，悪質サイトの検出機能や迷惑メールの検知機能がないため，ネットバンキングやネットショッピングの利用，また機密文書のメールでのやりなども行なう予定がある場合には，市販のセキュリティソフトを別途導入することが推奨される。
- 他のセキュリティソフトが優先され，無効になっている場合がある（図2.1.3）。
- タブレットやスマートフォンなどのモバイル端末では，専用のセキュリティソフトも市販されているが機能は限定的な場合が多いので，使用する無線LANルータのパスワードの管理と，端末のOSやアプリのアップデートがむしろ重要となる。

1.2 検索と資料の活用

インターネットの便利さは，何と言っても Web 検索にあるだろう。ここでは，Google を例に，検索の方法と入手した資料の活用法を整理しておこう。

1.2.1 Google 検索の基本と応用

Google 検索では，キーワードを入力すると関連する Web サイトが検索結果として返ってくる。思った通りの結果を得るには，**クエリ**（検索文）を作る際にそれなりの工夫が必要である。

(1) Google 検索の基本

[例題 1.3] 「人工知能」に関する資料をインターネットで見つけてみよう。

(操作) 検索窓から指定するクエリの例

- シンプル検索：まずは思いついた用語から検索を始める。例：「人工知能」
- 絞り込み検索（AND 検索）：空白で区切って用語を追加する。例：「人工知能 囲碁」
- 辞書・定義検索：用語に続けて「とは」と入力する。例：「人工知能とは」

(2) 演算子を使った検索

[例題 1.4]　検索の精度を高めるために，さまざまな補助記号が準備されている。

(操作) 応用的なクエリの例

- 語句の除外：除きたい語句の前に − を付ける。例：「人工知能 速さ − 表示 − 導入」
- 完全一致検索：語句をダブルクォーテーションで挟む。例：「" 人工知能技術の進歩 "」
- ワイルドカード（＊）検索：不明な語句の代わりに使用する。例：「" 人工知能と＊ "」
- 数値範囲で検索：数値間に「..」を置く。例：「人工知能 ロボット 50000 円 ..100000 円」
- 結合検索（OR 検索）：対象領域を広げていく。例：「人工知能 OR エンジニア」
- 特定サイト検索：サイトまたはドメインの前に「site:」を付ける。例：「site:.go.jp」
- 関連サイト検索：既知のドメインの前に「related:」を付ける。例：「related:.stat.go.jp」
- サイトの詳細情報表示：サイトのアドレスの前に「info:」を付ける。例：「info:.stat.go.jp」

(3) 検索結果のフィルタリング

[例題 1.5] 一度表示された検索結果に対し，特定の種類のコンテンツのみを表示させることができる。また，「検索ツール」を使って公開日などでフィルタをかけることもできる。

(操作)「結果の種類」と「検索ツール」の利用

① シンプル検索を行なうと，検索結果のすべてが表示される。

② ページの上部に「すべて　ニュース　画像　動画　ショッピング　もっと見る」からなる出力オプションが表示される（図 2.1.4）。このうちのいずれかをクリックすると，現在のすべての結果にフィルタがかかり，対象が絞り込まれる。

③ 一方，［設定］または［ツール］を開くと，公開日でフィルタをかけるなど，表示に制限

図 2.1.4 「結果の種類」と「ツールオプションの選択

をつけることができる。

1.2.2 書誌情報の記録

Web 検索で有用な**一次資料**を発見し，入手してレポートや論文で実際に参考にした場合，その**書誌情報**を巻末の「参考文献」リストに記載する必要がある。

[例題 1.6] 著者とタイトルが特定できればまずそれを取得する。しかし，資料が Web サイト上のページである場合，著者等が特定できないことも多い。そのようなときであっても，少なくとも Web サイトの「所有者」，「タイトル」，「URL」の 3 つを取得する。

(操作) Web サイトの「所有者」，「タイトル」，「URL」の取得手順

① Web ページのヘッダ部のロゴやフッタ部の情報から所有者を特定する。
② ［表示］メニューから［ソース］をクリックする。
③ 画面下段に Web ページの HTML ソースが表示されるので，HTML の title 要素を探す。
④ 開始タグ <title> と終了タグ </title> で挟まれたテキストがタイトルなのでコピーする。
⑤ 画面上部のアドレスボックスをクリックし，Web ページの URL を反転表示しコピーする。
⑥ 図 2.1.6 の［1］は，図 2.1.5 で表示している資料の書誌情報を読み取り，参考文献リストに追加したときの記載例である。

図 2.1.5 Web ページのタイトルと URL

> 【参考文献】
> [1] 人工知能学会「人工知能って何？」
> https://www.ai-gakkai.or.jp/whatsai/AIwhats.html.
> [2] 中央教育審議会, "大学設置基準等の改正について（答申）（中教審第 204 号）",
> 文部科学省 ,2017-12-15.
> http://www.mext.go.jp/b_menu/shingi/chukyo/chukyo0/toushin/1399623.htm.

図 2.1.6　Web 上にある資料の参考文献リスト記載例

【注意】参考文献リストの形式

- 図 2.1.6 の［2］は，著者とタイトルと文書発行日が特定できた場合の記載例である。「著者」「タイトル」「サイト所有者」「文書発行日」「URL」の順で記載している。
- 文書発行日が特定できない場合，資料の入手日を記載することもある。
- Wikipedia（ウィキペディア）については，いわゆるお手軽な百科事典といった位置付けであり，閲覧した旨を記載することはあっても，内容を引用することは通常しない。

1.3　電子メールとクラウドの活用

　電子メールは手軽なコミュニケーション手段として重宝される。ただし，公的な場面では，**ビジネス文書**（第 2 章参照）に準じる形で作成するのがよい。省略や曖昧表現が多用されると，思わぬミスや誤解が生じるので注意が必要である。

　そこでまず，メールを作成する場合の留意点を整理する。

1.3.1　メールの設定

　Microsoft 社の提供する Office365 におけるメールの設定手順を示す。

［例題 1.7］　メールシステムの設定

（操作 1）［メールのオプション］の起動

① Office365 の右上の［設定］ボタン（歯車マーク）をクリックする。

② ［設定］サブウィンドウが開くので，［アプリの設定］の［メール］をクリックすると，［メールのオプション］が開く。

（操作 2）自動処理の設定

① 左端のメニューから［メール］,［自動処理］と辿り，［迷惑メールの報告］をクリックする。

② ［メッセージが迷惑メールとしてマークされた場合］に対するオプションを選択する。

③ ［報告の共有］に対するオプションを選択する。

④ 左端のメニューで［返信設定］をクリックする。

⑤ ［返信設定］に対するオプションとして［返信］を選択する。これにより，受信したメッ

セージに対する返信の作成画面を表示したとき，既定の応答として「差出人のみに送信する」ようにできる。このオプションを変更しておかないと，デフォルトが［全員に返信］となっているので，不要なメールが全員に送信されてしまうので注意が必要である。

⑥ 左端のメニューで［送信の取り消し］をクリックする。

⑦ Office365では，送信したメールを最大30秒間だけ取り消すことができるので，取り消し可能時間を30秒に設定しておくと安心である。

（操作3）メールの署名とメッセージ形式の設定

① 左端のメニューから［メール］，［レイアウト］と辿り，［メールの署名］をクリックする。

② メールの署名の編集画面が開くので，署名を入力する。

③ 左端のメニューで［メッセージ形式］をクリックする。

④ ［メッセージ形式］オプション画面で，［この形式でメッセージを作成する：］欄で［テキスト］を選択する。

【注意】各オプションで選択を変更すると，次のオプション項目に移動する際に［変更を保存しますか，または破棄しますか？］と聞いてくるので，［保存］をクリックする。

1.3.2　メールの作成

メールを作成する際の注意点を，構成要素ごとにまとめておく。

- From（発信者）：通称は使わない。メールアドレスは，公的に通用するものを使用する。
- Subject（件名）：省略しないこと（迷惑メールと判断されてしまうこともあるため）。内容を表す短文やキーワード（依頼や報告などの区別を示すもの）を添えるとよい。
  （例）「〜の件（お伺い）」，「〜について（ご報告）」
- 文書構造：ビジネス文書に準じる。
- 本文冒頭：相手先の所属・肩書に敬称を付け，呼びかけるつもりで書く。
  （例）「〜社　総務部長　〜様」
- 署名：必ず付ける。所属と氏名などを記し，電話番号は書く必要はない。
- その他
  ➤ 機種依存文字（全角丸数字①，②やローマ数字Ⅰ，Ⅱなど）は使わない。
  ➤ 間違ってはいけない具体的な連絡内容は「記書き」に書くとよい。

[例題 1.8] 図2.1.7は，授業に関する質問を担当教員にメールで送る例である。学生の場合，冒頭での自己紹介（所属，学年，授業クラス等の記載）は必須である。

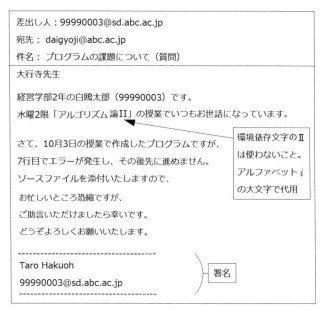

図 2.1.7　質問メールの例

1.3.3　クラウドの利用

クラウド（cloud：雲）とは，目の前の PC や携帯端末上ではなく，インターネット上に設置されたストレージ（ファイルの保存場所）サービスのことを指す。Office365 には，OneDrive と呼ばれるクラウドストレージの利用機能が付属しており，ファイルのバックアップ先として利用できる。インターネットを介してどこからでもアクセスできるので，USB に保存してデータを持ち歩くとか，メール添付で送受信するなどの手間がいらなくなる。

クラウドは，まさにモバイル時代の必須アイテムといってよい。ただし，システム障害やセキュリティ上のリスクも皆無ではないので，大切なデータを無闇にアップロードしない，外部メディアにバックアップをとっておくなどの対策は必要である。

図 2.1.8　エクスプローラによる OneDrive の表示

第 1 章　インターネットの活用　　*107*

演習問題

1. 次の各用語の意味を述べよ。

   (a) 一次資料　　(b) 書誌情報　　(c) 出所 (出典)　　(d) マークアップ言語

2. 1つのパスワードを，各種サイト (ネットショップ，カード会社，ネットバンキング，クラウド，SNS，等) で使い回しをしてはいけない理由を具体的に述べよ。

3. 普段利用しているインターネットの Web サービスから代表的な3つを選び，ログインパスワードを忘れたときの初期化の方法を述べよ。

4. システムへの不正侵入の原因の1つに，外部からの問い合わせに仕組まれた巧妙なトリックに担当者が騙され，アクセスを許してしまうというのがある。これを**ソーシャルエンジニアリング** (社会工学) 的手法という。この手口が使われた事件を2つ以上見つけ，それぞれ概要を述べよ。ただし，新聞社のニュースサイトを情報源とすること。

5. 自分の所有するモバイル端末について，OS のアップデート方法を調べ，手順を箇条書きでまとめよ。

6. [例題 1.8] で送信したメールへの返信を大行寺先生から受け取り，問題が解決したとする。大行寺先生へのお礼のメールを作成してみよ。

【参考文献】

牧野二郎『Google 問題の核心』岩波書店，2010

末藤高義『サイバー犯罪対策 ガイドブック』民事法研究会，2012

(独) 科学技術振興機構『参考文献の役割と書き方』2011

　http://jipsti.jst.go.jp/sist/pdf/SIST_booklet2011.pdf

Google「検索結果のフィルタリング」

　https://support.google.com/websearch/answer/142143?hl=ja

Google「ウェブ検索の精度を高める」

　https://support.google.com/websearch/answer/2466433?hl=ja

Google「Google での検索のコツ」

　https://support.google.com/websearch/answer/134479?hl=ja

第2章　ワープロソフトの活用

　モバイル端末全盛の時代となり，多くの作業がクラウド上の簡単操作で済んでしまうのも事実である。しかし，公用文書の基本形式を知った上で，入力から印刷までの一連の作業を PC 上で体験しておくことは重要である。本章では，ワープロソフトを使って**ビジネス文書**を作成する方法を学ぶ。使用するソフトは Word2016 である。

2.1　デジタル文書の基礎知識
2.1.1　文字コード

　文字コードとは，個々の文字に割り当てられた 2 進数のことを指す。Word で文字を入力すると文字コードに変換され，コンピュータに蓄積される。文書のデジタル化とはこのことである。また，文字コードは，変換で使用される**符号化方式**のことも指している。

　さて，Word で入力可能な**文字集合**（文字の種類のこと）は **Unicode** である。これには **ASCII 文字**（半角の英数字と記号），全角のひらがな，カタカナ，漢字などが含まれる。Word では，これらの文字を文字コードの **UTF-8** で符号化している。UTF-8 は，ASCII 文字に 1 バイトを，その他の文字に 2〜6 バイトを割り当てる符号化方式で，Windows やインターネットの標準の文字コードとなっている。

［**例題** 2.1］文字コードの具体例を見てみよう。

（操作 1）漢字の文字コードの確認

① 　Word を起動し，たとえば「右」という漢字を入力しマウスで選択状態にし，右クリックでショートカットメニューを開き，［記号と特殊文字］をクリックする。

図 2.2.1　［記号と特殊文字］ダイアログボックス

② ［記号と特殊文字］ダイアログボックスが開き，選択した文字が一覧表に表示される。
③ 下側のボックスに文字コードが16進数4桁で表示され，53F3であることがわかる。

(操作2) 文字コードから文字への変換
① Word 文書を開き，適当な場所に半角で53F3と入力する。
② この4文字を選択状態にし，［Alt］+［x］を押すと（［Alt］キーを押しながら［x］キーを押すという意味），「右」という漢字に置き変わる。

2.1.2 Word のファイル形式

　Word で作成した文書ファイルは，Word でしか編集できないのだろうか。

［例題 2.2］ Word で作成した文書ファイルのファイル形式を確認しよう。

(操作) 文書ファイル名の拡張子の変更と内容の確認
① Word を起動し，たとえば「文書」の2文字を入力してから，［ファイル］タブから［名前を付けて保存］をクリックし，ファイル名本体を「例題」として保存する。
② エクスプローラを起動し，文書ファイル名が「例題.docx」となっていることを確認する。
③ ファイル名を選択状態にし，ファンクションキーの［F2］（編集キーと呼ばれる）を押すと，ファイル名の「例題」の部分が変更可能になる。しかし，矢印キーで拡張子「.docx」に移動し，「.zip」と書き換え［Enter］キーを押す。
④ ［拡張子を変更すると，ファイルが使えなくなる可能性があります。変更しますか。］という警告が出るが，［はい］をクリックし，ファイル名を「例題.zip」に変更する。ちなみに，拡張子「.zip」は，**ZIP** 形式の圧縮ファイルを意味する。
⑤ ファイル名「例題.zip」を選択状態にすると，［圧縮フォルダツール］タブが開くので，展開先フォルダを確認し，［すべて展開］をクリックする。
⑥ ［例題］フォルダが作成され，フォルダが開くので，「word」フォルダを開き，「document.xml」をダブルクリックし，ブラウザまたはメモ帳で読み取ると，文字列「文書」が**マーク付け**（タグ付け）されているのがわかる（図2.2.2）。
⑦ 以上が確認できたら，［例題］フォルダを削除し，拡張子.zipを元の.docxに戻す。

図 2.2.2　XML 文書の内容

［例題 2.2］によって，Word 文書の拡張子は「.docx」となっているが，実質的には ZIP 形式の圧縮ファイルであり，複数の **XML** 文書に展開できることが確認できる。XML とは，eXtensible Markup Language（拡張型マーク付け言語）の略である。このことから，Word 文書のファイル名の拡張子「.docx」の x は，XML の X であることがわかる。

【注意】オープン・ドキュメント・フォーマット（ODF）化

- 特別のソフトで作成していても，データの二次利用が自由にできるようにすべきであるという考えがあり，これをオープン・ドキュメント・フォーマット（ODF）化という。
- Word 文書の実体は，マーク付け言語 XML で記述されたテキストファイルである。したがって，Word 以外のアプリでも編集が可能な状態にあり，しかもタグを見ればそのデータの意味がわかる。つまり，Word 文書はこの ODF 化に対応した文書形式である。
- 電子書籍の標準形式 **EPUB** は，ファイルの拡張子が「.epub」である。これも実質的には ZIP 形式の圧縮ファイルであり，解凍すると XML 文書が現れるので試してみるとよい。

2.2 ビジネス文書の基礎知識
2.2.1 ビジネス文書の標準形式

ビジネス文書とは，業務遂行のために作成，伝達，蓄積される文書の総称である。利用場面に応じて，たとえば次のように分類される。

- **社内文書**：連絡書，報告書，提案書，議事録，帳票，申請書，等
- **社外文書**（取引文書）：通知状，照会状，依頼状，申込状，承諾状，等
- **社外文書**（社交文書）：挨拶状，披露状，案内状，招待状，礼状，感謝状，等

なお，ビジネスといえば通常は商業活動を意味するが，ここでは教育や行政などの分野も含め，広く仕事や業務一般を指すものとしておく。

さて，ビジネス文書について，まず次の3つを押さえておこう。

(1) ビジネス文書の特徴

公用文書の世界では儀礼や格式も重要であるが，ビジネス文書には特に次が求められる。

- 正確さ：伝えるべき情報を，漏れなくかつ間違いなく記述すること。
- 簡潔さ：ビジネスでは効率と迅速さが求められる。礼を欠かない範囲で，簡潔に記すこと。
- 明瞭さ：証拠として記録に残す必要がある。あらゆる面において曖昧さを排除すること。

(2) 伝えたいことの整理 (5W2H)

ビジネス文書の作成に先立ち，伝える内容を **5W2H** に沿って整理しておくとよい。つまり，When（いつ），Where（どこで），Who（誰が），What（何を），Why（なぜ），How（どのように），How many/much（いくつ／いくら）に基づいて情報を整理せよということである。

(3) ビジネス文書の形式

ビジネス文書の標準形式としては，図2.2.3に示す形式が一般に広く利用されている。「前付け」，「本体」，「付記」の3段構成である。

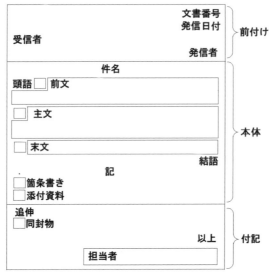

図2.2.3　ビジネス文書の標準形式

- 前付け：文書の**書誌情報**を記載する部分である。文書はそれ自体が一つの情報であるから，書誌情報は情報の情報という意味で**メタ情報**ともよばれ，次で構成される。
  - 文書番号：組織内で文書管理をする場合に付ける。
  - 発信日付：証拠として重要な役割をもつ。
  - 受信者：複数の人に出す場合は「各位」，個人宛なら所属と肩書と氏名を記載する。
  - 発信者：受信者と同等の立場の人を置く。
- 本体：文書の中心部分で，次の要素を順に記載する。
  - 件名：タイトルのこと。
  - 頭語：「拝啓」や「謹啓」などとし，返信の場合は「拝復」とする。
  - 前文：時節の挨拶，安否の挨拶，感謝の挨拶からなる。
  - 主文：用件を述べる部分である。
  - 末文：締めくくりの文。
  - 結語：頭語と対で設置し，「敬具」や「謹白」などとする。
  - 記（記書き）：主文に関わる重要な情報を箇条書きで正確に記す部分である。補足資料がある場合は「添付資料」の説明を追加する。

- 付記：文書の最後尾に位置し，補足事項を記載する部分である。
  - 追伸：付記はここから始まる。「なお」や「追って」などと書いてもよい。
  - 同封物：返信用のはがきや地図などがある場合に記入する。
  - 以上：追伸の有る無しにかかわらず「記」との対で必ず記載する。
  - 担当者：実務上の担当者の所属，氏名，連絡方法を記載する。

2.2.2 ビジネス文書の構造とスタイル

ビジネス文書の作成と編集をPC上で行なう際には，作業効率を上げるために，文書の「構造」にかかわる作業と「スタイル（見栄え）」にかかわる作業を分離するのがよい。

(1) 文書の構造

文書の構造とは，文書全体の骨組みのことである。文書の構造は階層構造（木構造）で表現でき，特にビジネス文書の構造は図2.2.4のように表される。

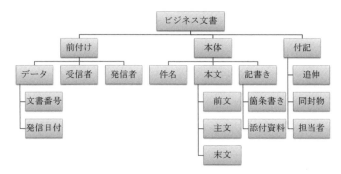

図2.2.4 ビジネス文書の構造

木構造では，枝にぶら下がっている葉のすべては順序付けられて一通りに並べることができるという点が重要である。すなわち，図2.2.4でいえば，「文書番号」，「発信日付」，「受信者」，「発信者」，……，「同封物」，「担当者」と順序付けられる。

このことから，ワープロで文書を入力する際の第1のポイントが見えてくる。つまり，文書を構成する個々の字句や文言を間違いなく，かつスピードアップして入力するには，まずは画面の表示モードを［下書き］にし，木構造の葉を入力することに注力せよということである。

[**例題 2.3**] 文書のスタイル設定は後に回し，まずは内容（コンテンツ）を間違いなく，高速に入力するための作業手順を示そう。

(操作)［下書き］モードでのコンテンツ入力

① ［表示］タブから［表示］グループの［下書き］をクリックする（図2.2.5）。

② 次の（ア）〜（ウ）を繰り返す。

（ア）テキストを入力する。

(イ) 改行し，段落（葉に対応する）を決める。

(ウ) 内容に間違いがないかチェックする。

③ ［ファイル］メニューから［名前を付けて保存］をクリックし，ファイルに保存する。

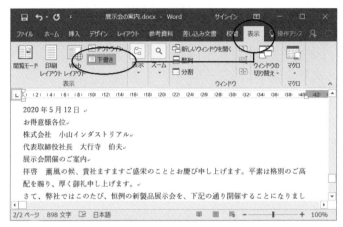

図 2.2.5 ［下書き］モード

(2) 文書のスタイル設定

文書のスタイルとは，文字のフォントやページレイアウトなどのように，いわゆる見栄えにかかわる設定内容のことである。［下書き］モードでのコンテンツ入力が済んだら，次は画面モードを［印刷レイアウト］に変更し，スタイル設定を中心とした作業に移行する。

[例題 2.4] 表示モードを［印刷レイアウト］に直す。すると，［ホーム］タブには，スタイル設定のための各種命令がグループ化されて並んでいるのでその使い方に慣れよう。

(操作)［印刷レイアウト］モードでのスタイル設定

① ［表示］タブから，［表示］グループの［印刷レイアウト］をクリックする。

② ［ホーム］タブをクリックし，スタイルを適宜反映させていけばよい（図2.2.6）。

　　➢ ［フォント］グループには，文字ごとのスタイル設定の命令が並んでいる。

　　➢ ［段落］グループには，段落単位でのスタイル設定の命令が並んでいる。

　　➢ ［スタイル］グループには，利用頻度の高い段落単位でのスタイル設定（複数の設定を組み合わせたもの）が登録されている。

図 2.2.6 展示会の開催案内

③ ［ファイル］タブから［印刷］をクリックし，プレビュー画面でスタイルの設定状況を確認し，必要に応じて編集モードに戻る。また，適宜ファイルを上書きする。
④ 以上を繰り返し，スタイル設定が完成したら，プリンターを指定し印刷を実行する。

2.3 ビジネス文書の実際例
2.3.1 通知文書
[例題 2.5] 図 2.2.7 は，ビジネス文書のうちの社外・通知文書の例である。Word で入力・編集し，A4 用紙に印刷してみよう。

（操作）通知文書の作成と編集
① Word を起動し，新規文書を開く。
② 画面モードを［下書き］モードにし，テキストを入力する。
③ ［名前を付けて保存］により，Word 文書形式で保存する。ファイル名は「展示会開催のご案内 20200512.docx」としておく。
④ 画面モードを［標準印刷］モードにし，スタイルを設定し，ファイルを上書きする。
⑤ プレビュー画面で内容を確認し，必要に応じて編集する。
⑥ 完成したら［ファイル］タブから，［印刷］を実行し，印刷する。

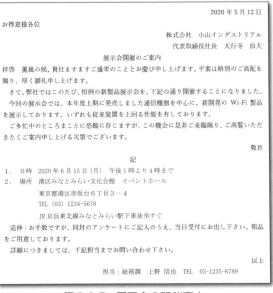

図 2.2.7　展示会の開催案内

2.3.2　Word テンプレートとコンテンツコントロールの利用
ビジネス文書は，使用後もそのまま削除せず保存するのが通例である。一つは事務上の記録

として，もう一つはひな型として残す場合である。ここでは，後者について 2 つの方法を示す。

(1) Word テンプレート

Word テンプレートとは，いわゆる「ひな型」として利用するための文書ファイルのことで，拡張子は「.dotx」である。同様の文書を，白紙の状態から作り直す必要がなくなるのでとても便利である。ユーザは，Word テンプレートを開き，必要な箇所にのみ手を入れ，保存する際には通常の Word 文書形式「.docx」を選べばよい。

[例題 2.6] [例題 2.5] で作成した文書を，Word テンプレートとして保存してみよう。

(操作) Word テンプレートの保存

① Word 文書「展示会開催のご案内 20200512.docx」を開く。
② [ファイル] タブから [名前を付けて保存] をクリックする。
③ ファイルの保存場所を指定する。保存先の候補としては，
- デフォルトドライブの ¥Users¥ ユーザ名 ¥Documents 上の「Office のカスタムテンプレート」フォルダ
- クラウド上の個人フォルダあるいは組織の共有フォルダ
- D ドライブやネットワークドライブ上の個人フォルダ

などが考えられるので，状況に応じて適宜選択すること。図 2.2.8 は，クラウド上の個人フォルダ内の Documents フォルダを選択したときの画面である。

④ ファイ名本体を「展示会開催案内通知テンプレート」とする。
⑤ [ファイルの種類] ボックスで，[Word テンプレート（*.dotx）] を選択する。
⑥ [保存] ボタンをクリックする。

図 2.2.8 Word テンプレートの保存

【注意】テンプレートを標準の「.docx」でなく，敢えて「.dotx」形式で作る意味は何かという質問がしばしば寄せられる。最大の理由は，使用済みファイルとテンプレートが混在し，作業が混乱することを避けるためである。また，テンプレートを編集し保存しようとすると，ファイル形式は自動的に標準の「.docx」になるので，テンプレートの取り扱いにことさら手間がかかるということはない。

(2) コンテンツコントロール

使用済みのファイルをそのままテンプレートにしてもよいが，変更の不要な箇所と，状況に

応じて変更の必要な箇所がはっきり区別できると便利である。そこで導入されたのが，文書に埋め込んで使用する**コンテンツコントロール**である。

[例題 2.7] Word のオンラインテンプレート検索で，代表的なテンプレートを選び，コンテンツコントロールがどのようなもの見てみよう。

(操作) オンラインテンプレートの検索

① Word を起動すると，初期画面に［お勧めのテンプレート］が一覧表示されるので，「レター」という名称の中から一つをクリックして開く。一覧表示されない場合は，上部に入力ボックス［オンラインテンプレートの検索］が開くので，「レター」と入力し，［検索開始］ボタン（虫眼鏡のマーク）をクリックする。

② 選択したテンプレートが候補として表示されるので［作成］をクリックすると，Word が起動される。

③ 文書上のテキストが入力されている各部分をクリックすると，コンテンツコントロールが埋め込まれているのがわかる。主なものを列挙しておく。

  ➢ チェックボックス：複数の項目から必要なものを選択するのに使用する。
  ➢ コンボボックス：ドロップダウンリストとテキストボックスの組み合わせ。
  ➢ ドロップダウンリスト：［▼］で表示したリストからデータを選択する。
  ➢ 日付選択：カレンダーが表示され，希望の日付を選ぶ。

図 2.2.9 は，「レター（アーバン）テンプレート」を選択し，日付選択コンテンツコントロールを開いたところである。

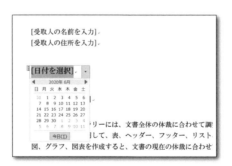

図 2.2.9　日付選択コンテンツコントロール

[例題 2.8] コンテンツコントロールを新たに設置したり編集したりするには，リボンにあらかじめ［開発］タブを追加しておく必要がある。次はそのための設定手順である。

(操作)［開発］タブの追加

① ［ファイル］タブから［オプション］をクリックする。
② Word のオプションダイアログボックスが開くので，［リボンのユーザー設定］をクリッ

クする。
③ ［リボンのユーザー設定］の［メインタブ］の［開発］にチェックを入れ，［OK］をクリックする。
④ ［開発］タブが追加され，［コントロール］グループに各種のコンテンツコントロールの設定ボタンが表示される。図 2.2.10 は，［開発］タブを開いたところである。

図 2.2.10 ［開発］タブと［コントロール］グループの表示

演習問題

1. 次の各用語の意味を述べよ。

   (a) ASCII　　(b) ZIP　　(c) マーク付け　　(d) メタ（meta）

2. 図2.2.11は，社内・会議開催通知文書の例である。

   (1) Word で入力・保存せよ。

   (2) メールに添付し送信する実験をしてみよ。

   (3) 定型的な部分を残し，ユーザごとに変更が必要な箇所については，コンテンツコントロールを使用して入力するように編集し，Word テンプレートとして保存せよ。

ク委第1号
2020年5月12日

委員各位

総務部　部長　城山　太郎

クレーム対策の連絡会議開催について（通知）

標記について、月例の連絡会議を下記の通り開催します。

各自、担当部署の状況をとりまとめのうえ、ご出席ください。

記

1.　日　時　　6月7日（日）16時〜17時

2.　場　所　　第3会議室（3階）

3.　議　題
　　　　　　　(1) 個人情報の保護について
　　　　　　　(2) クレームのデータベース化について
　　　　　　　(3) ガイドラインの策定について

4.　資　料　　呉　睦夫（著）『クレーム対応の方法』東洋書籍（2017年刊）

追伸　以上の他に審議事項等ありましたら、担当の総務部　田中　二郎（内線8989、
　　　メールアドレス　tanaka@abcdenki.co.jp）までご連絡ください。

以上

図2.2.11　社内・会議開催通知文書

3. 図2.2.12は，社外・見積書送付依頼文書の下書きである。次の各問に答えよ。

(1) Wordで入力・保存せよ。

(2) 「なお，〜」の文が2つあり，無駄がある。適切な形に編集せよ。

(3) スタイルを設定し，A4用紙に印刷してみよ。

```
総務課発第24号
2020年10月12日
北南工機株式会社
東京工場 営業第一課 田勢 隆様
アルキメデス自工株式会社
総務課長 平田 希求
回転数測定器の見積書送付のお願い
拝啓 時下ますますご盛栄の御事とお喜び申し上げます。平素は格別のご高配を賜り、厚
く御礼を申し上げます。
 さて、中型エンジンの性能評価を計画中につき、下記の貴社取扱品について至急見積書
をご送付くださいますようお願い申し上げます。
 なお、お手数ですが、10月25日までにお願いいたします。
 以上、取り急ぎご依頼まで。
敬具
記
 1 品名   回転数測定器（中型エンジン用）
 2 台数   3台
 3 納期   10月25日
 4 支払   銀行振込
 5 運賃   弊社負担
 なお、お問い合わせは、下記の担当までお願いいたします。
以上
担当：総務課 荒井豊子 TEL：03-1245-3456
```

図2.2.12 社外・見積書送付依頼文書

4. 図2.2.13は，企画・提案書の送付状である。また，図2.2.14は，それに対応する別紙（企画・提案書の本体部分）である。2つを連結し，A4用紙1枚に収めよ。

```
                                        2020年7月20日
御菓子司「月の井」駅東店 御中
                                        関東コンサル（株）
           売上高アップに向けた新規事業のご提案
拝啓 時下ますますご盛栄の御事とお喜び申し上げます。この度は、表記の件につきまして
ご用命をいただき誠に有難うございました。過去4年間のデータに基づき、下記の通りの
新規事業計画を立案いたしました。ご来店されるお客様の満足度が向上し、売上高アップに
繋がるものと思います。ご検討のほどよろしくお願い申し上げます。
                                            敬具
```

図2.2.13 企画・提案書の送付状

120 第Ⅱ部 活用編

```
  1.  企画名称：顧客管理に基づく固定客増強計画
  2.  提案理由
  (1)  固定客の減少（昨年度年間平均固定客 11.7%、流動客 88.3%）
  (2)  売上変動の拡大
                      表 1  昨年度下期の季節指数

                  | 月   | 季節指数 |
                  |------|---------|
                  | 10 月 | 6.2%   |
                  | 11 月 | 12.3%  |
                  | 12 月 | 13.0%  |
                  | 1 月  | 7.3%   |
                  | 2 月  | 6.2%   |
                  | 3 月  | 5.4%   |
```

$$（参考）季節指数（\%）=\frac{各月の累計上高}{累計年間売上高}\times100$$

```
  (3)  広告費の高騰（年率 1.2%の上昇）
  3.  対象：徒歩 1.5km 圏内に居住する主婦層（駅西地区も含む）
  4.  方法
  (1) 顧客名簿の作成と購買履歴の記入
  (2) ポイントカードの導入とポイントに応じたサービスの展開
  (3) 購買履歴に基づく商品の提案
  5.  実施スケジュール
  (1)  準備期間：3 か月
  (2)  開始：2020 年 9 月
  6.  費用対効果
      費用：120 万円、効果予測：顧客名簿 80 名、総売上高：前年度比 8%増見込
                                                              以上
```

図 2.2.14　企画・提案書の本体部分

5.　図 2.2.15 は，英文ビジネス文書の例である。ここで使用しているのは，タイピング
の効率化のためにアメリカで考案された簡易的な**フルブロックスタイル**である。
　　すべてが左寄せである点，会社から公用文書として出すためレターヘッドが上部中
央に付く点，件名を自由に配置している点，が特徴である。
　　内容は，得意先への登録更新の依頼文書である。入力・保存し，A4 用紙に印刷し
てみよ。

Oyama Tech, Inc.
6-12-54 Daigyoji, Oyama-shi, Tochigi 323-8585, JAPAN
Tel : +81-285-12-3456 / Fax : +81-285-12-8989

December 1, 2019

Mark Carter
Automobile Resources Department
North America Company
Suite #100, ABC Street, Washington, DC 123442   USA

| 2020 Annual Renewal Notice |

Dear MARK CARTER:
To ensure continuous delivery of your benefits, use this form or renew online at oyamatech.co.jp.

Most Recent Membership
  Member ID: 001232221   Email: mcarter@automobileres.com
  Member Type: Regular   Member Term: ONE YEAR
1. Select Your Member CategoryW
  [　] Member - $123.   [　] Member Plus - $243.
2. Update Contact information (if necessary)
  Name   Email
  Address

Sincerely,

Aizawa Kyoko

Kyoko Aizawa
Managing Director – Oyama Tech, Inc.

図 2.2.15　英文ビジネス文書の例（アメリカ式）

【参考文献】

師啓二・樋口和彦・舩田眞里子・黒澤和人『現代の情報科学』学文社，2010

リン・ロブソン，植木祥恵訳『レター・FAX・E メールにすぐ使えるセレクト表現』明日香出版社，1998

富田眞司『提案書・企画書がスラスラ書ける本』かんき出版，2005

竹村和浩「本格英文ビジネスレター指南！ セミブロックって何？ 英文ビジネスレター５つの形式［ビジネス英会話］All About」
https://allabout.co.jp/gm/gc/59734/（更新日：2004 年 6 月 18 日）

第3章 表計算ソフトの基礎

　表計算ソフトの活用場面は，統計処理，会計処理，データベース，科学技術計算など，広範囲におよぶ。本章では，このうち統計処理分野に焦点を当て，その基礎を整理している。使用するソフトは Excel2016 である。

3.1 表の作成

　表計算は，データを表として入力するところから始まる。

　表の構成要素は，上から順に，タイトル，単位，表の本体，出所，但し書きからなる。なお，表の本体は，横見出し，縦見出し，データ部からなり，罫線を入れるのが一般的である。

[例題 3.1] 関東一都六県の面積を表にする。

（操作 1）表の構造の確定とデータの入力

　1 行目から順に，左詰めで各要素を入力していく。セル幅も含め，スタイル設定はしない。表の本体は，横と縦の見出しを含む長方形領域で，罫線を入れて他と区別がつくようにする。

	A	B	C	D	E	F	G	H
1	関東一都六県の面積							
2	（単位：km²）							
3	都道府県	面積						
4	東京都	219090						
5	神奈川県	241581						
6	埼玉県	379775						
7	千葉県	515764						
8	茨城県	609693						
9	栃木県	640809						
10	群馬県	636228						
11	出所：国土交通省国土地理院「都道府県別面積」							
12	http://www.gsi.go.jp/KOKUJYOHO/MENCHO/201610/area_todofuken.pdf							

図 2.3.1　表の作成とファイル保存

（操作 2）表の本体の全体幅を決定

① セルの幅を調節し，表の本体の全体幅を決める。ポイントは，タイトル，出所，URL など，すべてが収まる幅にすることである（図 2.3.2 参照）。

② タイトルは，「セルを結合して中央揃え」を実行する。

③ 単位は，「セルを結合して中央揃え」を実行後，［右揃え］にする。

④ 出所は，名称も URL も長くなりがちなので，表の全体幅に収まるように調節する。改行を入れて 2 行に折り返してもよいし，フォントを小さくする手もある。

123

（操作3）スタイルの設定

① ［ホーム］タブを開き，［スタイル］グループの［良い］の右側にある，横線が上に付いている下向き三角（その他）のボタン（単なる下向き三角のボタン▼ではない）をクリックする。すると，［タイトルと見出し］と［テーマのセルスタイル］のボタンの一覧表が表示される。各セルへのスタイル設定はこの一覧から，まず色を設定し，次にフォントを設定する。フォントを先に設定すると，色の設定で解除されてしまう。

② タイトルと単位に，最も適するフォントスタイルを選び設定する。

③ 横見出しと縦見出しには，データ領域と区別するため［20％アクセント］の色を付ける。

④ 罫線が消えてしまった場合は，スタイル設定の後に再度設定する。

	A	B	C
1	関東一都六県の面積		
2		（単位：km²）	
3	都道府県	面積	
4	東京都	219,090	
5	神奈川県	241,581	
6	埼玉県	379,775	
7	千葉県	515,764	
8	茨城県	609,693	
9	栃木県	640,809	
10	群馬県	636,228	
11	出所：国土交通省国土地理院「都道府県別面積」		
12	http://www.gsi.go.jp/KOKUJYOHO/MENCHO/201610/area_todofuken.pdf		
13			

図 2.3.2　表のスタイル設定

3.2　基本的なグラフ

データが表に載れば，それを利用してさまざまな処理が可能となる。ここでは，Excel のグラフ描画機能について整理しておこう。ポイントは次の3つである。

(1) データのセル範囲とグラフの種類さえ指定すれば，グラフの暫定版がすぐさま描かれるので，データの傾向を即座に知ることができる。

(2) 基本は，**棒グラフ**，**折れ線グラフ**，**円グラフ**の3種である。ただし，役割はそれぞれ異なり，選択を誤るとデータの特徴に気付くことも，それを伝えることもできない。

(3) グラフは Excel の出力結果であって，分析結果ではない。データにどんな特徴が潜んでいるかを，グラフから人間が読み取る必要があり，それが分析の第一歩となる。

3.2.1　棒グラフ

棒グラフは，項目間の大小比較に用いる。

124　第Ⅱ部　活用編

[例題 3.2] 図 2.3.2 のデータは，各都道府県を項目軸にとり，面積を数値軸にとれば，都道府県の面積の大小を棒の長さで比較できる。

(操作 1) 棒グラフの描画

① 横と縦の見出しを含む領域［A3：B10］をドラッグして選択する。
② ［挿入］タブから［グラフ］，［横棒／縦棒グラフの挿入］をクリックし，［2D-縦棒］をポイントし，［集合縦棒］をクリックすると棒グラフ（暫定版）が描画される（図 2.3.3）。
③ データ選択にミスがないか，傾向はこれでよさそうか，などを確認し，もしこれでよければ，操作 2 に移り，グラフを完成させる。

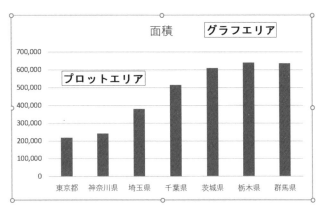

図 2.3.3　棒グラフ（暫定版）

(操作 2) 棒グラフの完成

① ［グラフエリア］をクリックし，グラフを選択状態にすると，［グラフツール］が起動する。
② ［デザイン］タブを開き，［グラフ要素を追加］をクリックし，そこに表示される各要素を順に選択し，設定内容をそれぞれ調節する。
　　➤［軸ラベル］の［第 1 横軸］（項目軸ラベルのこと）
　　➤［軸ラベル］の［第 1 縦軸］（数値軸ラベルのこと。通常，文字を 90 度左に寝かせる）
　　➤［グラフタイトル］
　　➤［データラベル］の［外側］（ラベルが重なるようなときは表示しない）
　　➤［目盛線］（必要に応じて入れる）
　　➤［凡例］（データ系列が複数の場合のみ選択する）
③ ［プロットエリア］をクリックし，［プロットエリアの書式設定］を開き，［枠線］を単色で入れ，［影］を「右下」に設定する。縦と横の幅，位置も微調整する。
④ ［グラフエリア］にも同様の設定を施す。縦と横の幅，位置も微調整する。
⑤ 必要に応じて［数値軸目盛ラベル］の上で右クリックし，［軸の書式設定］を開き，［境界

値］の最大値と最小値を変更する。

（操作 3）結果の評価

図 2.3.3 のグラフに対し，操作 2 の設定を施した結果が図 2.3.4 の完成版である。棒グラフから，データの特徴を読み取る。たとえば茨城，栃木，群馬の各県の面積は東京都の 3 倍弱であること，千葉県の面積は神奈川県の 2 倍強であることなどがわかる。

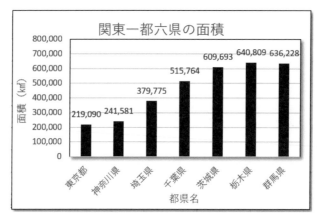

図 2.3.4　棒グラフ（完成版）

3.2.2　折れ線グラフ

折れ線グラフは，データが時間的な流れにしたがってどう推移するかを表現するのに適している（中・長期的なマクロな視点）。また，直線の傾きにより時間的な変化の割合を表すことができる（変化が急激か緩やかかなど，ミクロな視点）。

［例題 3.3］ 図 2.3.5 の表は，ある年度上期の月次平均株価データである。それを折れ線で表したのが図 2.3.6 のグラフである。描画手順は，棒グラフの場合とほぼ同様なので省略する。1 月から 4 月まで急激な上昇，4 月をピークとして下降に転じている。ただし，4 月から 5 月の変化に対し，5 月から 6 月にかけての下降線は緩やかになり，減少率は小さくなっている。

	A	B
1	月次平均株価	
2		（単位：円）
3	月	株価
4	1月	11,100
5	2月	11,500
6	3月	12,400
7	4月	13,800
8	5月	13,000
9	6月	12,800

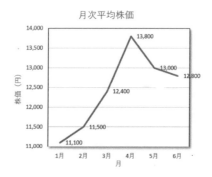

図 2.3.5　月次平均株価データ　　　図 2.3.6　月次平均株価の推移

3.2.3 円グラフ

円グラフは，構成比率を見るのに適している。ただし，大きい順に並べ替えてからグラフを描画することで，全体に対する各項目の貢献の度合い（パーセンテージ）が比較できる。

[例題3.4] 図2.3.7の(1)の表は，ある月の各自動車メーカーの新車販売台数（普通自動車）のデータである。これを台数の多い順に並べ替えたのが(2)の表である。ただし，「その他」の項目は最下位に置いたままにする。

	A	B
1	新車販売台数	
2		(単位：台)
3	ブランド	台数
4	A社	19
5	B社	11,000
6	C社	5,000
7	D社	7,500
8	E社	1,600
9	F社	11,000
10	G社	9,000
11	H社	1,100
12	I社	47,000
13	その他	29,000
14		

(1) アルファベット順

	A	B
1	新車販売台数	
2		(単位：台)
3	ブランド	台数
4	I社	47,000
5	B社	11,000
6	F社	11,000
7	G社	9,000
8	D社	7,500
9	C社	5,000
10	E社	1,600
11	H社	1,100
12	A社	19
13	その他	29,000
14		

(2) 台数の多い順

図2.3.7 普通自動車販売台数

（操作1）データの並べ替えと円グラフ（暫定版）の描画

① 図2.3.7の(1)の表で，領域［A4：B12］をドラッグして選択する。

② ［データ］タブから［並べ替えとフィルター］グループの［降順］（下向き矢印の左側にZAと表示されているボタン）をクリックする。

③ 表が，図2.3.7の(2)に変更されるので，領域［A3：B13］をドラッグして選択する。

④ ［挿入］タブから［グラフ］グループの［円またはドーナツグラフの挿入］をクリックする。

⑤ ［2-D円］の［円］をクリックすると円グラフの暫定版が表示される。

（操作2）円グラフ（完成版）の描画

① ［グラフ要素を追加］から［凡例］をクリックし，［しない］にする。

② ［グラフ要素を追加］から［データラベル］で［その他のデータラベルオプション］を選択し，［分類名］と［パーセンテージ］と［引き出し線を表示する］にチェックを入れる。

③ プロットエリアにはスタイルを設定しない。

④ グラフエリアは，他のグラフと同様に，枠線と影を設定する。

（操作3）結果の評価

図2.3.8の円グラフは，図2.3.7の(2)の表に基づいて作成したものである。これによると，トップシェアはI社で全体の4割弱の台数を販売していること，上位3社で全体の6割弱の台数を販売していること，上位6社で全体の75%の台数に達していることなどがわかる。

第3章 表計算ソフトの基礎 127

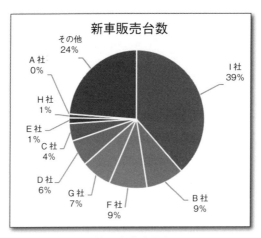

図2.3.8 普通自動車販売のシェア

3.3 関数の基本操作

Excelに組み込まれている**ワークシート関数**のうち，基本的なものを一通り練習しておこう。

3.3.1 統計関数の基礎

[例題3.5] 図2.3.9の表は，北日本を中心に展開しているあるコンビニチェーンのデータである（2020年度上期の地区別月間売上高）。ワークシート関数を使って地区ごとの集計，すなわち横方向の集計を試みよう。なお，地区とは，ここでは地方公共団体のことである。

	A	B	C	D	E	F	G	H
1	地区別月間売上高（2020年度上期）							
2							(単位：百万円)	
3	No.	地区	4月	5月	6月	7月	8月	9月
4	1	札幌	1,223	1152	883	1104	892	1035
5	2	仙台	674	517	605	602	675	612
6	3	新潟	242	351	486	458	445	422
7	4	宇都宮	285	322	328	322	220	461
8	5	さいたま	745	972	716	903	952	839
9	6	千葉	573	549	512	591	552	472
10	7	新宿	3,281	3216	2820	3012	3337	3275
11	8	渋谷	3,123	3011	2782	3003	3102	3108
12	9	川崎	898	653	1002	793	1057	712
13	10	横浜	2,528	2665	1894	2468	2701	2735

図2.3.9 売上高データ表

（操作1）合計の計算

① セル番地 I3 に見出しの「合計」を入力する。（「と」は入力しない。以下同様。）

② セル番地 I4 に半角で「=su」と入力すると，関数の候補が表示されるので，矢印キーでSUMにカーソルを合わせ，tabキーを押すと「= SUM（」まで入力される。引き続きセ

ル番地 C4 から H4 までドラッグすると，「=SUM（C4：H4」と入力されるので，「 ）」を入力し，引き続いて［Enter］キーを押すとセル番地 I4 に合計金額が表示される。

③ セル番地 I4 の右下の角にマウスカーソルを合わせると細い十字形になるので押し，そのままセル番地 I13 までずり下げて離すと，I5 ～ I13 に横の合計がそれぞれ求まる。つまり，セル I4 の式をプルダウンしてコピーすると，式中の行番号が相対的にずれて，行ごとに正しい計算式が設定されたことになる。これを**相対番地**という。

④ 計算が終了したら，罫線を入れる。

【注意】式入力のポイント

- 関数の引数にセル番地やセル範囲を入力する際，キー入力してはいけない。表の上で，実際にそのセルをクリックするか，セル範囲をドラッグして入力すること。
- ワークシート上のセルには計算結果が表示されるのに対し，［数式バー］には，アクティブセルに入力した実際の内容，具体的には計算式が表示される。
- 一方，ファンクションキー［F2］を押すと，アクティブセルに入力した実際の式を表示できる。しかも，矢印キーで移動して内容を編集できるようになる。つまり，ファンクションキー［F2］は編集キーである。［Esc］キーを押すとアクティブセルの表示は元に戻る。

（操作 2）平均値，標準偏差，最大値，最小値の計算

① 操作 1 と同様の手順で，セル番地 J4 ～ M4 に，AVERAGE 関数で**平均値**，STDEV.P 関数で**標準偏差**，MAX 関数で**最大値**，MIN 関数で**最小値**を，それぞれ求める。

② セル範囲 J4：M4 を領域指定し，右下の角の＋を M13 までプルダウンして式をコピーする。番地は相対的に正しくずれて，すべてのセル番地の値が埋まる。

③ 罫線を引いて表を完成させる（図 2.3.10）。

	No.	地区	4月	5月	6月	7月	8月	9月	合計	平均値	標準偏差	最大値	最小値
1	地区別月間売上高（2020年度上期）												
2								（単位：百万円）					
4	1	札幌	1,223	1152	883	1104	892	1035	6,289	1,048	126.6931	1,223	883
5	2	仙台	674	517	605	602	675	612	3,685	614	53.16458	675	517
6	3	新潟	242	351	486	458	445	422	2,404	401	82.29149	486	242
7	4	宇都宮	285	322	328	322	220	461	1,938	323	72.02314	461	220
8	5	さいたま	745	972	716	903	952	839	5,127	855	97.53418	972	716
9	6	千葉	573	549	512	591	552	472	3,249	542	39.39014	591	472
10	7	新宿	3,281	3216	2820	3012	3337	3275	18,941	3,157	182.4714	3,337	2,820
11	8	渋谷	3,123	3011	2782	3003	3102	3108	18,129	3,022	116.9598	3,123	2,782
12	9	川崎	898	653	1002	793	1057	712	5,115	853	146.8114	1,057	653
13	10	横浜	2,528	2665	1894	2468	2701	2735	14,991	2,499	286.3219	2,735	1,894

図 2.3.10 地区別（横方向の）集計結果

【注意】標準偏差の関数には，STDEV.P と STDEV.S がある。前者は，引数を母集団全体とみて母集団の標準偏差を返す。後者は，引数を標本とみて，標本分散の平方根を返す。

（操作 3）平均値による順位，基準値との比較，基準値以上の月数の計算

① セル番地の N2 に「平均値」，O2 に「基準値」，P2 に「500」を入力する。

② セル番地 N3 〜 P3 に，それぞれ「順位」，「以上」，「月数」を入力する。

③ セル番地 N4 に，順位を求める関数の「=RANK.EQ（J4, J4：J13）」を入力し，[Enter] キーを押すと，札幌地区の平均値による 10 地域内での順位が表示される。

④ セル番地 N4 に戻り，[F2] キーを押し編集モードにし，矢印キーで J4 に移動し [F4] キーを押す。すると「=RANK.EQ（J4,$J$4：J13）」となる。同じく，J13 に移動して [F4] キーを押して「=RANK.EQ（J4,$J$4：$J$13）」に変更し，[Enter] キーで確定する。$ の付いたセル番地は，式をコピーしても変化しない。これを**絶対番地**という。

⑤ セル番地 N4 を N13 までプルダウンすると，10 地区の順位がすべて得られる。

⑥ セル番地 O4 に，関数式「=IF（J4>=$P$2,"Y","N"）」を入力し，中央揃えしてから，セル番地 O13 までプルダウンしてコピーする。各地区の平均値が，基準値 500 百万円以上なら Y，そうでなければ N と表示される。

⑦ セル番地 P4 に，関数式「=COUNTIF（C4：H4,">="&$P$2）」を入力し，セル番地 P13 までプルダウンしてコピーする。地区ごとに，6 カ月のうち月間売上高が基準値 500 百万円以上となった月数が表示される。

												平均値	基準値	500
No.	地区	4月	5月	6月	7月	8月	9月	合計	平均値		最小値	順位	以上	月数
1	札幌	1,223	1152	883	1104	892	1035	6,289	1,048		883	4	Y	6
2	仙台	674	517	605	602	675	612	3,685	614	5	517	7	Y	6
3	新潟	242	351	486	458	445	422	2,404	401	82	242	9	N	0
4	宇都宮	285	322	328	322	220	461	1,938	323	72	220	10	N	0
5	さいたま	745	972	716	903	952	839	5,127	855	97.5	716	5	Y	6
6	千葉	573	549	512	591	552	472	3,249	542	39.3	472	8	Y	5
7	新宿	3,281	3216	2820	3012	3337	3275	18,941	3,157	182.4	2820	1	Y	6
8	渋谷	3,123	3011	2782	3003	3102	3108	18,129	3,022	116.95	82	2	Y	6
9	川崎	898	653	1002	793	1057	712	5,115	853	146.81		6	Y	6
10	横浜	2,528	2665	1894	2468	2701	2735	14,991	2,499	286.32		3	Y	6

地区別月間売上高（2020年度上期）　（単位：百万円）

図 2.3.11　地区別（横方向の）集計結果

【注意】関数の引数

- 順位を求める関数には RANK.EQ と RANK.AVG がある。同順位の数値が複数ある場合，前者は最上位の順位を返し，後者は順位の平均値を返す。

- IF 関数の引数は 3 つである。第 1 引数は条件となる論理式，第 2 引数は条件が満たされたときの表示内容，第 3 引数は条件が満たされないときの表示内容をそれぞれ指定する。

- COUNTIF 関数は，第 1 引数で指定した範囲に，第 2 引数で指定した条件を満たすセルが何個あるかを返す。第 2 引数の論理式は文字列で指定する。上記の例では，別のセルに入

130　第Ⅱ部　活用編

力されている数値を基準値として間接的に指定するために，&で文字列を連結させている。基準値を式に直接書き込む場合は，「">=500"」とする。

3.3.2　文字列関数の基礎

[例題 3.6] 図 2.3.12 の表「地区別集計表（2020 年度上期）」は，[例題 3.5]で作成した図 2.3.11 の表を基に作成した。この表を利用して，文字列関数の使い方を練習してみよう。最終結果は，図 2.3.13 に示す通りである。

No.	地区	地方公共団体コード	売上高	基準値月数
1	札幌	011002	6289	6
2	仙台	041009	3685	6
3	新潟	151009	2404	0
4	宇都宮	092011	1938	0
5	さいたま	111007	5127	6
6	千葉	121002	3249	5
7	新宿	131041	18941	6
8	渋谷	131130	18129	6
9	川崎	141305	5115	6
10	横浜	141003	14991	6

（タイトル：地区別集計表（2020年度上期），単位：百万円）

図 2.3.12　地区別集計表（2020 年度上期）

（操作 1）地区別集計表（2020 年度上期）の作成（データのコピーと編集）

① 新規シートを開き，「タイトル」と「単位」を入力する。

② 「No.」と「地区」の欄は，旧シートからそのままコピーする。

③ セル番地 C3 に見出しを入れる。なお，セル内で改行したいときは，[Alt]+[Enter]を押す。

④ セル範囲［C4：C13］に各都市の「地方公共団体コード」を入力する。

⑤ 「売上高」と「基準値月数」の欄は，旧シートの「合計」と「月数」の欄からコピーする。ただし，貼り付けは，単なる［貼り付け］ではなく，［値を貼り付け］にすること。

【注意】地方公共団体コードの入力で先頭の 0 が消えてしまう場合の対処法

- 先頭に半角のアポストロフィを付けると文字列扱いになる。
- セル範囲［C4：C13］をドラッグし，右クリックで［セルの書式設定］から［文字列］を選択し，［OK］をクリックすれば，アポストロフィを付ける必要はなくなる。
- セルの左上の角に黒三角マークがつき，［このセルにある数値が，テキスト形式か，またはアポストロフィで始まっています。］という警告が出る場合は，警告（！）をクリックし［エラーを無視する］を選択すると警告は消える。

第 3 章　表計算ソフトの基礎　*131*

(操作 2) 都道府県コード，市区町村コード，検査数字の取得

① セル番地 F3，G3，H3 に，列の見出しをそれぞれ入力する。

② セル番地 F4 に式「=VALUE（LEFT（C4, 2））」を入力する。

③ セル番地 G4 に式「=VALUE（MID（C4, 3, 3））」を入力する。

④ セル番地 H4 に式「=VALUE（RIGHT（C4, 1））」を入力する。

⑤ セル範囲［F4：H4］をドラッグし，右下角の十字形を H13 までプルダウンし，コピーする。

【注意】LEFT, MID, RIGHT は，いずれも指定した文字列から指定した長さの文字列を取り出す関数である。また，VALUE は，文字列として入力した数字を数値データに変換する関数である。今回の結果はすべて数値のため右揃いになっている。

(操作 3) フリガナと売上高桁数の取得

① セル番地 I3 と J3 に，列の見出しをそれぞれ入力する。

② セル番地 I4 に式「=PHONETIC（B4）」を入力する。

③ セル番地 J4 に式「=LEN（D4）」を入力する。

④ セル範囲［I4：J4］をドラッグし，右下角の十字形を J13 までプルダウンし，コピーする。

【注意】PHONETIC 関数は，ふりがなの文字列を返す。また，LEN 関数は，**文字列の長さ**（文字数）を返す。引数が数値データの場合も桁数を返す。

No.	地区	地方公共団体コード	売上高	基準値月数	都道府県コード	市区町村コード	検査数字	フリガナ	売上高桁数
						地区別集計表（2020年度上期）			
									（単位：百万円）
1	札幌	011002	6289	6	1	100	2	サッポロ	4
2	仙台	041009	3685	6	4	100	9	センダイ	4
3	新潟	151009	2404	0	15	100	9	ニイガタ	4
4	宇都宮	092011	1938	0	9	201	1	ウツノミヤ	4
5	さいたま	111007	5127	6	11	100	7	サイタマ	4
6	千葉	121002	3249	5	12	100	2	チバ	4
7	新宿	131041	18941	6	13	104	1	シンジュク	5
8	渋谷	131130	18129	6	13	113	0	シブヤ	5
9	川崎	141305	5115	6	14	130	5	カワサキ	4
10	横浜	141003	14991	6	14	100	3	ヨコハマ	5

図 2.3.13　地区別集計表（2020 年度上期）（最終結果）

演習問題

1. 次は，Excel が出力可能なファイル形式である。それぞれの特徴を述べよ。(ヒント：[名前を付けて保存] ダイアログボックスで [ファイルの種類] プルダウンリストを見よ。)

   (a) TXT　　(b) CSV　　(c) XLTX　　(d) XLS　　(e) XLSX　　(f) XSLM

   (g) HTML

2. 表で示した次の各データに対し，最も適すると思われるグラフの種類を棒グラフ，折れ線グラフ，円グラフから選び実際に描画せよ。また，各グラフからデータの特徴をそれぞれ3つ以上読み取り，「評価」欄を設け箇条書きでまとめよ。

   (1) 販売実績データ

	A	B	C	D	E	F	G
1	ワークステーション販売実績						
2	<北利根電産システム株式会社>						
3							(単位：台)
4	年\機種	2015	2016	2017	2018	2019	2020
5	AB2015	64	62	68	65	52	74
6	AF2920	46	56	75	76	70	80
7	LA5550	38	40	53	48	62	67

図 2.3.14　ワークステーション販売実績

   (2) 出荷額データ

	A	B
1	近畿地域における野菜の産出額	
2		(単位：億円)
3	府県	産出額
4	滋賀	76
5	京都	248
6	大阪	158
7	兵庫	396
8	奈良	112
9	和歌山	160
10	総額	1150
11	出典：農林水産省「近畿における野菜生産の現状・課題及び可能性」	
12	http://www.maff.go.jp/kinki/kikaku/jyousei/pdf/04_tokusyu.pdf	

図 2.3.15　近畿地域における野菜の産出額

(3) 受注実績データ

	種別 拠点	ソフトウェア開発	ネットワーク構築・保守	コンサルタント／研修	車載・電装／ロボット
大阪本店		37	28	25	31
豊橋支店		21	23	17	32
敦賀支店		7	7	8	10
広島支社		28	21	18	12
福岡支社		11	14	13	9
徳島支店		4	5	11	3

図2.3.16　西日本電産株式会社 11月度業務受注実績

3. ［例題3.5］で使用した図2.3.9の売上高のデータ表を新しいシートにコピーし，縦の集計を実施せよ。つまり，14行〜18行に，それぞれ合計，平均値，標準偏差，最大値，最小値の欄を追加すること。なお，平均値と標準偏差については，小数点以下第2位まで表示するよう，［ホーム］タブの［数値］グループの［小数点以下の表示桁数を増やす］と［小数点以下の表示桁数を減らす］のボタンで調節せよ。

4. ［例題3.5］で作成した図2.3.11の集計結果に対し，次の処理を施せ。

(1) セル番地Q3に見出し「平均値(1)」を入力し，その下に地区ごとにJ列の平均値に対し小数点以下第2位を四捨五入した値を設置せよ。（ヒント：ROUND関数）

(2) セル番地R3に見出し「標準偏差(2)」を入力し，その下に地区ごとにK列の標準偏差に対し小数点以下第3位を四捨五入した値を設置せよ。

5. ［例題3.6］で作成した図2.3.13の集計表に対し，次の処理を施せ。

(1) セル番地K3に見出し「ローマ字」を入力し，その下に地区ごとに地区名をアルファベット大文字で入力せよ。（例：SAPPORO）

(2) セル番地L3に見出し「頭文字（小文字）」を入力し，その下に地区ごとに地区名のアルファベットの頭文字を小文字にして設置せよ。（ヒント：LOWER関数）

(3) セル番地M3に見出し「新地区コード」を入力し，その下に地区ごとに，地方公共団体コードの左5桁，売上高桁数の1桁，(2)の頭文字1桁を連結したものを設置せよ。（ヒント：CONCATENATE関数）

【参考文献】
師啓二・樋口和彦・舩田眞里子・黒澤和人『現代の情報科学』学文社，2010

コンピュータリテラシー研究会編『基礎データ分析』サンウェイ出版，2011
総務省「総務省 | 電子自治体 | 全国地方公共団体コード」
http://www.soumu.go.jp/denshijiti/code.html

第4章　表計算ソフトの活用

　実験，観察，アンケートなどによってデータを入手したら，まずはデータの整理を行なう。**欠損値**や**外れ値**への対応，データ形式の統一などからなる作業で前処理と呼ばれる。そして次に行なうのが，より詳細な分析の準備として，基本統計量や分布を求め，データの特徴を把握する作業である。本章では，このような統計解析の初期段階で実施する予備的手法を３つ紹介する。データのタイプに応じて使い分けてほしい。使用ソフトは Excel2016 である。

4.1　連続量データの処理（1 変数の場合）

　数値の大小が問題になるデータのことを一般に**量的データ**という。また，それらのうち長さや時間のように，測定の精度が上がればいくらでも小数点以下の桁数を増やせる実数値データのことを**連続量データ**という。ただし，実際の場面では，価格，個数，試験の点数などのように，実際は離散量であるものも連続量として取り扱うことが多い。以下では，このような連続量データの 1 系列を入手した場合の処理を考える。

[例題 4.1] 図 2.4.1 は，あるコンピュータシステムに登録されているファイルの容量を調べた結果である。B 列の「系列（元）」が実際に入手したデータ（**生データ**という）である。

	A	B	C
1		**ファイルの容量**	
2			（単位：KB）
3	No.	系列（元）	系列（整理）
4	1	210	210
5	2	174	174
6	3	170	170
7	4	230	230
8	5	230	230
9	6	201	201
10	7	194	194
11	8	178	178
12	9	176	176
13	10	164	164
14	11	198	198
15	12	320	320
16	13	265	265
17	14	174	174
18	15	128	128
19	16	240	240
20	17	14	185
21	18	185	264
22	19	264	304
23	20	304	

図 2.4.1　生データと整理したデータ

136　第Ⅱ部　活用編

(操作 1) 箱ひげ図と 5 数要約によるデータの整理

① セル範囲［B3：B23］をドラッグし領域指定する。
② ［挿入］タブから［グラフ］グループの右下角の［すべてのグラフを表示］をクリックする。
③ ［グラフの挿入］ダイアログボックスが開くので，［すべてのグラフ］タブをクリックし［箱ひげ図］を選択し，［OK］をクリックすると，**箱ひげ図**(暫定版)が表示される。
④ グラフツールが開くので，［デザイン］タブの［グラフ要素を追加］をクリックし，必要箇所を変更する。ここでは，［軸］の［第 1 横軸］をクリックして無効にし，タイトルを付け，データラベルを［右］に設定する。
⑤ 箱の内部をクリックし，グラフツールの［書式］タブで，［図形の塗りつぶし］をクリックし，［塗りつぶしなし］を選択する。同じく［図形の枠線］をクリックし，線の色を黒にする。さらに［図形の効果］をクリックし，影を右下に設定する。
⑥ プロットエリアをクリックし，［図形の枠線］で線の色を黒にする。同じく，［図形の効果］をクリックし，影を右下に設定する。
⑦ データ 14 は，箱の下方の離れた所に丸印とともに表示されているので**外れ値**とみなす。
⑧ 14 を除外した新たな系列「系列(整理)」を追加し，箱ひげ図を再描画する。
⑨ 箱ひげ図にデータラベルとして追加されている 5 つの値を **5 数要約**といい，小さい順に，**最小値**(第 0 四分位数)，**第 1 四分位数**(25 パーセント点)，**中央値**(第 2 四分位数，50 パーセント点)，**第 3 四分位数**(75 パーセント点)，**最大値**(第 4 四分位数)という。
⑩ 箱の中央に×印で表示されているのは**平均値**である。

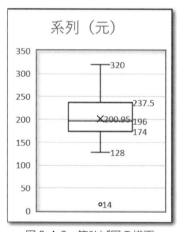
図 2.4.2 箱ひげ図の描画

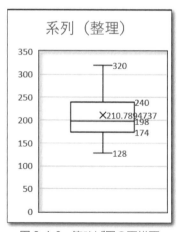
図 2.4.3 箱ひげ図の再描画

【注意】箱の幅 D を**四分位差**といい，箱の上下から 1.5D 以上離れた値を外れ値とする。上の例では，1.5D = 1.5 (237.5 − 174) = 95.25 なので，値 14 が外れ値として認識された。

5数要約は，ワークシート関数の QUARTILE.INC 関数でも求められる。

- 最小値：「= QUARTILE.INC（$C$4:$C$22,0）」
- 第1四分位数：「= QUARTILE.INC（$C$4:$C$22,1）」
- 中央値：「= QUARTILE.INC（$C$4:$C$22,2）」
- 第3四分位数：「= QUARTILE.INC（$C$4:$C$22,3）」
- 最大値：「= QUARTILE.INC（$C$4:$C$22,4）」

QUARTILE.INC 関数の代わりに，PERCENTILE.INC 関数も利用できる。また，最小値，中央値，最大値には，それぞれ MIN, MEDIAN, MAX 関数も利用できる。

（操作2）［データ分析］ツールのアドイン

① ［ファイル］タブから［オプション］をクリックし，［Excel のオプション］ダイアログボックスで，［アドイン］をクリックする。

② ［アドイン］ペインの下方の［設定］をクリックすると，［アドイン］ダイアログボックスが表示されるので，［分析ツール］にチェックを入れ，［OK］をクリックする。

③ Excel の［データ］タブの［分析］グループに，［データ分析］が追加される。

【注意】「データ分析」は，Excel のアドイン機能の一つで，一度有効にしておけばいつでも利用できる。ただし，［データ］タブからアイコンが消えていることがある。メモリの余裕がなくなったためと考えられる。不要なシートやグラフを削除し，再度アドインすること。

（操作3）［基本統計量］ツールの実行

① ［データ］タブから［分析］グループの［データ分析］をクリックする。

② ［データ分析］ダイアログボックスが開くので，［基本統計量］をクリックする。

③ ［基本統計量］ダイアログボックスが開くので，必要事項を入力し［OK］をクリックする。

　　［入力範囲］や［出力先］の入力ボックスにセル範囲やセル番地を入力する際は，ケアレスミスを起こすので，キー入力してはいけない。入力ボックスの右端の上向き矢印のボタンをクリックすると，ワークシートに移るので，実際に該当のセルをクリックするか，セル範囲をドラッグするかして指定すること。

　　➤出力オプションの［出力先］には，出力先となる領域の左上の角1カ所を指定する。

　　➤同じく出力オプションの［統計情報］と［平均の信頼度の出力］にチェックを入れる。信頼度は95% に設定しておく。

④ 図2.4.4と図2.4.5は，それぞれ［基本統計量］ダイアログボックスとその出力結果である。

⑤ 出力結果の評価

たとえば，次のような項目に着目し，データの特徴をつかむとよい。

　　➤平均：**標本平均**のこと。母平均の点推定に利用できる。

　　➤分散：**不偏分散**のこと。母分散の不偏推定量として利用できる。

> **標準偏差**：不偏分散の平方根が表示される。正規分布だと仮定すると，平均値±標準偏差の範囲に全体の7割弱のデータが入ることなどを目安にするとよい。
> **信頼度**(95.0%)：母平均の区間推定に利用できる。「平均値±値」で答える。

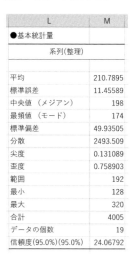

図2.4.4　[基本統計量] ダイアログボックス　　　　図2.4.5　出力結果

(操作4) [ヒストグラム] ツールの実行

① [データ] タブから [分析] グループの [データ分析] をクリックする。
② [データ分析] ダイアログボックスが開くので，**ヒストグラム**をクリックする。
③ [ヒストグラム] ダイアログボックスが開くので，必要事項を入力し [OK] をクリックする。
　> 今回は [データ区間] は省略する。
　> [グラフ作成] をチェックする。
④ 度数分布表とヒストグラムの暫定版が表示されるので編集する。
　> 凡例は「なし」に変更する。
　> 要素（棒グラフの棒のこと）の上で右クリックし，[データ系列の書式設定] をクリックし，

図2.4.6　[ヒストグラム] ダイアログボックス

第4章　表計算ソフトの活用　139

要素間の幅を0にする。データ区間はすべて連続的につながっているため，その上に築く縦棒も密着させるのである。

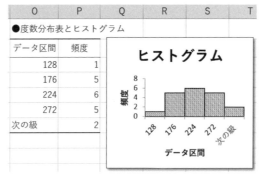

図2.4.7　度数分布表とヒストグラム

⑤　出力結果の評価

ヒストグラムの形から分布の特徴を読み取る。今回の例ではたとえば次の通り。
- 中央の区間が最大頻度をもち，外側にいくにしたがい頻度が少しずつ低くなる。
- 左右均整のとれた形である。

【注意】 Excelにおける度数分布表とヒストグラム
- データ区間は「A以上B未満」と設定するのが通例であるが，Excelでは処理を簡単化するため「Aより大きくB以下」とし，見出しにも右端のBの値だけを並べている。
- ［入力元］の指定で，［データ区間］を空欄にした場合
  - データ区間数はデータの個数の平方根の整数部分になる。上の例では，19の平方根の整数部分「=ROUNDDOWN（SQRT（M16），0）」すなわち4となる。ただし，最終的には［次の級］が1つ追加される。
  - 最小のデータ区間は，右端に最小値が設定される。したがって，最小のデータ区間の頻度は必ず最小値の個数となる。上の例では1となる。
  - データ区間の幅には範囲（最大値と最小値の差）をデータ区間数で割った数を当てる。したがって，整数になるとは限らないが，上の例ではたまたま割り切れ48。各データ区間の右端は，最小値に次々とこのデータ区間幅を足していったものである。

4.2　連続量データの処理（2変数以上の場合）

手に入れたデータが2系列以上ある場合は，系列ごとに前節の処理（箱ひげ図と5数要約基本統計量，度数分布表，ヒストグラム）を実施した後，まずは変数間に直線的な関係がないかを見極める。これを**相関分析**といい，統計的な予測（特に回帰分析）のための予備的処理となる。

[例題 4.2] 次の表は，あるマーケットで1年間にわたって調べた，月ごとの人件費，広告費，売上高のデータである。

(操作1) [相関] ツールの実行
① [データ] タブから [分析] グループの [データ分析] をクリックする。
② [データ分析] ダイアログボックスが開くので，[相関] をクリックする。
③ [相関] ダイアログボックスが開くので，必要事項を入力し [OK] をクリックする。
④ 系列のすべての組み合わせに対し，**相関係数**が表の形で出力される。これを**相関係数行列**という。

図2.4.8 人件費・広告費と売上高

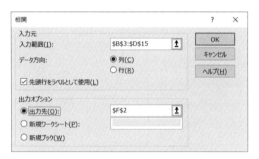

図2.4.9 [相関] ダイアログボックス

図2.4.10 相関係数行列

⑤ 相関係数を評価する。
➢ 人件費と広告費，人件費と売上高の相関係数は，それぞれ -0.0038，-0.00053 で相関はないと考えられる。
➢ 広告費と売上高の間には，相関係数が約0.88で，非常に強い正の相関がみられる。

【注意】いくつ以上なら相関があるといってよいかなど，相関係数のとらえ方については，分野によってもまたそのときの状況によっても異なり，一通りには決められない。ただし，おおよその目安としては，相関係数の絶対値が0.8以上なら強い相関があり，0.4前後あれば弱いが相関があるなどとする。

(操作2) 散布図の描画

広告費と売上高には強い正の相関が認められたので，この2変数で**散布図**を描画してみる。
① セル範囲 [C3：D15] をドラッグして領域指定する。
② [挿入] タブから [グラフ] グループの [散布図 (X, Y) またはバブルチャートの挿入] を

第4章 表計算ソフトの活用 141

クリックし，[散布図] をクリックすると散布図の暫定版が表示される。

③ [グラフエリア] で右クリックし，[グラフエリアの書式設定] をクリックする。グラフの
オプションで，[枠線] の色を黒にし，[影] を右下に設定する。

④ [プロットエリア] で右クリックし，[プロットエリアの書式設定] をクリックする。プロッ
トエリアのオプションで，[枠線] の色を黒にし，[影] を右下に設定する。

⑤ [グラフツール] の [デザイン] タブから，[グラフ要素を追加] をクリックする。
  ➤ [軸ラベル] から [第1横軸] と [第1縦軸] をクリックし，それぞれのラベルを設置する。
  ➤ [グラフタイトル] をクリックし，タイトルを変更する。

⑥ 項目軸目盛ラベルを選択し，右クリックし，[軸の書式設定] をクリックする。軸のオプ
ションで，境界値の最小値を「50」に変更する。

⑦ 数値軸目盛ラベルを選択し，右クリックし，[軸の書式設定] をクリックする。軸のオプ
ションで，境界値の最小値を「10000」に変更する。

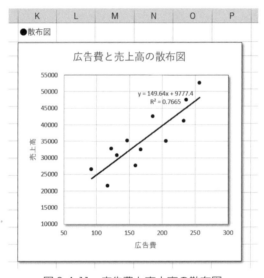

図2.4.11　広告費と売上高の散布図

【注意】散布図では，シート上で左側の列が項目軸，右側の列が数値軸に自動的に設定される
ので，関係の順序を変更したいときは，表を別の場所にコピーした上で（値を貼り付け），列
の入れ替えをする必要がある。グラフツールの [デザイン] から [データの選択] ダイアロ
グボックスを開いて変更するのは面倒が多い。

(操作3) 近似曲線の追加と結果の評価

① グラフエリアをクリックし，[グラフツール] の [デザイン] から [グラフ要素を追加]
をクリックし，[近似曲線] をクリックし，[その他の近似曲線オプション] をクリックする。

② ［近似曲線の書式設定］ウィンドウで，［線形近似］を選択し，［グラフに数式を表示する］をチェックし，［グラフにR-2乗値を表示する］をチェックする。

③ 散布図と追加のオブジェクトについて，結果を評価する。

> **相関分析**：広告費と売上高の相関係数は約 0.88 で，強い正の相関があると認められる。

> **回帰分析**：広告費を x（**説明変数**），売上高を y（**目的変数**）として，y を x の 1 次式で表したい。その結果が，グラフに追加された数式（**回帰式**）であり，説明変数で目的変数がどの程度説明できているかを示す値が **R-2 乗値**（**寄与率**）である。この例では，回帰式が y=149.64x+9777.4，寄与率 76.7% という結果である。なお，より厳密な分析は，分析ツールの［回帰分析］で行なうとよい。

【**注意**】互いに相関の強い系列が見つかっても，単なる偶然かもしれず，因果関係を考える意味があるかどうか，文脈に照らしてよくよく吟味する必要がある。意味があるとなれば，回帰分析へと移行させる（第Ⅲ部のプロジェクトBを参照）。

4.3 カテゴリカルデータの処理

性別，好み，人名などのように，数値の大小で表せないデータのことを一般に**質的データ**という。また，それらのうち質の違いに応じて分類されたデータのことを**カテゴリカルデータ**という。なお，量的データであっても，階級を作り層別化されていればカテゴリカルデータとなる。度数分布表のデータ区間は層別化の例である。さて，アンケートによって 2 系列以上のカテゴリカルデータを入手した場合の処理を考えてみよう。

［**例題 4.3**］図 2.4.12 の表は，ある飲料メーカーが新発売の缶コーヒーについて，購買者に行なったアンケートの結果である。また，図 2.4.13 の表は質問項目ごとの選択肢の一覧表である。

No.	性別	年代	情報源	飲用目的	選定理由	満足度
1	1	1	1	2	4	4
2	1	2	1	2	4	3
3	1	3	1	3	2	2
4	1	4	1	3	1	1
5	1	5	1	1	5	5
6	1	2	1	2	4	2
7	1	3	1	2	2	3
8	1	4	2	3	1	1
9	1	5	2	4	1	2
10	1	3	2	4	2	1
11	1	4	3	1	3	3
12	1	5	3	4	3	2
13	1	3	4	3	4	3
14	1	4	4	4	2	1
15	2	3	1	1	4	1
16	2	4	1	1	4	2
17	2	3	2	2	1	1
18	2	4	3	3	2	2
19	2	3	4	4	1	2
20	2	3	5	5	2	1

図 2.4.12　缶コーヒーに関するアンケート結果

（操作 1）ピボットテーブルの挿入（単純集計用）

① ［挿入］タブから［**ピボットテーブル**］グループの［ピボットテーブル］をクリックする。

② ［ピボットテーブルの作成］ダイアログボックスが開くので，必要事項を入力して［OK］をクリックする。

> データ領域を，見出しも含めて範囲指定する。

> ピボットテーブルの設置場所を「新規ワークシート」に選ぶと作業がしやすい。

第 4 章　表計算ソフトの活用　143

	A	B	C	D	E	F
1		質問項目ごとの選択肢の一覧表				
2	回答番号 質問項目	1	2	3	4	5
3	性別	男性	女性	-	-	-
4	年代	10代	20代	30代	40代	50代以上
5	情報源	TVCM	店頭POP	缶裏説明	ネット	その他
6	飲用目的	リラックス	眠気覚まし	集中力	食後	その他
7	選定理由	味	無糖	ブラック	価格	その他
8	満足度	満足	やや満足	普通	やや不満	不満

図2.4.13　質問項目ごとの選択肢の一覧表

③　新規ワークシートが開き，左端にピボットテーブルの設置枠が，右端に［ピボットテーブルのフィールドリスト］ウィンドウが表示される。

図2.4.14　［ピボットテーブルの作成］

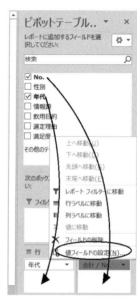

図2.4.15　［ピボットテーブルのフィールドリスト］

（操作2）フィールドごとの単純集計（「年代」フィールドを例にして）

①　［ピボットテーブルのフィールドリスト］ウィンドウ内で，［年代］フィールドを下方にドラッグし，［行］ボックスの上でドロップする。

②　同じく，［No.］フィールドを下方にドラッグし，［値］ボックスの上でドロップする。

③　ワークシートの左端にピボットテーブルが作成される。しかし，表の値はNo.フィールドのデータの合計になっているので，［ピボットテーブルのフィールドリスト］ウィンドウの［値］ボックスの「合計／No.」の右端の下向き黒三角をクリックし，［値フィールドの設定］をクリックする。

④ ［値フィールドの設定］ダイアログボックスが開くので，［集計方法］タブで［個数］を選択し，［OK］をクリックすると，ピボットテーブルの値が［個数／No.］となる。

⑤ ピボットテーブルをクリックすると，リボンに［ピボットテーブルツール］が表示されるので，［分析］タブから［ツール］グループの［ピボットグラフ］をクリックする。

⑥ ［グラフの挿入］ダイアログボックスが開き，［集合縦棒］グラフが表示されるので［OK］をクリックすると，ピボットテーブルの右側に［年代］フィールドの**単純集計**の結果が縦棒グラフ（暫定版）で表示される。

⑦ ピボットテーブルの行ラベルの選択肢番号1〜5をそれぞれ実際の内容「10代」〜「50代以上」に変更する。（［F2］キーでセル内容の編集モードにできる。また，セル幅も変更する。）すると，グラフの項目軸目盛ラベルにも反映される。

⑧ ［ピボットグラフツール］の［デザイン］タブから［グラフのレイアウト］グループの［グラフ要素を追加］をクリックし，各要素を追加あるいは編集する。

> 第1横軸のラベルを「選択肢」に，第1縦軸のラベルを「個数」に設定する。

> グラフタイトルを「年代」に変更する。

> データラベルを「外側」に設定する。

> 凡例を「なし」に変更する。

⑨ ［集合縦棒］グラフの位置と大きさを調節した後に次を設定する。

> プロットエリアで右クリックし，［プロットエリアの書式設定］をクリックし，［プロットエリアの書式設定］ウィンドウで，［塗りつぶし］で［枠線］を［線（色）］で［黒色］に，［効果］で［影］を［右下］に設定する。

> グラフエリアで右クリックし，［グラフエリアの書式設定］をクリックし，［グラフエリアの書式設定］ウィンドウで，［塗りつぶしと線］で［枠線］を［線（色）］で［黒色］に，［効果］で［影］を［右下］に設定する。

> 棒グラフの要素（棒）の上で右クリックし，［データ系列の書式設定］をクリックし，［データ系列の書式設定］ウィンドウで，［塗りつぶしと線］で［塗りつぶし］を［塗りつぶし（パターン）］で［点線：25%］と［黒色］に，［枠線］を［線（色）］で［黒色］に，［効果］で［影］を［右下］に設定する。

⑩ 結果の評価

> 30代がトップで8人。

> 次いで40代が6人，50代以上が3人。

> 若者よりも中高年に売れている。

【**注意**】ピボットテーブルは，［ピボットテーブルのフィールドリスト］ウィンドウで，フィールドのチェックをはずせば元通り空にできるので，別のフィールド（質問項目）の単純集計

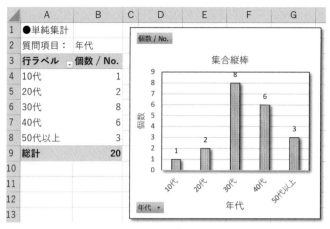

図 2.4.16 質問項目「年代」の単純集計

にそのまま移行できる。ただし，作成済みの表とグラフは別のシートに移動し，値の参照が起こらない形で保存しておくとよい。

(操作3) ピボットテーブルの挿入とクロス集計（「年代」と「選択理由」を例に）

① 操作1と同様に，新規ワークシートにピボットテーブルを挿入する。

② ［ピボットテーブルのフィールドリスト］ウィンドウ内で，［年代］フィールドを下方にドラッグし，［行］ボックスの上でドロップする。

③ 同じく，［選定理由］フィールドを下方にドラッグし，［列］ボックスの上でドロップする。

④ 同じく，［No.］フィールドを下方にドラッグし，［値］ボックスの上でドロップする。

⑤ ワークシートの左端にピボットテーブルが作成されるが，値はNo. フィールドのデータの合計になっているので，［ピボットテーブルのフィールドリスト］ウィンドウの［値］ボックスの「合計／No.」の右端の下向き黒三角をクリックし，［値フィールドの設定］をクリックし，［値フィールドの設定］ダイアログボックスで，［集計方法］タブで［個数］を選択し，［OK］をクリックすると，ピボットテーブルの値が［個数／No.］となる。

⑥ ピボットテーブルをクリックすると，リボンに［ピボットテーブルツール］が表示されるので，［分析］タブから［ツール］グループの［ピボットグラフ］をクリックする。

⑦ ［グラフの挿入］ダイアログボックスが開き，［集合縦棒］グラフが表示されるので［OK］をクリックすると，ピボットテーブルの右側に，**クロス集計**の結果が縦棒グラフ（暫定版）で表示される。

⑧ 同じく，［グラフの挿入］ダイアログボックスで，**[3-D 縦棒]** グラフを選択し表示させる。

⑨ ピボットテーブルの行ラベルの選択肢番号1～5をそれぞれ「10代」～「50代以上」に変更し，列ラベルの選択肢番号1～5をそれぞれ「味」～［その他］に変更する。すると，グラフの各軸の目盛ラベルにも反映される。

⑩ ［ピボットグラフツール］の［デザイン］タブから［グラフのレイアウト］グループの［グラフ要素を追加］をクリックし，各要素を追加あるいは編集する。

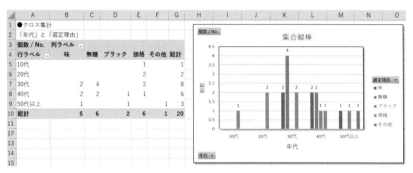

図2.4.17　クロス集計表と［集合縦棒］グラフ

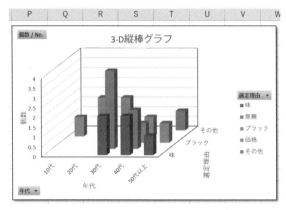

図2.4.18　クロス集計の［3-D縦棒］グラフ

⑪ 結果の評価
　➢「味」と「無糖」と「ブラック」は中高年に支持されている。
　➢「無糖」は特に30代に多く好まれている。
　➢「価格」は50代以上を除く全年齢層で選ばれている。20代と30代が比較的多い。

【注意】クロス集計の結果を表すグラフとしては，3-D縦棒グラフがメインで利用される。しかし，データの分布状況について特徴を見極めるには，集合縦棒も便利であるので，両方のグラフを描画しておくとよい。

第4章　表計算ソフトの活用　147

演習問題

1. ［例題 4.2］で使用した人件費，広告費，売上高の各データ系列についても，箱ひげ図と 5 数要約を求めよ。

2. 図 2.4.19 のデータは，ある工場で生産された鋼材 14 本の長さの測定値である。

   (1) 系列を縦に変更せよ。（ヒント：TRANSFORM 関数と数式配列の利用）

   (2) 箱ひげ図と 5 数要約を求めよ

   (3) 基本統計量を求めよ。

   (4) 度数分布表とヒストグラムを作成せよ。

   (5) 「長さ」の列の右に新たに「品質」の列を設け，各データについて，平均値との差の絶対値が標準偏差より大きい場合は「不良品」，そうでない場合は「良品」と表示せよ。

	A	B	C	D	E	F	G	H	I	J	K	L	M	N	O
1						鋼材の長さ									
2														(単位：mm)	
3	No.	1	2	3	4	5	6	7	8	9	10	11	12	13	14
4	長さ	333.44	334.34	334.37	333.56	344.56	355.16	335.55	335.62	334.33	336.72	333.41	345.78	332.56	323.22

図 2.4.19　鋼材の長さ

3. 図 2.4.20 のデータは，ある会社の新入社員の IT 研修での成績である。次の各問に答えよ。

   (1) 科目ごとに，基本統計量，度数分布表，ヒストグラムを求めよ。

   (2) 相関分析を行ない，相関のあると認められる科目の組み合わせを選び，散布図を描画せよ。また，回帰分析の予備的処理を施し，結果を評価せよ。

	A	B	C	D	E	F	G	H	I	J	K	L	M	N	O	P	Q	R	S
1	新入社員のIT研修における成績																		
2																(満点：50点)			
3	No.	1	2	3	4	5	6	7	8	9	10	11	12	13	14	15	16	17	18
4	ネットワーク	42	42	48	36	42	36	48	42	42	48	42	50	42	48	48	48	42	36
5	データベース	30	36	36	33	33	36	33	36	33	33	36	30	33	36	36	33	33	33
6	セキュリティ	28	25	30	25	25	30	25	30	25	25	30	20	25	30	30	25	25	25
7	情報倫理	35	36	39	28	35	28	37	36	36	38	36	32	33	38	36	39	35	31

図 2.4.20　新入社員の IT 研修における成績

4. ［例題 4.3］の「缶コーヒーのアンケート」データについて，次の各問に答えよ。

148　第Ⅱ部　活用編

(1)「年代」以外のフィールドについても，単純集計を実施し，結果を評価せよ。

(2)「年代」と「選定理由」以外の組み合わせについてもクロス集計を実施し，結果を評価せよ。

【参考文献】

久米均『統計解析への出発』(シリーズ入門統計的方法 1) 岩波書店，1989

師啓二・樋口和彦・舩田眞里子・黒澤和人『現代の情報科学』学文社，2010

コンピュータリテラシー研究会編『基礎データ分析』サンウェイ出版，2011

第5章　プレゼンテーションの実際

　プレゼンテーションとは，あらかじめ作成しておいたスライドを示しながら，聴衆を前にして行なう口頭発表 (oral presentation) のことである。ただし，プレゼンテーションを，

　　事前準備 → スライド作成 → リハーサル → 発表本番 → 事後処理

の全体と捉え，本番だけ良ければ良いとは考えない。なんとなれば，事前の調査研究や終了後の見直し作業を含めた全体が，次の機会に向けてのステップアップの鍵となるからである。

　さて，本章では，効果的なスライドの作成方法を実習する。使用するソフトは PowerPoint2016 である。

5.1　プレゼンテーションの準備

　口頭発表の依頼や指示を受けてまずすることは，次の3つの作業である。その際，継続性を考慮して，資料やデータは電子化して保存すること。

(1) 課題内容の確認

> ➤ 5W2H（既に第2章で紹介している。ただし，一部変更あり）を把握する。
> ➤ 作成して保存する文書：「プレゼンテーションの確認シート」

(2) 資料やデータの収集と保存

> ➤ データや資料を収集し，トピック（話題）ごとに整理してまとめる。
> ➤ 作成して保存する文書：「情報シート」および「レポート」

(3) ストーリー作り

> ➤ 時間の配分と，話の筋立てを考える。
> ➤ 作成して保存する文書：「ストーリーシート」

[例題 5.1] IT関連のテーマでレポートを書き，その内容に基づいて口頭発表せよ。ただし，レポートは「インダストリー4.0について」という題で既に完成しているものとする。まずは，事前準備として，3つの文書を作成しておこう。

(操作 1)「プレゼンテーションの確認シート」の作成

① 　ワープロを使って，発表会に関する5W2HをA4用紙1枚にまとめる。

② 　たとえば，次の内容をWordで表にし，「プレゼンテーションの確認シート」で保存する。

> ➤ When（いつ）：再来週の授業時間内。
> ➤ Where（どこで）：第1コンピュータ室。

150　第Ⅱ部　活用編

➤ Whom（誰に）：同じ授業の履修者。

➤ What（何を）：テーマを「インダストリー 4.0 について」とする。

➤ Why（なぜ）：レポート内容の紹介。

➤ How（どのように）：教卓の PC を操作し，学生卓のモニタに配信する。

➤ How long（発表時間）：1 人当たり 5 〜 6 分。

（操作 2）「情報シート」およびレポート

① 日本の行政府の Web サイトを訪問し，インダストリー 4.0（第 4 次産業革命）関連の資料，特に表や図解表現されたものをダウンロードし，ファイルに保存する。

② 資料の名称と出所を一覧表にして Word に入力し，「情報シート」として保存する。

③ レポート「インダストリー 4.0 について」としてまとめる。

【注意】レポート「インダストリー 4.0 について」のサンプルは，付録 CD-ROM に保存してあるので，利用すること。

（操作 3）「ストーリーシート」の作成

① レポートの章の見出しは，そのまま計 6 枚のスライドに対応付けられる。

➤ 1. はじめに → トップページ

➤ 2. ドイツの国家プロジェクト →「ドイツの国家プロジェクト」その 1・その 2

➤ 3. 施策とスローガン →「施策とスローガン」その 1・その 2

➤ 4. おわりに →「おわりに」（まとめと参考文献）のページ

② スライドごとの提示時間を決める。

③ 以上を一覧表にして Word 文書に記載し，「ストーリーシート」として保存する。

5.2　スライドの作成

　プレゼンテーションソフト PowerPoint2016 の利用はいよいよここからである。

[例題 5.2] 例題 5.1 で作成した各文書を手掛かりに，スライドを作成しよう。

（操作 1）トップスライドとデザインの決定

① PowerPoint を起動すると，［最近使ったファイル］の選択画面が開く。右側に［検索の候補］が一覧されるので，［新しいプレゼンテーション］をクリックする。

② タイトルスライド（トップスライド）が表示されるので，［タイトルを入力］プレースホルダにタイトルを，［サブタイトルを入力］プレースホルダに所属と氏名を入力する。

③ ここまででとりあえず，名前を付けてファイルに保存する。ファイル名は「インダストリー 4.pptx」としておく。以降は，［上書き保存］でよい。

④ ［デザイン］タブをクリックすると，［テーマ］グループ上に，登録されているデザインが並ぶので，好みのデザインを設定する。

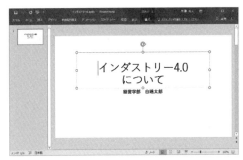

図 2.5.1　トップスライドのデザイン

⑤　［テーマ］が決まると，そのテーマに応じて，［バリエーション］グループ上で，［配色］，［フォント］，［効果］，［背景］をさらに細かく指定できる。

(操作2) スライドの追加と編集

① ［ホーム］タブから［スライド］グループの［新しいスライド］をクリックすると，新しいスライドが追加される。特に指定しなければ［タイトルとコンテンツ］タイプのスライドが追加されるが，別のタイプを選びたいときは，［新しいスライド］の下側をクリックするとさまざまなタイプが一覧表示されるので，適するものをクリックする。

② ［スライドペイン］の縦幅を狭くし，その分下に隠れている［ノートペイン］を広げ，そこにレポートの内容を参考にしつつ，台詞を入力する。

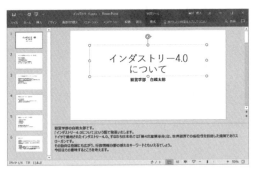

図 2.5.2　トップスライドの［ノートペイン］に台詞を入力

③ スライドの 2 枚目から 6 枚目まで，それぞれレポートの記述を参考に，スライドに箇条書き表現を基本にして内容を入力する。

④ また同時に，［ノートペイン］に台詞を入力していく。

⑤ 以下は，スライドの 2 枚目から 6 枚目までの画面である。

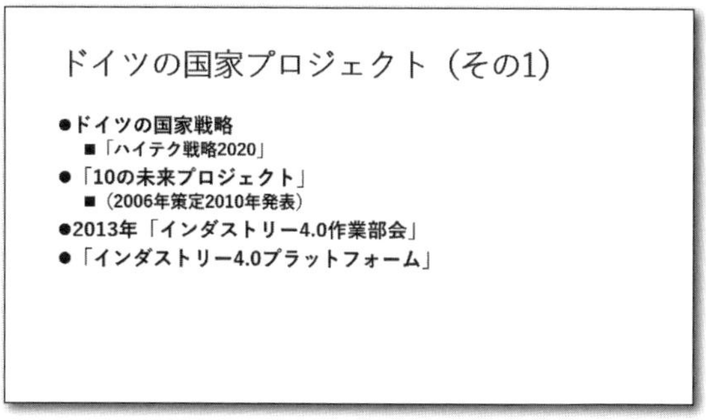

ドイツの国家プロジェクト（その1）

- ●ドイツの国家戦略
  - ■「ハイテク戦略2020」
- ●「10の未来プロジェクト」
  - ■（2006年策定2010年発表）
- ●2013年「インダストリー4.0作業部会」
- ●「インダストリー4.0プラットフォーム」

図2.5.3　スライド2枚目の入力

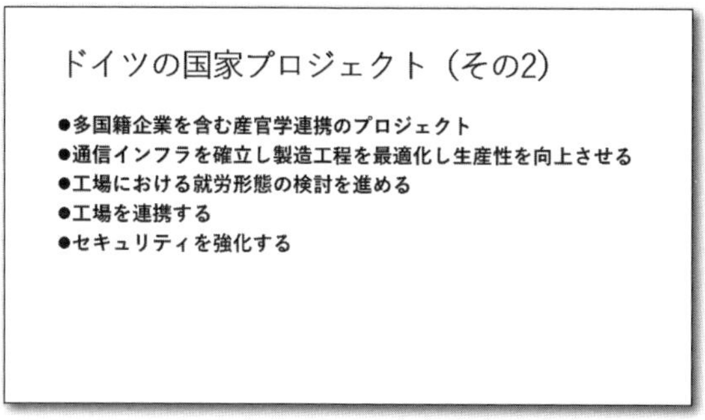

ドイツの国家プロジェクト（その2）

- ●多国籍企業を含む産官学連携のプロジェクト
- ●通信インフラを確立し製造工程を最適化し生産性を向上させる
- ●工場における就労形態の検討を進める
- ●工場を連携する
- ●セキュリティを強化する

図2.5.4　スライド3枚目の入力

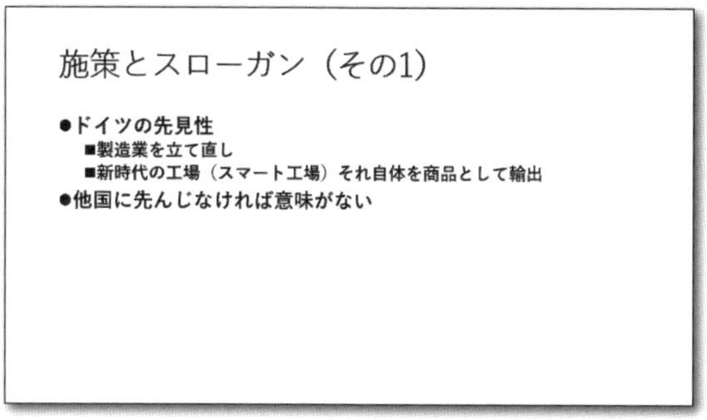

施策とスローガン（その1）

- ●ドイツの先見性
  - ■製造業を立て直し
  - ■新時代の工場（スマート工場）それ自体を商品として輸出
- ●他国に先んじなければ意味がない

図2.5.5　スライド4枚目の入力

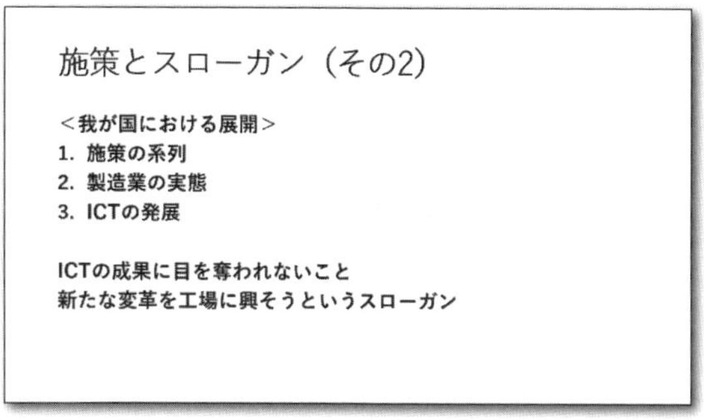

施策とスローガン（その2）

＜我が国における展開＞
1. 施策の系列
2. 製造業の実態
3. ICTの発展

ICTの成果に目を奪われないこと
新たな変革を工場に興そうというスローガン

図2.5.6　スライド5枚目の入力

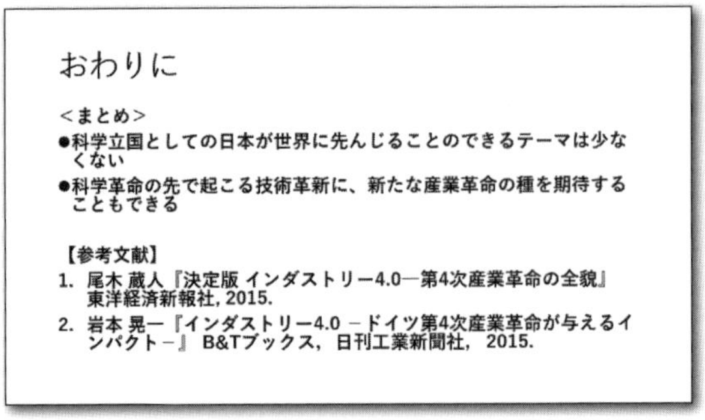

図 2.5.7　スライド6枚目

5.3　リハーサル・発表・事後処理
5.3.1　リハーサル
[**例題 5.3**] 時間の許す限り何度も**リハーサル**を繰り返し，そして本番に臨もう。

（操作1）リハーサルで最適時間を割り出す。

① ［スライドショー］タブから［設定］グループの［リハーサル］をクリックする。
② 画面が全画面モードに切り替わり，画面左上に［リハーサル］ダイアログボックスが小さく表示される。

図 2.5.8　リハーサル用のタイマー

③ 左側に表示されている時間が，現在のスライドの経過時間を示している。
④ 右側に表示されている時間が，リハーサルを開始した時点からの経過時間を示している。
⑤ 最後のスライドの表示が終了すると，経過時間を保存するか聞いてくるので，［保存］を選択すると，記憶される。
⑥ ［表示］タブから［スライド一覧］をクリックすると，画面表示モードがスライド一覧となり，各スライドの右下にスライドごとの経過時間が表示される。

図 2.5.9　［スライド一覧］表示モード

⑦ 以上を何度も繰り返し，全体の経過時間と，スライドごとの経過時間の最適な組み合わせを割り出す。

⑧ 最適な経過時間の組み合わせを取得したら，それを目安にしてさらにリハーサルを繰り返し，ベストなプレゼンテーション経過時間で実施できる感覚を身につける。

(操作2) 配布資料の準備

① PowerPointには，スライドの縮小イメージを一覧印刷する［配布資料］機能があるので，それを利用することもできる。しかし，時間的余裕があれば，要約を書いた資料をWordで別途作成し配布するのが親切である。今回の例題では，レポートが事前に作成されているのでその要約を配布してもよい。なお，配布資料を指す言葉としてたとえば次のようなものがある。

- **レジメ（レジュメ）**：要約という意味。講演会や発表会などで聴衆に配るものとしてはこちらの呼び方がよく使われる。
- **アジェンダ**：議題という意味。会議などで進行の順序を書いたもの。仕事の打ち合わせなどでプレゼンテーションをする場合はこちらの呼び方が相応しい。
- **ハンドアウト**：授業や講演会，報道機関などで配布される印刷資料全般を指すが，全体的な流れをある程度まとめたものという意味合いが強い。
- **プリント**：印刷された紙全般を指す言葉。テスト用紙なども含む。

② アンケート用紙の作成と印刷も，事前に済ませておく重要な作業である。

5.3.2 発表本番

[例題 5.4] 落ち着いて口頭発表の本番に臨もう。

(操作) 発表本番

① ［スライドショー］タブから［スライドショーの開始］グループの［最初から］をクリックするとスライドショーが開始される。

② PCの映像出力インタフェースに外部の表示装置を接続すると，聴衆が見る外部モニタは全画面表示になるが，発表者のPCモニタは各種の操作ができるモードになる。

発表者のPCモニタ　　　　　外部スクリーン

図2.5.10　［スライドショー］モード

③ 発表者のPCモニタ上では，左側に現在のスライドが表示され，その下に5種類の［発表者ツール］が並ぶ。また，右上に次のスライドが，右下に現在のノートが表示されている。
④ 5種類の［発表者ツール］の使い方（左から）

図2.5.11　スライドショーの発表者ツール

（ア）［ペンとレーザーポインターツール］：レーザーポインターで照射するように見せたり，鉛筆や蛍光ペンで線を描くことができる。
（イ）［すべてのスライドを表示します］：スライドが一覧表示され，目で見て他のページに移動できる。
（ウ）［スライドを拡大］：画面の一部を拡大表示できる。
（エ）［スライドショーをカットアウト／カットイン（ブラック）します］：表示を消したり戻したりできる。
（オ）［その他のスライドショーオプション］：［発表者ツール］の非表示，スクリーン全面の黒色化／白色化，スライドショーの一時停止／終了などが設定できる。

5.3.3　事後処理

[例題5.5] 事後処理は大きく2つの作業に分けられる。1つはアンケートの処理である。プレゼンテーションを聴衆に客観評価してもらうことは重要である。アンケートを回収し，データを分析し，結果を次に活かそう。2つ目は，欠席者や質問者への対応である。

(操作1) アンケートの分析
① アンケートの回答をExcelに入力し，レーダーチャートなどの形で表すと自分の弱み強みを知るのに役立つ。
② 図2.5.12は，アンケート用紙の例である。また，図2.5.13は，回答の集計結果の例である。

	A	B	C	D	E	F
1	発表チェックシート					
2		発表日時：		年　月　日(　)　：		
3	・評価は5段階でお願いします。	発表場所：				
4	・チェック項目ごとに、適すると思う番号1つに○を付けて下さい	発表者：				
5	チェック項目	5 (とても良い)	4 (良い)	3 (普通)	2 (やや悪い)	1 (悪い)
6	主題(話の核心)ははっきり示されたか	5	4	3	2	1
7	論理(ストーリー展開)は明確だったか	5	4	3	2	1
8	興味・関心をひく話題が提供されたか	5	4	3	2	1
9	会場や聞き手に注意を払っていたか	5	4	3	2	1
10	話し方や言葉づかいは適切だったか	5	4	3	2	1
11	具体的な事例やデータを用いていたか	5	4	3	2	1
12	図・表・グラフは理解に役立ったか	5	4	3	2	1
13	スライドは視覚的で見やすかったか	5	4	3	2	1
14	時間配分は妥当だったか	5	4	3	2	1
15	全体としての印象はどうだったか	5	4	3	2	1
16	その他特記事項(自由記述欄)					

図2.5.12　アンケート用紙の例

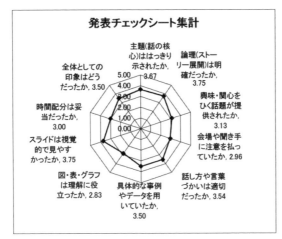

図2.5.13　アンケートの回答の集計結果の例

(操作2) プレゼン資料の Web 公開

① 発表会当日に欠席した人へのサービスとして，配布資料とプレゼンテーション資料をWebサイトやクラウドの共有フォルダにアップロードし，閲覧可能にしておくとよい。

② 発表内容のことや今後の勉強のことなどについて，参加者からの問い合わせを受け付けるようにしておくことも大切な事後処理である。

演習問題

1. これまで作成したレポートを題材として，プレゼンテーションのスライドを作成し，発表のリハーサルを行なってみよ。

2. ［例題 5.1］で作成した「プレゼンテーションの確認シート」，「情報シート」および「ストーリーシート」を，それぞれ Word テンプレートとして保存し，クラウドにアップロードせよ。

3. ［例題 5.2］で作成したプレゼンテーションファイルに対し，次の編集を施してみよ。

   (1) ビジュアル資料の追加：ビジュアル資料としては，挿絵，図解表現 (抽象的な概念を図で表現したもの)，表，グラフなどがある。事前準備で収集した資料やデータを独自の形式で図的に表現し，スライドに貼り付けると理解の助けになる。

   (2) アニメーションの追加：箇条書き表現で，各項目が画面の上下左右などから移動してきて，定位置で停止するようなものを設定してみよ。

   (3) ハイパーリンクの追加：スライド上の重要語句などに，インターネット上の資料のページへのリンクを設置してみよ。

4. 第 4 章の［例題 4.1］〜［例題 4.3］，同じく第 4 章の演習問題の 2 と 3 について，データ，処理方法，結果とその評価を発表するプレゼンテーション用スライドを作成し，実際にプレゼンテーションしてみよ。

5. 次に示すテーマの中から 1 つを選び，プレゼンテーションを企画し，事前準備から事後処理までの一通りを実施してみよ。なお，具体的な統計データ (出所の明らかなもの) を入手し，Excel の表あるいはグラフで表したものを 1 つ以上含むこと。

   (1) 現代若者の職業意識
   (2) リーダーシップとは
   (3) 金融と IT について
   (4) ロボット技術の発展と人間の将来
   (5) 情報セキュリティの現状について

【参考文献】

実教出版企画開発部編『30 時間でマスター プレゼンテーション + PowerPoint2016』実教出版，2016

師啓二・樋口和彦・舩田眞里子・黒澤和人『現代の情報科学』学文社，2010

158 第Ⅱ部 活用編

第6章 データベースソフトの活用

データベースとは，大量のデータを，検索・更新しやすいように形式を整えディスクに保存したものである。そして，このデータベースを作成・管理するソフトウェアがデータベース管理システム（DBMS：Database Management System）である。データベースソフトといえば，通常このDBMSのことを指す。本章では，まずデータ操作の基本であるリスト処理に触れた後，PC上で動くデータベースソフトAccess2016の活用法を実習する。

6.1 リスト処理

6.1.1 Excelのデータベース的利用法

Excelはデータベースソフトではないが，表を扱う点でデータベースソフトと共通性がある。まず用語を整理しよう。

- **リスト**：データを記録した長方形領域のことである。Excelのデータベース機能は，このリストを対象とする。図2.6.1のセル範囲［A3：F15］はリストの例である。
- **レコード**：リストを構成する行のことである。例では，12件のレコードが登録されている。
- **フィールド**：レコードを構成する列のことである。例では，伝票No，日付，商品名，顧客名，単価，数量の6つのフィールドで1レコードが構成されている。

  なお，リストの1行目A3：F3は，フィールド名が並ぶ見出し行である。

	A	B	C	D	E	F
1			10月度　売上表			
2						（単位：円）
3	伝票No	日付	商品名	顧客名	単価	数量
4	1	1	壁掛け電波時計連続秒針	佐川興行通信社	24,000	6
5	2	3	壁掛け電波ソーラー時計	佐川興行通信社	24,000	5
6	3	7	壁掛け電波時計	加山自動車工業	10,000	1
7	4	10	壁掛けからくり時計交流式	真壁こども病院	35,000	2
8	5	10	壁掛け電波ソーラー時計おしゃれタイプ	有田美容クリニック	48,000	8
9	6	15	壁掛け電波ソーラー時計連続秒針	奈波ビジネスホテル	28,000	7
10	7	17	壁掛け時計クオーツ式モダンタイプ	橋柴産業本社	16,000	6
11	8	20	壁掛け電波ソーラー時計	真壁こども病院	24,000	6
12	9	22	壁掛け電波ソーラー時計おしゃれタイプ	佐川興行通信社	48,000	5
13	10	24	壁掛け時計Bluetooth対応スピーカー付き	詫間フィットネスクラブ	12,000	1
14	11	25	壁掛け時計クオーツ式モダンタイプ	加山自動車工業	16,000	8
15	12	28	壁掛けからくり時計交流式	真壁こども病院	35,000	7

図2.6.1　リストの例（セル範囲［A3：F15］）

6.1.2 データの抽出

検索条件を指定し，リストの中から必要なレコードを取り出すことを**抽出**という。Excel では，**フィルター**機能を利用して，抽出処理を対話的に進めることができる。

[**例題 6.1**] 図 2.6.1 のリストから，単価が 20,000 円以上のレコードを抽出してみよう。

（操作 1）オートフィルターの起動

① セル範囲 [A3:F15] をドラッグする（リストが認識される）。
② ［データ］メニューから［並べ替えフィルター］グループの［フィルター］をクリックすると，各見出しにプルダウンボタンが表示される。これを［オートフィルター］ボタンという。
③ ［オートフィルター］ボタンを消したいときは，再度［フィルター］をクリックする。

（操作 2）数値フィルターによる抽出

① ［単価］フィールドの［オートフィルター］ボタンをクリックすると，［オートフィルター］リストボックスが表示されるので，［数値フィルター］をクリックする。
② サブメニューが開くので，［指定の値以上］をクリックする。

図 2.6.2　オートフィルターの起動

③ ［オートフィルターオプション］ダイアログボックスが表示されるので，［単価］ボックス

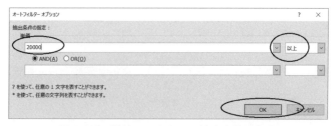

図 2.6.3　数値フィルターの抽出条件の指定

に「20000」と入力し，右隣のコンボボックスで「以上」を選択し，［OK］をクリックする。

④ 抽出条件「20000 以上」に合致したレコードだけが表示される。［単価］見出しの［オートフィルター］ボタンにロートのマークが付き，表示されている行番号の数字は青色になる。また，ステータスバーには，「12 レコード中 8 個が見つかりました」と表示される。

⑤ リストの表示を元に戻すには，［単価］フィールドの［オートフィルター］リストボックスの［すべて選択］にチェックを入れ［OK］をクリックする。

	A	B	C	D	E	F
1	10月度　売上表					
2					(単位：円)	
3	伝票No	日付	商品名	顧客名	単価	数量
4	1	1	壁掛け電波時計連続秒針	佐川興行通信社	24,000	6
5	2	3	壁掛け電波ソーラー時計	佐川興行通信社	24,000	5
7	4	10	壁掛けからくり時計交流式	真壁こども病院	35,000	2
8	5	10	壁掛け電波ソーラー時計おしゃれタイプ	有田美容クリニック	48,000	8
9	6	15	壁掛け電波ソーラー時計連続秒針	奈波ビジネスホテル	28,000	7
11	8	20	壁掛け電波ソーラー時計	真壁こども病院	24,000	6
12	9	22	壁掛け電波ソーラー時計おしゃれタイプ	佐川興行通信社	48,000	5
15	12	28	壁掛けからくり時計交流式	真壁こども病院	35,000	7

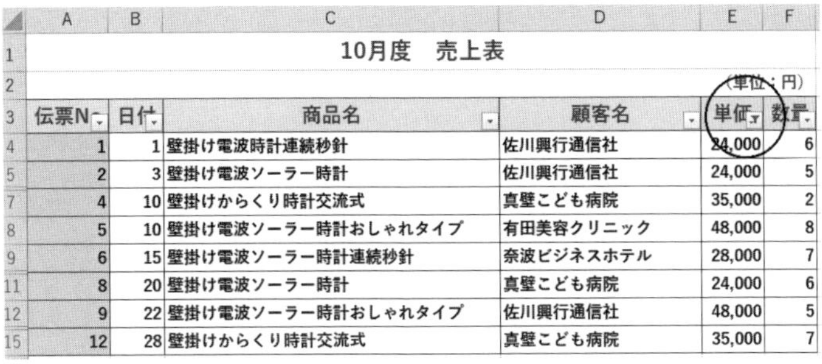

図 2.6.4　数値フィルターによる抽出結果

【注意】 図 2.6.4 のリストに対し，別の抽出条件を指定できる。これを**絞り込み**という。

[例題 6.2] 図 2.6.1 のリストから，商品名に「ソーラー」の付くレコードを抽出してみよう。

(操作) テキストフィルターによる抽出

① ［商品名］フィールドの［オートフィルター］ボタンをクリックすると，［オートフィルター］リストボックスが表示されるので，［テキストフィルター］をクリックする。

② サブメニューが開くので，［指定の値に等しい］をクリックする。

③ ［オートフィルターオプション］ダイアログボックスが表示されるので，［商品名］ボックスに検索文字列「＊ソーラー＊」を入力し，コンボボックスで「と等しい」を選択し，［OK］をクリックする。「＊」は半角の記号を入力すること。

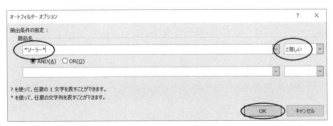

図 2.6.5　テキストフィルターの抽出条件の指定

④ ［商品名］に「ソーラー」の付くレコードが表示される。［商品名］見出しの［オートフィルター］ボタンにロートのマークが付き，表示されている行番号の数字は青色になる。ま

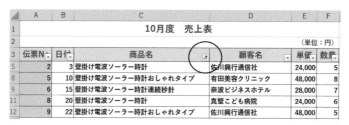

図2.6.6 テキストフィルターによる抽出結果

た，ステータスバーには，「12レコード中5個が見つかりました」と表示される。

【注意】検索文字列を構成する際，「?」は任意の文字を表し，「＊」は任意の文字列を表している。このように特別の意味で使われる文字を**ワイルドカード**という。～（チルダ）もワイルドカードで，これを?，＊，～の前に入力すればそれらを通常の文字として認識できる。

6.1.3 データの並べ替え

リスト上のレコードの順番を一定の基準，たとえば文字コードや数量の大小などで並べ替えることができる。並べ替えの基準となるフィールドのことを**キー**（key）といい，そのうち最も優先されるキーを**1次キー**，2番目に優先されるキーを**2次キー**，以下同様に3次キー，4次キー，…と呼ぶ。また，レコードをキーの小さい順に並べ替える場合を**昇順**または**正順**，キーの大きい順に並べ替えることを**降順**または**逆順**という。

［例題6.3］図2.6.1のリストを，単価を1次キーで降順，伝票Noを2次キーで昇順として並べ替えてみよう。

（操作1）セル範囲の指定

① セル範囲［A3：F15］をドラッグし，リストを指定する。
② ［オートフィルター］ボタンが表示されている場合は，フィルターを解除する。

（操作2）キーの指定

① ［データ］メニューから［並べ替えフィルター］グループの［並べ替え］をクリックする。
② ［並べ替え］ダイアログボックスが表示されるので，1次キーを次のように指定し，［OK］

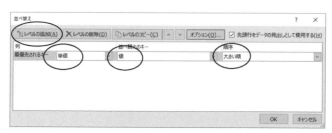

図2.6.7 並べ替えのための1次キーの指定

をクリックする。
- ➢ 最優先されるキー：単価
- ➢ 並べ替えのキー（値や色など）：値
- ➢ 順序：大きい順

③ ［単価］フィールドを1次キーとして並べ替えられる。
④ 再度，［データ］メニューから［並べ替え］をクリックすると，図2.6.7の［並べ替え］ダイアログボックスが表示されるので，［レベルの追加］をクリックする。
⑤ 2段目に，2次キーの指定用ボックスが追加されるので，［次に優先されるキー］に「伝票No」，［並べ替えのキー］に「値」，［順序］を「小さい順」に指定し，［OK］をクリックする。

図2.6.8　並べ替えのための2次キーの指定

⑥ 2次キーで，同じ単価の場合はさらに伝票Noの小さい順に並べ替えられている。

図2.6.9　並べ替えの結果

⑦ リストの範囲指定が解除されていたら，再度領域指定をする。
⑧ 元の並びに戻すには，［次に優先されるキー］を［レベルの削除］で削除し，［最優先されるキー］に「伝票No」，［並べ替えのキー］に「値」，［順序］を「小さい順」に指定する。

【注意】［オートフィルター］リストボックス内の［昇順］や［降順］では，多重キーの指定ができないので，混乱を避けるためにはフィルターを解除した状態で行なうのがよい。

第6章　データベースソフトの活用　163

6.2 データベースソフトの基礎

これより以降は，PC用データベースソフトAccess2016の利用法についてまとめている。

6.2.1 リレーショナルデータベースの基礎

(1) データベースとファイルの違い

データベースと通常のファイルとの違いはどこにあるのだろう。結論からいうと，データベースには**スキーマ**（schema）がある。スキーマとはデータの構造を記述したもので，データにアクセスする際に参照する辞書のような役割を果たすものである。一般のファイルにはそれがなく，データ構造はアプリケーションに依存する。

(2) リレーショナルデータベースとは

データベースの方式で最も一般的なのが**リレーショナルデータベース**（**RDB**：Relational DataBase）である。その特徴は，データをすべて**表**（**テーブル**）で管理し，表と表を関連付けて検索や編集を行なうという点である。AccessもまたPC用のリレーショナルデータベース管理システム（RDBMS）である。

【注意】これ以降，Accessでの呼び方にならい，表をテーブルと呼ぶことにする。

6.2.2 データベースの新規作成

RDBであるAccessでは，データの載るテーブルを格納するための入れ物として，空のデータベースを作成することから始める。

[**例題6.4**] 空のデータベース「受注.accdb」を作成しよう。

（操作）空のデータベースの作成

① Accessを起動すると［スタート画面］（左側が［最近使ったファイル］の一覧，右側が［オンラインテンプレートの検索］ボックスとテンプレート一覧）が開くので，右側の［空のデータベース］ボタンをクリックする。

図2.6.10 Access2016のスタート画面

② 画面中央に［空のデータベース］ダイアログボックスが開くので，［ファイル名］ボック

スの右側の，フタの空いたフォルダアイコンをクリックする。
③ ［新しいデータベース］ダイアログボックスが開くので，ファイルの保存先を決め，ファイル名を，今回は「受注」とし，ファイルの種類を［Microsoft Office Access2007-2016 データベース（＊.accdb）］と指定し，［OK］をクリックする。
④ ダイアログボックスに戻り，［ファイル名］ボックスにファイル名「受注.accdb」が入り，その下に保存フォルダへのパスが表示されているので，［作成］をクリックする。

図 2.6.11　［空のデータベース］ダイアログボックス

⑤ データベースファイルがディスク上に作成されると同時に，データベースの編集画面が開き，リボン上部に［データベースツール］，その下に［フィールド］タブが開く。また，左下には，［すべての Access オブジェクト］ペインが開き「テーブル 1」が表示されている。右側のビューには，［テーブル 1］タブが開いている。しかし今回，テーブルは外部からインポートするのでこの［テーブル 1］は不要である。そこで，［テーブル 1］タブを右クリックし，［閉じる］をクリックして削除する。

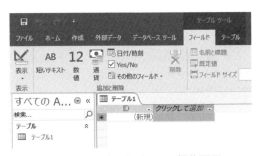

図 2.6.12　データベースの編集画面

6.2.3　テーブルの新規作成

　［例題 6.4］において，テーブルを格納するための空のデータベースを作成したので，次はいよいよテーブルを登録していく段階である。
　ところで，前節の 6.1「リスト処理」では，すべてのデータを大きな 1 つの表「10 月度 売

第 6 章　データベースソフトの活用　165

上表」で一括管理しており，全体を見渡せてとても便利に思われたかもしれない（図2.6.1参照）。しかしここでは，データはいくつかの基本的な表に分割して管理し（これを表の**正規化**という），必要に応じてそれらを関連付けて新たな表を作るという逆の発想をとる。それが，データの追加や削除が頻繁にあってもデータの整合性を保ち，冗長性を排除した効率的な処理を進めるための知恵であり，データベースの基本的な考え方である。

[**例題**6.5]［受注］データベース上に，以下の4つのテーブルを作成しよう。

（1）売上表

	A	B	C	D	E
1	伝票No	日付	商品コード	顧客コード	数量
2	1	1	P01	C05	6
3	2	3	A02	C05	5
4	3	7	D01	C02	1
5	4	10	D05	C12	2
6	5	10	B52	C01	8
7	6	15	F01	C08	7
8	7	17	G02	C10	6
9	8	20	A02	C12	6
10	9	22	B52	C05	5
11	10	24	P03	C07	1
12	11	25	G02	C02	8
13	12	28	D05	C12	7

（3）顧客コード表

	A	B
1	顧客コード	顧客名
2	C01	有田美容クリニック
3	C02	加山自動車工業
4	C05	佐川興行通信社
5	C07	詫間フィットネスクラブ
6	C08	奈波ビジネスホテル
7	C10	橋柴産業本社
8	C12	真壁こども病院

（2）商品コード表

	A	B
1	商品コード	商品名
2	A02	壁掛け電波ソーラー時計
3	B52	壁掛け電波ソーラー時計おしゃれタイプ
4	D01	壁掛け電波時計
5	D05	壁掛けからくり時計交流式
6	F01	壁掛け電波ソーラー時計連続秒針
7	G02	壁掛け時計クオーツ式モダンタイプ
8	P01	壁掛け電波時計連続秒針
9	P03	壁掛け時計Bluetooth対応スピーカー付き

（4）単価表

	A	B
1	商品コード	単価
2	A02	24,000
3	B52	48,000
4	D01	10,000
5	D05	35,000
6	F01	28,000
7	G02	16,000
8	P01	24,000
9	P03	12,000

図2.6.13 データベースにインポートする各テーブル

（操作1）Excel ワークシートの準備

① Excel を起動し，上記の (1) ～ (4) を，それぞれ Sheet1 ～ Sheet4 に入力し，シート名を，それぞれ売上表，商品コード表，顧客コード表，単価表に変更する。ただし，ワークシート作成上，タイトルと単位の行は入れず，1行目は見出し（Access ではフィールド名）行とし，2行目以降に実際のデータを入力する。

② ファイル名を「売上表DB.xlsx」として保存し，Excel を終了する。

166 第Ⅱ部 活用編

(操作2) 表のインポート

① Access で［受注］データベースを起動し，［外部データ］タブから［インポートとリンク］グループの［新しいデータソース］をクリックし，［ファイルから］をポイントし，［Excel］（Excel からテーブルにインポートする意味のアイコン）をクリックする。

② ［外部データの取り込み-Excel スプレッドシート］ダイアログボックスが開くので，［参照］ボタンをクリックし，インポートするテーブルの載っている Excel ブックを探し，ブックを選択し，［ファイル名］ボックスに表示されたのを確認し，［開く］をクリックする。すると，ダイアログボックスの［ファイル名］ボックスにブックへのパスが入力される。

③ ［現在のデータベースの新しいテーブルにソースデータをインポートする］オプションをON にし，［OK］をクリックする。

④ ［スプレッドシートインポートウィザード］が起動し，Excel ブック上のワークシート一覧が表示されるので，［ワークシート］オプションを ON にし，インポートするワークシート名，ここではまず「売上表」を選択し，［次へ］をクリックする。

⑤ 上側が［先頭行をフィールド名として使う］に変更されるので，チェックを付けて［次へ］をクリックする。

⑥ また上側が［インポートのオプションをフィールドごとに指定できます…］に変更されるので，［フィールドのオプション］グループボックス内で，［フィールド名］に［伝票 No］，［データ型］に［整数型］，［インデックス］に［はい（重複なし）］を選び，［次へ］をクリックする。（インデックスとは，検索を高速化するための索引のことで，［伝票 No］フィールドのデータを使ってそれを作るという指示である。）

⑦ 次の画面で，［次のフィールドに主キーを設定する］を ON にし，右のリストボックスで［伝票 No］を選び，［次へ］をクリックする。（［伝票 No］フィールドを検索キーに設定するという指示である。）

⑧ 次の画面で［インポート先のテーブル］として［売上表］を指定し，［完了］をクリックする。（［売上表］シートをインポートして［売上表］テーブルを作成するという意味である。）

⑨ インポートに成功すると，その旨のメッセージが表示され，「インポート操作」を保存するか聞いて来るので，保存せずに，そのまま［閉じる］をクリックする。

⑩ ［すべての Access オブジェクト］ペインに［売上表］テーブルが追加されているので，アイコンをダブルクリックか右クリックで［開く］をクリックすると，［売上表］テーブルが右側のビュー領域上に開く。

⑪ 同様に，他の 3 つの表も「受注」データベースにインポートする（図 2.6.14）。

図 2.6.14 データベースにインポートされたテーブル

【注意】テーブルの設計

- フィールドのデータ型について：［売上表］テーブルの［伝票 No］フィールドは整数型であるのに対し，［商品コード］テーブルの［商品コード］フィールド，［顧客コード］テーブルの［顧客コード］フィールド，［単価］テーブルの［商品コード］フィールドのデータ型は，いずれも「短いテキスト型」に設定する。
- デザインビューについて：フィールドのデータ型や主キーの設定を間違えたことに後で気付いた場合は，［テーブル］ツールから［フィールド］をクリックし，［表示］グループの［表示］をクリックすると，テーブルの［デザイン］ビューが開き，フィールドごとのパラメータの設定が可能になるので，その中で訂正が可能である。
- テーブルの作成は，フィールドの定義からデータの入力まで，すべてを Access で行なうのが通例である。しかし手間がかかるので Excel からインポートする方法をとった。
- 一般的な PC ソフトでは，一連の編集作業を行なった後，データをファイルに保存して終了という手順を踏む。しかし，テーブルをインポートした後，ファイル保存の作業をすることなしに，データベースファイルを終了することができたであろう。データベースソフトでは，大きな入れ物としてのデータベースを作成しておき，データの更新はディスク上のテーブルに直接反映され，終了時点でのファイルの保存作業は不要となる。ただし，データベースの設定情報（スキーマ）についてはその都度保存するよう求められる。

6.2.4 リレーションシップの設定

必要なテーブルはすべて揃ったが，このままではまだ動かない。テーブル間に関連を付ける必要がある。この関連性のことをテーブル間の**リレーションシップ**という。

［例題 6.6］上記の 4 つのテーブル間に，リレーションシップを設定しよう。

(操作 1) リレーションシップの表示

① ［データベースツール］タブから［リレーションシップ］グループの［リレーションシップ］をクリックする。
② ［リレーションシップツール］が起動し，［デザイン］タブが開き，空の［リレーションシップ］ウィンドウが開く。ただし，画面右側のビュー領域にテーブルが開いたままだと，リレーションシップの設定作業と競合を起こすので，各テーブルを［閉じる］を実行しビューから見えなくしておく必要がある。
③ ［テーブルの表示］ダイアログボックスを開き，［テーブル］タブからテーブル名を1つずつ選択し，その都度［追加］ボタンをクリックすると，［リレーションシップ］ウィンドウに各テーブルの**フィールドリスト**（フィールド一覧が載った小さなウィンドウ）が配置される。

図 2.6.15　フィールドリストの配置

④ ［テーブルの表示］を閉じ，フィールドリスト間の関係が見やすくなるように，フィールドリストのタイトルバーをマウスでドラッグして，大きさや位置を調整する。
⑤ 次に，リレーションシップを示す**結合線**を手動で設定する。手順は次の通りである。
　➢ まず，［単価表］テーブルと［商品コード表］テーブルは，［商品コード］フィールドを仲立ちに関連が付くので，［単価表］テーブルの［商品コード］の文字を，［商品コード表］テーブル上の［商品コード］の文字の位置までドラッグ＆ドロップする。
　➢ 同様に，［商品コード表］テーブルの［商品コード］の文字を，［売上表］テーブルの［商品コード］の文字の位置までドラッグ＆ドロップする。

➢ さらに，[顧客コード表] テーブルの [顧客コード] の文字を，[売上表] テーブル上の [顧客コード] の文字の位置までドラッグ＆ドロップする。

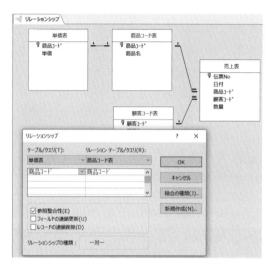

図 2.6.16　リレーションシップの設定

【注意】2つのテーブルを共通のフィールドで関連付けるわけであるが，少なくともいずれかのテーブルでその共通フィールドは**主キー**になっていなければならない。また，そのとき共通フィールドが主キーに位置付けられているほうを（主の）テーブル，他方を（従の）リレーションテーブルといい，リレーションテーブルの共通フィールドを主テーブルの**外部キー**という。

(操作 2) 結合プロパティ（リレーションの種類のこと）の設定

① まず，[単価表] テーブルと [商品コード表] テーブル間の結合線上で右クリックし，[リレーションシップの編集] をクリックすると，[リレーションシップ] ダイアログボックスが開くので，次の設定と確認を行なう（図 2.6.16 を参照）。
　➢ 左上の一覧表上で，左側が（主の）テーブルで右側が（従の）リレーションテーブルである。ただし，単価表と商品コード表の場合はどちらが主でもよい。
　➢ [参照整合性] チェックボックスを ON にする。参照整合性とは，一方のテーブルのデータを更新／削除すると，他方も自動的に更新／削除されることである。
　➢ [リレーションシップの種類] は「一対一」の対応である。
　➢ [結合の種類] をクリックし，[結合プロパティ] ダイアログボックスで「両方のテーブルの結合フィールドが同じ行だけを含める」を ON にし，[OK] をクリックする。
　➢ [OK] をクリックして，[リレーションシップ] ダイアログボックスを閉じる。

② 次に，[商品コード表] テーブルと [売上表] テーブル間の結合線上で右クリックして，[リ

レーションシップの編集］をクリックし，［リレーションシップ］ダイアログボックスを
開く。

> ［商品コード表］テーブルが主で［売上表］テーブルが従となる。

> ［参照整合性］チェックボックスを ON にし，［リレーションシップの種類］が「一対多」
であることを確認する。

> ［結合の種類］は，「両方のテーブルの結合フィールドが同じ行だけを含める」が ON で
あることを確認し，［OK］をクリックする。

> ［OK］をクリックして，［リレーションシップ］ダイアログボックスを閉じる。

③ 同じく，［顧客コード表］テーブルと［売上表］テーブル間の結合線上で右クリックし，［リ
レーションシップの編集］をクリックし，［リレーションシップ］ダイアログボックスを
開く。その後は，②と同様である。最後に［OK］をクリックして閉じる。

④ ここで終了しようとすると，レイアウトを保存するか聞いてくる。これは設定情報（いわ
ゆるスキーマ）なので保存するか否かを聞いてきている。

【注意】結合線には，設定ごとに次のようなマークが付く（図 2.6.16）。

- ［結合プロパティ］のオプションを，2（**左外部結合**）または 3（**右外部結合**）に設定すると，「全
レコード表示」のテーブルから他方へ向かう矢印が付く。

- **参照整合性**のチェックを ON にした「一対多」のリレーションシップでは，結合線の 1 の
側に「1」，多の側に∞のマークがそれぞれ付く。「1 対 1」の場合は両端に「1」が付く。

6.3　データベースソフトの活用

データベースの作成が終わったら，実際に運用段階に入る。以下では，実際の業務で使われ
るクエリ機能とレポート機能をまとめている。

6.3.1　クエリの新規作成と活用法

既存のテーブルから新たなテーブルを導出する仕組みが**クエリ**である。そのうち，特定の
フィールドやデータを抽出して作る方式のクエリを**選択クエリ**という。クエリを新規に作成す
るには，ウィザードを使って対話的に作成する方法と，デザインビューを使って手作業で作成
する方法とがある。ここでは，ウィザードを使ったクエリの作成法を試す。

[**例題 6.7**] 4 つのテーブル，［売上表］，［商品コード表］，［顧客コード表］，［単価表］から，6.1
節で使った「10 月度 売上表」と同じテーブルを作成する選択クエリを作成してみよう。

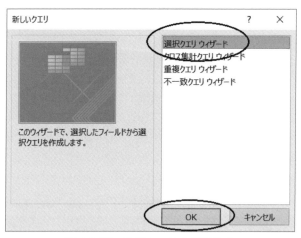

図2.6.17 選択クエリの新規作成

(操作1) 選択クエリの作成

① ［作成］タブの［クエリ］グループの［クエリウィザード］をクリックする。
② ［新しいクエリ］ダイアログボックスが開くので，［選択クエリウィザード］を選択し，［OK］をクリックする。

(操作2) フィールドの選択

① ［選択クエリウィザード］ダイアログボックスが開くので，［テーブル/クエリ］ボックスに，適するテーブルを指定し，［選択可能なフィールド］リストボックスから必要なフィールド名を選択し，［>］をクリックし，［選択したフィールド］欄に移動させる。

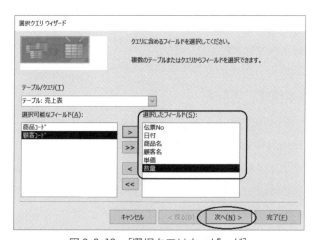

図2.6.18 ［選択クエリウィザード］

② これを繰り返し，抽出したいフィールド名の［伝票No］，［日付］，［商品名］，［顧客名］，［単価］，［数量］の6つを，それぞれこの順番で［選択したフィールド］リストボックスに配

置し，最後に［次へ］をクリックする（図2.6.18）。

③ クエリで集計を行なうかどうか聞いてきたら，［各レコードのすべてのフィールドを表示する］オプションボタンを選択し，［次へ］をクリックする。

（操作3）クエリ名の指定と実行

① クエリ名を聞いてくるので，ここでは「売上表 クエリ」と入力する。
② クエリを作成した後に何を行なうかを聞いてくるので，［クエリを実行して結果を表示する］オプションをONにし，［完了］をクリックする。
③ 図2.6.19のような選択クエリの実行結果が表示される。

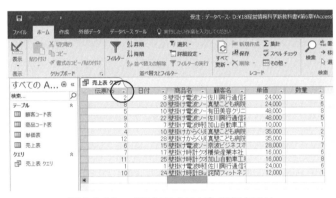

図2.6.19　［売上表 クエリ］選択クエリ

④ ［伝票No］フィールドのフィルタボタンをクリックし，［昇順で並び替え］をクリックすると，レコードが伝票番号の小さい順に並べ替えられる（Excelのオートフィルタボタンと仕様が同じであることに気付くだろう）。
⑤ 閉じるボタンをクリックすると，リレーションシップのレイアウトの保存と，［売上表 クエリ］の変更の保存を順に聞いてくるので，それぞれ［はい］をクリックする。

6.3.2　レポートの作成と印刷

レポートは，テーブルやクエリなどの形で得られたデータの一覧表を，業務で利用できるように見栄え良く加工したオブジェクトである。

[例題6.8]　［売上表 クエリ］のレポートを作成し，印刷してみよう。

（操作）レポートの作成

① 画面左側の［すべてのAccessオブジェクト］ペイン上で，「売上表 クエリ」をクリックする。
② ［作成］タブから［レポート］グループの［レポート］をクリックする。すると直ちに，ビュー領域に，［売上表 クエリ］レポートが表示される。

③ ［レポートレイアウトツール］の［ページ設定］タブを開き，［ページレイアウト］グループの［縦］，［横］，［ページ設定］で印刷レイアウトの調整をする。

④ ［ファイル］タブから［印刷］をクリックし，［印刷プレビュー］をクリックすると，［印刷プレビュー］画面になるので，［ズーム］グループから［ズーム］の下向き▼をクリックし，70％などの縮小率を入力して全体が見えるようにする。

⑤ レイアウトが決まったら，［ファイル］タブから［印刷］をクリックして，印刷する。

⑥ ［閉じる］ボタンをクリックすると，［売上表 クエリ］レポートの変更を保存するか聞いてくるので，いつでも作成可能なので，［いいえ］をクリックしてデータベースを終了する。

【注意】レポートの画面表示，すなわち［ビュー］には「レポートビュー」，「レイアウトビュー」，「デザインビュー」，「印刷プレビュー」の4つがあり，タブで右クリックして表示を切り替えることができる。図2.6.20は，「印刷プレビュー」のタイプである。

図2.6.20 ［レポート］の印刷プレビュー画面

演習問題

1. 図2.6.1のリストに対して，次の処理を実行せよ。

 (1) 単価が20,000円以下の条件を満たすレコードを抽出せよ。

 (2) 単価が20,000円以上かつ30,000円未満の条件を満たすレコードを抽出せよ。

 (3) 真壁こども病院からの注文で10月15日以降のレコードを抽出せよ。

 (4) おしゃれタイプの商品のレコードを除き，さらに数量に関して並べ替えたレコードのリストを作成せよ。また，そのリストに関して総売上高を求めよ。

 (5) Excelの置換機能を使って，顧客名の「橋柴産業本社」を「橋柴産業株式会社」に置き換えよ。

2. ［例題6.6］で作成した［受注］データベースに対して，次の処理を実行せよ。

 (1) ［商品コード］，［商品名］，［単価］の3つのフィールドからなる選択クエリ［商品 – 単価］クエリを作成せよ。

 (2) ［伝票No］，［商品名］，［顧客名］の3つのフィールドからなる選択クエリ［商品 – 顧客］クエリを作成せよ。

 (3) ［伝票No］，［日付］，［数量］の3つのフィールドからなる選択クエリ［日付 – 数量］クエリを作成せよ。

 (4) ［受注］データベースに，次の2つのテーブル［担当者表］と［担当者コード表］を追加せよ。

	A	B
1	伝票No	担当者コード
2	1	M03
3	2	M03
4	3	M01
5	4	M01
6	5	M01
7	6	M03
8	7	M05
9	8	M05
10	9	M03
11	10	M01
12	11	M02
13	12	M04

図2.6.21 ［担当者表］

	A	B
1	担当者コード	担当者名
2	M01	飯田拓斗
3	M02	木島雅彦
4	M03	清水澄夫
5	M04	千葉速雄
6	M05	丹羽春子
7	M06	肥田辰夫
8	M07	宮間正信

図2.6.22 ［担当者コード表］

 (5) ［伝票No］，［顧客名］，［担当者名］の3つのフィールドからなる選択クエリ［顧客 – 担当者］クエリを作成せよ。

第6章 データベースソフトの活用 175

3. 次の3つのテーブルからなる［文献］データベースを作成し，データを何件か入力せよ。また，［本ID］，［題名］，［著者氏名］の3つのフィールドからなる［題名－著者］クエリを作成せよ。

[本と著者]テーブル

フィールド名	データ型
本と著者ID	オートナンバー
本ID	整数型
著者ID	整数型

[本]テーブル

フィールド名	データ型
本ID	オートナンバー
題名	テキスト型
出版社	テキスト型
出版年	整数型

[著者]テーブル

フィールド名	データ型
著者ID	オートナンバー
著者氏名	テキスト型

図 2.6.23　テーブルのデザイン

【参考文献】

大木幹雄『データベース設計の基礎』日本理工出版会，1998
小暮明＆インプレス書籍編集部編『できる Access2000Windows 版』インプレス，1999
岡田庄司『頼りになる Microsoft Access97 パワーガイド』秀和システム，1997
師啓二・樋口和彦・舩田眞里子・黒澤和人『現代の情報科学』学文社，2010

第Ⅲ部
応用編

プロジェクトＡ
文章のまとめ方 (＊)

A.1 文章構成の基本型

　課題のレポートや卒業論文，あるいは入社試験の時に提出するエントリー・シートなど，きちんとした文章を書かなくてはならないケースは多い。「ふだん使っている日本語で書くのだから」と軽い気持ちで書きだすと，得てしてひとりよがりな，わかりにくい文章を書いてしまいがちである。文章にはそれぞれの目的や用途に対応した形式がある。LINEや電子メールなどの文章とは違い，気分のままにいきなり伝えたいことから書き出すのではなく，まず文の構成をよく検討してから書く習慣を身につけよう。本節ではまず始めに日本語の文章の構成の典型である４段構成法 (「起承転結」型) にしたがった文のまとめ方を説明する。一般的にいって，伝えたい内容をいくつかの段落にまとめるとわかりやすい文となるが，段落の分け方は何も４段構成法だけに限ったことではない。レポートや卒業論文，およびエントリー・シートなどでは，むしろ，「はじめに〜本文〜まとめ」の３段構成法をとることが望ましい。本節では基本としての４段構成法の説明に続いて，３段構成法について，実例を挙げながら，詳しく解説する。

A.1.1 文章のまとめ方・４段構成法 (「起承転結」型)

　昔から，文章を書く場合は「起承転結」がはっきりとわかるように書け，と言われている。「起承転結」とは，以下に示す，文章の構成のことである。

　　起 (書き出し) …… 書き出しの部分。話題・問題点を示す。
　　承 (話の展開) …… 起部をうけて，一つの考え方や意見を述べる。
　　転 (話の変転) …… 一転して，別の立場からの考え方や意見を述べる。
　　結 (まとめ) ……… 考えや意見をまとめる。

もとを言えば，これは漢詩の結句法に由来する。たとえば次の七言絶句 (王翰作) を見てみよう。

　　　　　　涼州詞　　王翰 (かん)
　　葡萄美酒夜光杯　　葡萄の美酒，夜光の杯 (さかずき)
　　欲飲琵琶馬上催　　飲まんと欲すれば，琵琶馬上に催 (もよお) す
　　醉臥沙上君莫笑　　酔うて砂上に臥 (ふ) す，君笑うことなかれ
　　古來征戰幾人囘　　古来征戦幾人か帰る

178　第Ⅲ部　応用編

> **余　談**
>
> 筆者の一人が中学生の頃，国語の教師が次のような詩を示して，「起承転結」を説明してくれた。
>
> | | |
> |---|---|
> | 京の三條糸屋の娘 | 〔起句〕 |
> | 姉は十八，妹は十五 | 〔承句〕 |
> | 諸国諸大名は弓矢で殺す | 〔転句〕 |
> | 糸屋娘は目で殺す | 〔結句〕 |
>
> 　これで「起承転結」の各部の構成上の違いはよくわかるだろう。伝承なので細かな点で相違（語句の違い）はあるようだ。頼山陽（らいさんよう，1780 〜 1832，江戸後期の儒学者，名は襄（のぼる），著書『日本外史』ほか）が初学者に説明する時に使った例とされている。

　さて，「起承転結」の文の構成では，「転」の部分において，全体の叙述の流れに対し意外な，一見関係のないと思われる考え方・意見が入ることによって，文全体に一種の緊張感が生まれている。そのことで，飽きの来ない，それでいて伝えたい内容（「結」の部分）を印象深くする効果を及ぼしている。新聞のコラム記事（朝日新聞の「天声人語」や日本経済新聞の「春秋」など）や 4 コマ漫画は大体このような構成になっている。さらには歌謡曲にもこの形式のもの（「A・A'・B・A'」の楽章形式，B はいわゆるサビの部分）があることがわかるであろう。しかし，文学作品ならばともかく，学術的なレポートではこのような形式をとる必要はない。

[実習 A.1]

　新聞のコラム記事（たとえば，日本経済新聞の「春秋」）を読み，各段落の内容を短い文章に要約してみよう。

A.1.2　レポートの構成・3 段構成法（「首胴尾」型）

　レポートとは具体的な事物について調査し，成果をまとめた報告文のことである。簡単な調査報告から卒業論文のような大部のものまでいろいろある。学術的な内容ならば，文学的な演出はいらないので，普通は「起承転結」の「転」の部分を除いた，3 つの部分からなる構成（「首胴尾」型）をとる。

はじめに（首部）……　書き出しの部分。話題・問題点を示す。

本文（胴部）…………　意見・考え方をいくつか述べる。具体的な事項・データに基づき，客観的事実のみを述べる。

まとめ（尾部）………　以上をまとめて，結論を述べる。

メインとなる「本文」の部分はいくつかの段落に分け，章立てをする場合もある。必要に応じて図・表・グラフなどを利用すると，視覚的効果が上がり，内容がわかりやすくなるので，大いに活用しよう。理系の論文では，最初に本文の内容を数行にまとめた「要旨」をつけることが多い。さらに，最近では，コンピュータによる検索ができるように，論文内容が推定できる「キーワード」の指定も求められるようになった。

A.1.3　解説文の構成・非分割法（「本文のみ」型）

解説文とは，博物館や展覧会の出品物に対する説明のように，まず具体的な事物があり，それに付随する解説として要点を手短かに述べたものである。通常，前書きを省き，必要事項のみ述べる。レポートよりも簡単な形式でよい。

本文……… 本体。具体的なデータなどに基づき，客観的に事実のみを述べる。

[実習 A.2]
自分自身を紹介する文章を書いてみよう。まず，要点をまとめたメモを作り，それから文章に仕上げる。（所要時間 30 分）

A.2　資料の集め方

レポートを書く作業は資料集めから始める。調べる対象は，まずは新聞・雑誌・書籍等であるが，そのほかインターネットのサイトも参考になる。新聞や雑誌は最新の情報を得られるという利点があり，今まさに議論が沸いているような，up-to-date な話題の場合は調べやすいが，もともとが一度読んだら読み捨てられる媒体であるので，少し前に話題となった事柄やふだんあまり話題に上らないようなテーマの場合はなかなか必要な情報が得にくいという面がある。ふだんから興味のある記事は切り抜きして収集しておく等の準備が必要である。事件が一段落すると，事件全体を総括する意味で**レビュー記事**が書かれる。そのような記事は資料性が高いので切り抜いて保存しておくと良いだろう。間違った内容の記事が掲載されることも時としてみられるので，他のニュースソースからも情報を入手して確認を取るなど，慎重さも必要である。書籍はその点，出版までに何度か校正を経ているので，最新の情報は得にくい代わりに情報の信頼度はかなり高いと言える。

パソコンの普及とともにインターネットが情報の入手源として大きな役割を持つようになった。最新のニュースは各新聞社のサイト（Web site, いわゆるホームページ）にアクセスすればじゅうぶんわかるし，記事は頻繁に更新されるので，速報性という観点からも申し分ない。各省庁・研究所や会社がさまざまな資料を公開しているので，今では多種多様な資料をインター

ネットからオンラインで入手することができる。また個人が自分自身の興味に基づいて特定の事柄について調べ，その内容を自分のサイトで公表している場合もある。このようなサイトを探し出すことができれば，専門書でしか得られないような情報や，どのように探したら良いのかわからない情報についての知見が得られる場合もある。情報の信頼度はサイトによりさまざまで，うわさ話程度のところもあるので，複数のサイトに当たって調べてみる必要があるだろう。探し方にも工夫がいるのであるが，ともあれ，必要な情報が手軽に，即入手できることはありがたい。

[実習 A.3]

　インターネットを利用して世界遺産（「世界文化遺産」と「世界自然遺産」）について調べてみよう。日本には登録された「世界文化遺産」と「世界自然遺産」としてどのようなものがあるだろうか。必要な資料をダウンロードしてみよう。また一番新しく登録された世界遺産とは何であろうか。

　最後に，入手した情報を自分の文書で使う場合には作者の著作権をじゅうぶん尊重し慎重に対処しなくてはならない。たとえば，サイトに掲載されている写真の画像・図版などを無断で勝手にコピーし自分の文書に貼り付けてはならない。また，説明の文章をそのままコピーして自分の文章として貼り付け（コピー＆ペースト）て使ってはならない。これらの行為はすべて著作権の侵害に該当し，告訴の対象となる犯罪行為である。サイトの情報はあくまで参照するだけであって，レポートの文章は自分で書くことが肝要である。写真や図版も必要なら自分で作ったものを載せること。どうしてもサイトに掲載された写真などが必要ならば，「著作権フリー」となっている場合を除き，原則としては，その著者に電子メールなどで問い合わせをし，掲載許可を文書の形で取ってから，利用すること。もちろん，文中にはそれらの情報の入手先を明記しておかなければならない。

A.3　実例：レポート作成

　それでは，「『世界文化遺産　法隆寺』について A4 判 1 枚のレポートを書く」という設定で実際に作業を進めてみよう。まずは資料の収集から，

　高校の教科書（『詳説日本史』山川出版社）によると，「聖徳太子が仏教保護奨励をすすめ，四天王寺とともに法隆寺を建立した。飛鳥時代の建築の代表的な遺構である。彫刻では金銅像が多く，中国の南北朝時代の影響がきわめて著しい。現在の法隆寺は再建されたものである。夢殿救世観音像と百済観音像などがある。」という説明がある。レポート 1 枚にまとめるには少し情報不足ではあるが，時代区分がはっきりし，日本史の中での位置づけなど大まかなことを

プロジェクト A　文章のまとめ方　*181*

知ることができる。

　つぎに，インターネットで情報を探ってみよう。ブラウザソフトで「世界遺産　法隆寺」を
キーワードとして，検索すると，約713,000件のヒットがあった。表示されたサイトのメニュー
のうち，

　　　「http://www.tabian.com/tiikibetu/kinki/nara/horyuji/」
を見るとかなり詳しい説明が写真や図版とともに載っている。

　「はじめに」の部分には，「世界文化遺産」の説明が必要であるから，検索エンジンを使って
「世界文化遺産とは」をキーワードとして，検索すると，『ウィキペディア（Wikipedia）』の「世
界遺産」の項目が見つかった。説明もかなり詳しい。それによると，「世界遺産」とはユネス
コの「世界の文化遺産および自然遺産の保護に関する条約」に基づいて決められた「世界遺産
リスト」に登録された「遺跡，景観，自然など，人類が共有すべき『顕著な普遍的価値』を持
つ物件」のことをいい，「自然」と「文化」および「複合」の3種類があること，法隆寺は日
本に現在17件ある「世界文化遺産」の一つ（登録名は「法隆寺地域の仏教建造物」）としてリス
トに入っていることがわかった。このサイトのリストから登録されている建造物を画像として
みることもできる。

　さて，KM君の作品（次のページ）を例として，まとめ方を見ていこう。まず，「はじめに」
では，法隆寺が指定を受けた「世界遺産」とはなにか，についてレポートの背景となる基本事
項から書き始める。例では，前述の『ウィキペディア』やその他のWebサイトの記述を参考
に簡単に事項をまとめている。続いて，本文の記述に入るが，この例では，法隆寺の建築物と
仏像の2つに段落を分けて説明が書かれている。重要と思われる事項のみでまとめたようだ。
教科書やWebサイトには，建物や仏像の画像や法隆寺境内の建物の位置のわかる配置図など
魅力的な資料が豊富にあるが，それらを使うととても紙1枚には収まらない。そこで，この例
では画像・図は使わないことにした。もちろん，入れられるならば画像や図による説明があっ
た方が良いが，その際は前述の著作権の問題があるので，できる限り自分で作ったものを使う
ことが望ましい。最後に，「まとめ」のところで，調べた内容を総括して書く。例では，法隆
寺は飛鳥時代に作られた寺であると思っていたが，実際はさまざまな時代の建造物もあって，
それら全体が世界文化遺産に登録されていることがわかった，ということが書かれ，簡単にま
とめられている。以上，これならば一応合格点はあげられよう。

[実習 A.4]
　次の事例を参考に「世界文化遺産」あるいは「世界自然遺産」から1つを選び簡潔な調査レ
ポートをまとめなさい。

182　第Ⅲ部　応用編

【参考事例】

世界文化遺産：「法隆寺地域の仏教建造物」

1. はじめに

「世界遺産（World Heritage）」とは，1972年ユネスコ（UNESCO, 国際連合教育科学文化機関）総会で採択された世界遺産条約（「世界の文化遺産および自然遺産の保護に関する条約」）に基づいて「世界遺産リスト」に登録された，自然と文化の遺産のことである。法隆寺の敷地は1993年12月「世界文化遺産」としてリストに登録された。

2. 法隆寺の建築物

法隆寺は，聖徳太子が仏教保護奨励をすすめ，四天王寺とともに建立した飛鳥時代の建築の代表的な遺構である。もとは用明天皇の病治癒を祈願して，607年（推古15年）に推古天皇とともに薬師像を祀る斑鳩寺の建築を始めたことに由来する。日本書紀によると，創建時の建物は670年（天智9年）に火災により消失したとある。現在の建物はその後，672年から689年にかけて再建したものと言われており，現存する世界最古の木造建築物である。19棟の国宝建築物と時代区分は次の通りである。

飛鳥時代　金堂（こんどう）・五重塔・中門
奈良時代　回廊・経蔵（きょうぞう）・綱封蔵（こうふうぞう）・食堂（じきどう）・東室（ひがしむろ）・
　　　　　西室（にしむろ）・東大門・夢殿・伝法堂
平安時代　大講堂・鐘楼
鎌倉時代　聖霊院・三経院（さんぎょういん）・西円堂・東院鐘楼
室町時代　南大門

3. 法隆寺の仏像

百済観音像は広隆寺弥勒菩薩などとともに1951年国宝に最初に指定された作品の一つで，飛鳥時代を代表する仏像である。百済の国から渡来したという言い伝えがあったことから「百済観音像」と呼ばれているが，材質が朝鮮半島ではふつう像に使われることのない，楠（くすのき）で作られていることから，我が国で造られた仏像であるとされている。記録がないため，いつ法隆寺に入ったかは明らかでない。

夢殿救世観音（ぐぜかんのん）像は「上宮王等身観世音菩薩像」と記録にあり，聖徳太子の等身像と言われている。夢殿のご本尊で長い間秘仏であった。楠の一木造りで，保存状態も良く金色に輝いている。

夢違（ゆめちがい，ゆめたがい）観音像は金銅製で白鳳時代の作品である。名前は悪い夢を見てもこの像を祈れば吉夢に替えてくれると言う言い伝えに由来するということだ。

国宝中宮寺弥勒菩薩は「半跏思惟像」といい，飛鳥時代後期の作品である。神秘的な微笑みをもった異国的な容貌は中国の北魏時代に造られた雲崗の石仏やガンダーラ芸術にもつながる特徴である。

4. まとめ

法隆寺の建立は飛鳥時代であるが，建築物や仏像は様々な時代の作品が残されている。石でできた西欧の建築物とちがい，木造の建築物が1300年の星霜に耐えて今日まで残されたこと自体，奇跡と言える。私たちはこの貴重な遺産を確実に次の世代へと遺していかなくてはならない。

参考文献

1. 『詳説日本史』山川出版社，2003
2. 世界遺産について，https://ja.wikipedia.org/wiki/ 世界遺産より
　法隆寺について，http://www.tabian.com/tiikibetu/kinki/nara/horyuji より

プロジェクト B1
企業の投資業績とマクロ経済指標との関連性分析（相関分析）（＊）

B1.1 基本統計量の処理

　企業の経営行動は当然経済の状況に影響を受ける。このプロジェクトでは，ある投資ファンド（株式ポートフォリオ：プロジェクト B2 で考察する）運用業績が，資本市場全体の動向といかなる関連をもっているのか，その関連性の方向・程度を分析する。

　資本市場全体の推移は日本経済全体の状況を表していることを考えると，個々の投資ファンド実績が経済全体の動きと何らかの関連をもっているのかを分析することになる。市場全体の動向を測定するデータとして「東証株価指数（TOPIX）」を用いることにする。また投資ファンド実績として「ニッセイ日本株式オープン」の投資結果を用いることにする。

	A	B	C	D	E	F	G	H	I	J
1		「ニッセイ日本株式オープン」				「東証株価指数」				
2										
3	データNo	行使日付	ファンド市場価格		日付	始値	高値	安値	終値	
4	1	2015年1月	7,019		2015年1月	1,400.9	1,433.4	1,343.3	1,415.1	
5	2	2015年2月	7,338		2015年2月	1,402.5	1,529.2	1,387.4	1,523.9	
6	3	2015年3月	7,938		2015年3月	1,528.8	1,594.7	1,504.5	1,543.1	
7	4	2015年4月	8,096		2015年4月	1,536.7	1,633.8	1,519.4	1,592.8	
8	5	2015年5月	8,233		2015年5月	1,587.1	1,680.4	1,571.4	1,673.7	
9	6	2015年6月	8,764		2015年6月	1,662.6	1,686.6	1,616.7	1,630.4	
10	7	2015年7月	8,477		2015年7月	1,635.1	1,674.3	1,526.1	1,659.5	
11	8	2015年8月	8,803		2015年8月	1,659.7	1,702.8	1,410.9	1,537.1	
12	9	2015年9月	7,587		2015年9月	1,526.7	1,528.6	1,371.4	1,411.2	
13	10	2015年10月	7,757		2015年10月	1,422.4	1,570.1	1,414.2	1,558.2	
14	11	2015年11月	8,206		2015年11月	1,539.4	1,609.8	1,523.3	1,580.3	
15	12	2015年12月	8,356		2015年12月	1,585.5	1,607.3	1,502.6	1,547.3	
16	13	2016年1月	7,870		2016年1月	1,532.5	1,544.7	1,301.5	1,432.1	
17	14	2016年2月	7,352		2016年2月	1,448.0	1,463.8	1,193.9	1,297.9	
18	15	2016年3月	7,115		2016年3月	1,295.2	1,384.4	1,284.5	1,347.2	
19	16	2016年4月	6,723		2016年4月	1,343.2	1,413.0	1,250.8	1,340.6	
20	17	2016年5月	6,833		2016年5月	1,316.6	1,380.9	1,289.0	1,379.8	
21	18	2016年6月	6,968		2016年6月	1,370.0	1,374.4	1,192.8	1,245.8	
22	19	2016年7月	6,457		2016年7月	1,254.9	1,347.2	1,209.9	1,322.7	
23	20	2016年8月	6,731		2016年8月	1,308.3	1,331.0	1,262.9	1,329.5	
24	21	2016年9月	7,020		2016年9月	1,330.8	1,357.4	1,296.4	1,322.8	
25	22	2016年10月	7,002		2016年10月	1,332.1	1,393.4	1,329.1	1,393.0	
26	23	2016年11月	7,023		2016年11月	1,392.0	1,473.0	1,287.4	1,469.4	
27	24	2016年12月	7,629		2016年12月	1,486.1	1,558.8	1,462.1	1,518.6	
28	25	2017年1月	8,016		2017年1月	1,533.0	1,558.5	1,495.0	1,521.7	
29	26	2017年2月	7,770		2017年2月	1,511.3	1,559.5	1,507.1	1,535.3	
30	27	2017年3月	7,943		2017年3月	1,543.1	1,578.5	1,512.6	1,512.6	
31	28	2017年4月	7,619		2017年4月	1,518.9	1,538.9	1,452.2	1,531.8	
32	29	2017年5月	8,204		2017年5月	1,531.5	1,590.7	1,530.3	1,568.4	
33	30	2017年6月	8,398		2017年6月	1,570.5	1,627.5	1,570.2	1,611.9	
34	31	2017年7月	8,596		2017年7月	1,613.7	1,636.5	1,602.5	1,618.6	
35	32	2017年8月	8,657		2017年8月	1,619.1	1,642.3	1,589.1	1,617.4	
36	33	2017年9月	8,382		2017年9月	1,624.4	1,679.8	1,578.7	1,674.8	
37	34	2017年10月	8,981		2017年10月	1,677.8	1,772.6	1,671.1	1,766.0	
38	35	2017年11月	9,612		2017年11月	1,776.0	1,844.1	1,737.7	1,792.1	
39	36	2017年12月	9,412		2017年12月	1,804.8	1,833.3	1,761.2	1,817.6	
40		平均値	7,858		平均値	1,506	1,559	1,446	1,518	
41		リスク（標準偏差）	789.3		リスク（標準偏差）	136.5	134.1	152.1	142.8	
42										

図 B1.1

184　第Ⅲ部　応用編

付属ディスクにあるファイル（プロジェクトC1（ニッセイ, TOPIX））にアクセスして, C列, F列～I列の平均値, リスクの箇所に関数式を入力して求める（2008年1月～2018年2月までの月次データ）。ここでのリスクとは各データが平均値からどの程度散らばりをもっているかを測定したものであり, 統計学の用語では「標準偏差」という。

たとえば, C41に入力する関数式は, 対象データが母集団の一部（サンプル・データ）であれば,

$$= STDEV.S \ (C4 : C39)$$

となる。

対象データが母集団全体であれば,

$$= STDEV.P \ (C4 : C39)$$

となる（図B1.1ではサンプル・データとして処理）（ここでは全期間のうち2015年1月～2017年12月までのデータを用いている）。

データがガウス分布に従うとすれば, ここで計算した平均値とリスクの2つのパラメータによって, データ分布はほぼ完全に特定化することができる。

B1.2　データの加工（相対データ）

各データの分布はそれぞれ異なった平均値（代表値）と標準偏差（リスク）をもっている。したがって, この分布の違いを調整し相対的比較が可能となるデータに変換する必要がある。

たとえばつぎのような分布のデータで考えてみると,

項　目	平均値	リスク
A	0	1
B	0	3

A項目のなかの6というデータはB項目では18というデータに相当することになる。すなわちA項目の6とB項目の18が相対的に等しいことになる。そこでこのような比較が可能なデータ：「相対データ」を用いることによって, 項目間の相対的比較, さらには関連性の分析をすることができる。

A項目　　6 = 平均値（0）＋リスク（1）×⑥

B項目　　18 = 平均値（0）＋リスク（3）×⑥

A項目の6というデータは, 平均値 +6倍のリスクに位置するデータであり, B項目の18というデータは平均値 +6倍のリスクに位置するデータであることがわかる。

相対的に等しいデータは「リスクの倍率」が等しくなっていることがわかる。そこで, この倍率をデータとして用いれば比較が可能となる。この倍率を「相対データ」という。

$$\text{相対データ} = \frac{(\text{データ} - \text{平均値})}{\text{リスク}}$$

でもとめることができる。この計算式の分子を「偏差」という（ここでは TOPIX については終値のデータを用いている）。

	「ニッセイ日本株式オープン」			「東証株価指数」					相対データ	
データNo	行使日付	ファンド市場価格		日付	始値	高値	安値	終値	ファンド市場価格	終値
1	2015年1月	7,019		2015年1月	1,400.9	1,433.4	1,343.3	1,415.1	-1.1	-0.7
2	2015年2月	7,338		2015年2月	1,402.5	1,528.2	1,387.4	1,523.9	-0.7	0.0
3	2015年3月	7,938		2015年3月	1,528.8	1,594.7	1,504.5	1,543.1	0.1	0.2
4	2015年4月	8,096		2015年4月	1,536.7	1,633.8	1,519.4	1,592.8	0.3	0.5
5	2015年5月	8,233		2015年5月	1,587.1	1,680.4	1,571.4	1,673.7	0.5	1.1
6	2015年6月	8,764		2015年6月	1,662.6	1,686.6	1,616.7	1,630.4	1.1	0.8
7	2015年7月	8,477		2015年7月	1,635.1	1,674.3	1,526.1	1,659.5	0.8	1.0
8	2015年8月	8,803		2015年8月	1,659.7	1,702.8	1,410.9	1,537.1	1.2	0.1
9	2015年9月	7,587		2015年9月	1,526.7	1,528.6	1,371.4	1,411.2	-0.3	-0.7
10	2015年10月	7,757		2015年10月	1,422.4	1,570.1	1,414.2	1,558.2	-0.1	0.3
11	2015年11月	8,206		2015年11月	1,539.4	1,609.8	1,523.3	1,580.3	0.4	0.4
12	2015年12月	8,356		2015年12月	1,585.5	1,607.3	1,502.6	1,547.3	0.6	0.2
13	2016年1月	7,870		2016年1月	1,532.5	1,544.7	1,301.5	1,432.1	0.0	-0.6
14	2016年2月	7,352		2016年2月	1,448.0	1,463.8	1,193.9	1,297.9	-0.6	-1.5
15	2016年3月	7,115		2016年3月	1,295.2	1,384.4	1,284.5	1,347.2	-0.9	-1.2
16	2016年4月	6,723		2016年4月	1,343.2	1,413.0	1,250.8	1,340.6	-1.4	-1.2
17	2016年5月	6,833		2016年5月	1,316.6	1,360.9	1,289.0	1,379.8	-1.3	-1.0
18	2016年6月	6,968		2016年6月	1,370.0	1,374.4	1,192.8	1,245.8	-1.1	-1.9
19	2016年7月	6,457		2016年7月	1,254.9	1,347.2	1,209.9	1,322.7	-1.8	-1.4
20	2016年8月	6,731		2016年8月	1,308.3	1,331.0	1,262.9	1,329.5	-1.4	-1.3
21	2016年9月	7,020		2016年9月	1,330.8	1,357.4	1,296.4	1,322.8	-1.1	-1.4
22	2016年10月	7,002		2016年10月	1,332.1	1,393.4	1,329.1	1,393.0	-1.1	-0.9
23	2016年11月	7,023		2016年11月	1,392.0	1,473.0	1,287.4	1,469.4	-1.1	-0.3
24	2016年12月	7,629		2016年12月	1,486.1	1,558.8	1,462.1	1,518.6	-0.3	0.0
25	2017年1月	8,016		2017年1月	1,533.0	1,558.5	1,495.0	1,521.7	0.2	0.0
26	2017年2月	7,770		2017年2月	1,511.3	1,559.5	1,507.1	1,535.3	-0.1	0.1
27	2017年3月	7,943		2017年3月	1,543.1	1,578.5	1,512.6	1,512.6	0.1	0.0
28	2017年4月	7,619		2017年4月	1,518.9	1,538.9	1,452.2	1,531.8	-0.3	0.1
29	2017年5月	8,204		2017年5月	1,531.5	1,590.7	1,530.3	1,568.4	0.4	0.4
30	2017年6月	8,398		2017年6月	1,570.5	1,627.5	1,570.2	1,611.9	0.7	0.7
31	2017年7月	8,596		2017年7月	1,613.7	1,636.5	1,602.5	1,618.6	0.9	0.7
32	2017年8月	8,657		2017年8月	1,619.1	1,642.3	1,589.1	1,617.4	1.0	0.7
33	2017年9月	8,382		2017年9月	1,624.4	1,679.8	1,578.7	1,674.8	0.7	1.1
34	2017年10月	8,981		2017年10月	1,677.8	1,772.6	1,671.1	1,766.0	1.4	1.7
35	2017年11月	9,612		2017年11月	1,776.0	1,844.1	1,737.7	1,792.1	2.2	1.9
36	2017年12月	9,412		2017年12月	1,804.8	1,833.3	1,761.2	1,817.6	2.0	2.1
	平均値	7,858		平均	1,506	1,559	1,446	1,518		
	リスク(標準偏差)	789.3		リスク(標準偏差)	136.5	134.1	152.1	142.8		

図 B1.2

[実習 B1.1]

図 B1.2 にあるように計算式を入力して相対データを計算せよ。また全期間の始値，高値，安値についても相対データを計算せよ。

B1.3 散布図による関連性分析

図 B1.2 に示した相対データを用いて「散布図」を作成すると，2 つの項目（2 変数）間での関連性を知ることができる。

もし，ひとつの項目（A）の相対データが増加（減少）するときもう一方の項目（B）の相対データも増加（減少）する傾向をもっている場合にはそのデータをプロットすると，

186　第Ⅲ部　応用編

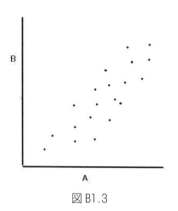

図B1.3

図B1.3のようになり，両者の項目は同じような動きをしていることがわかる。このような関連を**順関連**という。それに対して反対の動きをする傾向をもっているとすると図B1.4のようになり，このような関連を**逆関連**という。

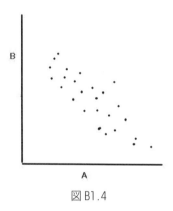

図B1.4

順関連の傾向をもつデータと逆関連の傾向をもつデータが混在していて，その割合がほぼ等しいとすると散布図は図B1.5のようになり，このような関連を**無関連**という。

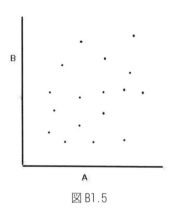

図B1.5

図B1.2のなかの相対データ範囲をドラッグし,「挿入」→「グラフ」→「散布図」(ここではメニューから「マーカーのみ」をクリック) を選択して作図しタイトルなどを入力する。

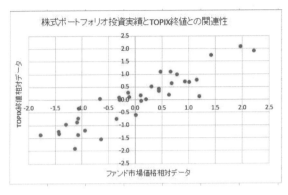

図B1.6

[実習B1.2]

図B1.6にあるような相対データの散布図を作成せよ。

図B1.6から,投資実績とTOPIXとの間にはかなり強い順関連性があることがわかり,株式市場全体が活況になるとこの投資ファンドの投資実績も上昇してきたことがわかる。

B1.4　関連性の数値化

同時確率的考え方を基にして,関連性を数値で表すことができる。2項目間での相対データの積合計をもとめてそれを平均すればよい。完全な順関連性が存在するならば,この値は＋1になり,完全な逆関連ならば－1,完全な無関連ならば0になる。

したがって関連性の数値は－1〜＋1の範囲になる。

[実習B1.3]

図B1.7のように関連性を数値化せよ (相関係数を求めよ)。

図B1.7にあるように投資実績とTOPIXとの関連性は＋0.88であるので,散布図で検討した結果と同様に,かなり強い順関連性が確認できる。

[実習B1.4]

全期間データを用いて関連性の程度を分析せよ。

相対データ		相対データ積
ファンド市場価格	終値	
-1.1	-0.7	0.8
-0.7	0.0	0.0
0.1	0.2	0.0
0.3	0.5	0.2
0.5	1.1	0.5
1.1	0.8	0.9
0.8	1.0	0.8
1.2	0.1	0.2
-0.3	-0.7	0.3
-0.1	0.3	0.0
0.4	0.4	0.2
0.6	0.2	0.1
0.0	-0.6	0.0
-0.6	-1.5	1.0
-0.9	-1.2	1.1
-1.4	-1.2	1.8
-1.3	-1.0	1.3
-1.1	-1.9	2.1
-1.8	-1.4	2.4
-1.4	-1.3	1.9
-1.1	-1.4	1.4
-1.1	-0.9	0.9
-1.1	-0.3	0.4
-0.3	0.0	0.0
0.2	0.0	0.0
-0.1	0.1	0.0
0.1	0.0	0.0
-0.3	0.1	0.0
0.4	0.4	0.2
0.7	0.7	0.5
0.9	0.7	0.7
1.0	0.7	0.7
0.7	1.1	0.7
1.4	1.7	2.5
2.2	1.9	4.3
2.0	2.1	4.1
	積合計	31.7
	関連性〈相関係数〉	0.88

図 B1.7

[実習 B1.5]

企業行動において日々発生する財務データ間の関連性（相関）を把握することは，資本構成の決定，財務管理，配当政策などに関わる基本方針を決定する上での重要な要件となる。付属ディスク上にある「財務データ」にアクセスし EXCEL の外部データの取込機能を用いて取り込み編集すると，たとえば図 B1.8 のようになる。

この財務データに関して関連性の分析をせよ。

	A	B	C	D	E
1	財務データ				
2					
3	年度	Aデータ	Bデータ	Cデータ	
4	1998	10.7	7.1	1.4	
5	1999	17.5	9.9	1.2	
6	2000	15.9	9.5	1.2	
7	2001	11.1	6.5	1.1	
8	2002	17.6	10.3	1.1	
9	2003	17.0	9.8	1.3	
10	2004	18.3	9.4	1.2	
11	2005	18.4	9.8	1.2	
12	2006	15.7	6.6	1.2	
13	2007	10.1	5.9	1.2	
14	2008	4.8	4.5	2.3	
15	2009	4.5	3.0	2.4	
16	2010	6.8	2.5	2.7	
17	2011	6.3	3.5	2.7	
18	2012	4.6	3.9	2.6	
19	2013	4.8	4.1	2.7	
20	2014	6.8	5.6	2.8	
21	2015	7.1	4.2	2.5	
22	2016	8.0	4.2	2.2	
23	2017	5.6	2.8	2.0	
24	平均値	10.6	6.2	1.9	
25	標準偏差	5.2	2.7	0.7	
26					
27					

図 B1.8

[実習 B1.6]

たとえば失業率と GDP など各自がデータを収集し，それらの関連性を分析せよ。

（付属ディスクにあるデータは「ニッセイアセットマネジメント株式会社　日本株式運用報告書」ならびに「東証株価指数（TOPIX）」から引用・加工した）

プロジェクト B2
株式ポートフォリオの期待値とリスク（＊＊）

　ポートフォリオ（portfolio）とは，もともとは「書類」などが入っているカバンという意味である。このプロジェクトで考察するポートフォリオの中身は「書類」ではなく「株式」である。したがって，株式ポートフォリオが投資の対象となり，ひとつの企業の株式にのみ投資をするのではなく，複数の企業の株式を組み合わせたものに投資することを意味する。

　投資対象の評価は，期待値（投資収益率の期待値）とリスク（投資収益率の標準偏差）によってなされる。このプロジェクトでは，期待値とリスクの求め方ならびにポートフォリオに投資することによるリスクの分散効果について考察する。

B2.1　個別株式投資の期待値とリスク

（データの読み込み）付属ディスクに保存してあるデータ（プロジェクト B2（株式投資収益率））を EXCEL の「外部データの取り込み」機能をつかって取り込む。「データ」→「外部データの取り込み」→「テキストファイル」の順にクリックする。

　「ファイルの場所」，「目的のファイル名」（ここではプロジェクト B2（株式投資収益率））を選択して「インポート」ボタンをクリックする。

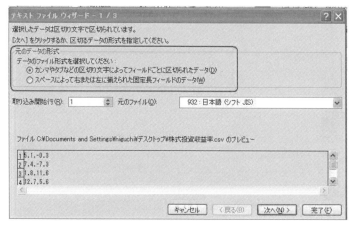

図 B2.1

　図 B2.1 にあるように「テキストファイルウィザード」が表示されるので，「元のデータの形式」を選択する。ここでは「カンマやタブなどの区切り文字によってフィールドごとに区切ら

れたデータ (D)」を選択する (ここでのファイルは CSV (Comma Separated Values) 形式，すなわちデータ項目をカンマで区切っている最も汎用的な形式であるのでこれを選択する)。「次へ」のボタンをクリックする。

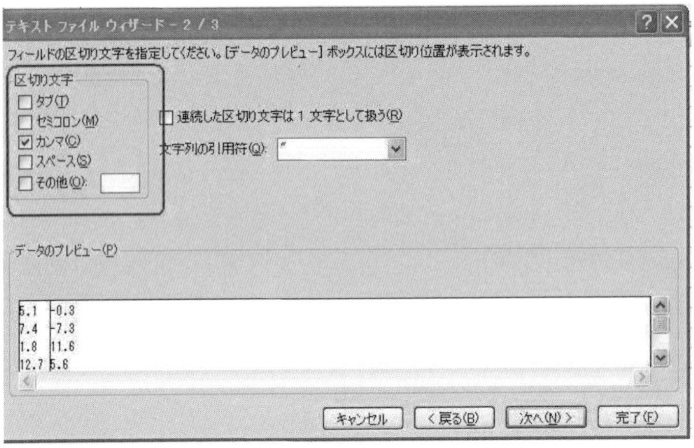

図 B2.2

つぎの「テキストファイルウィザード」で「区切り文字」を選択する。ここでは CSV 形式のファイルであるので「カンマ」を選択し「次へ」ボタンをクリックする。

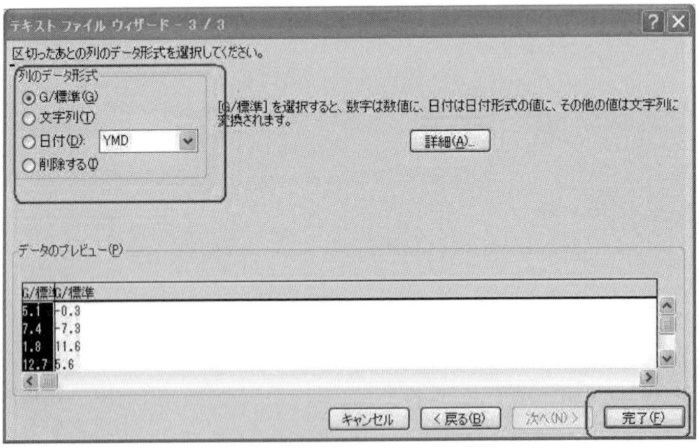

図 B2.3

つぎのウィザードで「列のデータ形式」を選択する。通常は「G/ 標準 (G)」を選択し「完了」ボタンをクリックする。するとデータの取り込み位置やシートを選択するメニューが表示されるので，取り込むシートやセルをクリックし「OK」をクリックする。ここでは「既存のワークシート」のままで，C3 をクリックする。「OK」をクリックすると外部データが取り込まれる。

図 B2.4 を参考に項目名などを入力して表を整える。

	A	B	C	D	E
1	**A社とB社の月次株式投資収益率**				
2	年	月	A社	B社	
3	2014	1	5.1	-0.3	
4		2	7.4	-7.3	
5		3	1.8	11.6	
6		4	12.7	5.6	
7		5	1.8	4.9	
8		6	1.5	0	
9		7	-0.7	-1.7	
10		8	2.5	-1.8	
11		9	7.8	1.9	
12		10	6.5	8.8	
13		11	3	0.4	
14		12	7.1	-1.8	
15	2015	1	-2.3	3.4	
16		2	6.3	-4	
17		3	5.1	-1.4	
18		4	1.1	25.4	
19		5	-1.5	4.9	
20		6	5.5	2.5	
21		7	0.5	7.6	
22		8	0.8	7.2	
23		9	7	2.9	
24		10	0.8	-3.1	
25		11	2.3	3	
26		12	2.5	-0.2	
27	2016	1	1.6	-0.8	
28		2	2.6	0.2	
29		3	7.3	-6	
30		4	9.9	10.4	
31		5	5.6	7.5	
32		6	-2.9	-6.4	
33		7	2.1	0.1	
34		8	5.4	9.5	
35		9	2.8	-0.9	
36		10	2.6	13.1	
37		11	-3.9	2.3	
38		12	-3.8	-1.3	
39	2017	1	-2.3	-2	
40		2	-1.1	5.2	
41		3	-2.3	4.8	
42		4	1.4	8.1	
43		5	-1.8	28.7	
44		6	3.1	11.2	
45		7	-3.2	7.4	
46		8	-3.4	1.9	
47		9	3.4	-2.4	
48		10	4.3	10.7	
49		11	0.1	5.8	
50		12	5.3	-3.2	
51		期待値	2.45	3.59	
52		リスク	3.82	7.09	
53					

図 B2.4

(期待値のリスクの計算) プロジェクト B1 で学んだ関数式を用いて，期待値とリスクを計算する（ここでの対象データはサンプルであるとする）。

B株式はA株式に比べて期待値が大きいがその分リスクがB株式の方が大きくなっていることがわかる。どちらの株式を選択するかは投資家の「リスク」に対する態度によって決まる。より大きなリスクを負担してもより高い期待値を望む投資家ならばB株式を選択するであろう。

B2.2　株式ポートフォリオの期待値とリスク

A, B両方の株式に投資した場合の，すなわち株式ポートフォリオに投資した場合のその期待値とリスクを計算し，個々の株式の期待値・リスクとの関連を考察する。ここでの投資比率は50%とする。すなわちA株式B株式に同じウエイトで投資した場合を考える。

	A	B	C	D	E	F	G	H	I	J
1	A社とB社の月次株式投資収益率、ポートフォリオ投資収益率									
2	年	月	A社	B社	ポートフォリオ		投資比率			
3		1	5.1	-0.3	2.4		A株式 =	0.5		
4		2	7.4	-7.3	0.05		B株式 =	0.5		
5		3	1.8	11.6	6.7					
6		4	12.7	5.6	9.15					
7		5	1.8	4.9	3.35					
8	2014	6	1.5	0	0.75					
9		7	-0.7	-1.7	-1.2					
10		8	2.5	-1.8	0.35					
11		9	7.8	1.9	4.85					
12		10	6.5	8.8	7.65					
13		11	3	0.4	1.7					
14		12	7.1	-1.8	2.65					
15		1	-2.3	3.4	0.55					
16		2	6.3	-4	1.15					
17		3	5.1	-1.4	1.85					
18		4	1.1	25.4	13.25					
19		5	-1.5	4.9	1.7					
20	2015	6	5.5	2.5	4					
21		7	0.5	7.6	4.05					
22		8	0.8	7.2	4					
23		9	7	2.9	4.95					
24		10	0.8	-3.1	-1.15					
25		11	2.3	3	2.65					
26		12	2.5	-0.2	1.15					
27		1	1.6	-0.8	0.4					
28		2	2.6	0.2	1.4					
29		3	7.3	-6	0.65					
30		4	9.9	10.4	10.15					
31		5	5.6	7.5	6.55					
32	2016	6	-2.9	-6.4	-4.65					
33		7	2.1	0.1	1.1					

ここに投資比率（ウエイト）を入力

ここに計算式を入力して残りのセルにコピー貼付する

図B2.5

H3, H4に投資比率を入力し，E3にポートフォリオ投資収益率を求める計算式を入力して残りのセルにコピーをする。ポートフォリオ投資収益率は，

=C3*$H$3+D3*$H$4

となる。したがって，ポートフォリオ投資収益率は，個々の株式投資収益率の加重平均であることがわかる（投資比率がウエイト）。この値をもとにしてポートフォリオの期待値とリスクをもとめると期待値 = 3.02，リスク = 3.86となり，期待値ならびにリスクの大きさがA株式B株式のそれの中間に位置する値になっていることがわかる。

194　第Ⅲ部　応用編

	A	B	C	D	E	F	G	H
30		4	9.9	10.4	10.15			
31		5	5.6	7.5	6.55			
32	2016	6	-2.9	-6.4	-4.65			
33		7	2.1	0.1	1.1			
34		8	5.4	9.5	7.45			
35		9	2.8	-0.9	0.95			
36		10	2.6	13.1	7.85			
37		11	-3.9	2.3	-0.8			
38		12	-3.8	-1.3	-2.55			
39		1	-2.3	-2	-2.15			
40		2	-1.1	5.2	2.05			
41		3	-2.3	4.8	1.25			
42		4	1.4	8.1	4.75			
43		5	-1.8	28.7	13.45			
44	2017	6	3.1	11.2	7.15			
45		7	-3.2	7.4	2.1			
46		8	-3.4	1.9	-0.75			
47		9	3.4	-2.4	0.5			
48		10	4.3	10.7	7.5			
49		11	0.1	5.8	2.95			
50		12	5.3	-3.2	1.05			
51		期待値	2.45	3.59	3.02	加重平均	3.02	
52		リスク	3.82	7.09	3.86	加重平均	5.45	
53								
54								
55								
56								
57								
58								
59								
60								
61								
62								
63								

株式ポートフォリオ
の期待値, リスク

A 株式, B 株式の期待値
リスクの加重平均値を
求める式を入力する。

図 B2.6

　ポートフォリオの期待値, リスクと個々の株式とのそれとの関係をみる。図 B2.6 にあるように G51, G52 に,

=C51*$H$3+D51*$H$4

=C52*$H$3+D52*$H$4

　A, B 株式の期待値, リスクのそれぞれの加重平均値をもとめる計算式を入力すると, つぎのことがわかる。

　　　ポートフォリオ投資収益率の期待値は, 個々の株式投資収益率の期待値の加重平均値である。

　　　ポートフォリオ投資収益率のリスクは, 個々の株式投資収益率のリスクの加重平均値ではない。

　なぜ「ポートフォリオのリスクは, 個々の株式のリスクの加重平均とはならない」のであろうか。この点を考察するためにプロジェクト B1 で学んだ「関連性」を A 株式 B 株式に関して求めてみる。

プロジェクト B2　株式ポートフォリオの期待値とリスク（＊＊）　195

年	月	A社	B社	ポートフォリオ	相対データ A社	相対データ B社	積
						データ= 48	
	1	5.1	-0.3	2.4	0.70	-0.55	-0.38
	2	7.4	-7.3	0.05	1.30	-1.54	-2.00
	3	1.8	11.6	6.7	-0.17	1.13	-0.19
	4	12.7	5.6	9.15	2.69	0.28	0.76
	5	1.8	4.9	3.35	-0.17	0.18	-0.03
2014	6	1.5	0	0.75	-0.25	-0.51	0.13
	7	-0.7	-1.7	-1.2	-0.82	-0.75	0.62
	8	2.5	-1.8	0.35	0.01	-0.76	-0.01
	9	7.8	1.9	4.85	1.40	-0.24	-0.34
	10	6.5	8.8	7.65	1.06	0.74	0.78
	11	3	0.4	1.7	0.15	-0.45	-0.07
	12	7.1	-1.8	2.65	1.22	-0.76	-0.93
	1	-2.3	3.4	0.55	-1.24	-0.03	0.03
	2	6.3	-4	1.15	1.01	-1.07	-1.08
	3	5.1	-1.4	1.85	0.70	-0.70	-0.49
	4	1.1	25.4	13.25	-0.35	3.08	-1.08
	5	-1.5	4.9	1.7	-1.03	0.18	-0.19
2015	6	5.5	2.5	4	0.80	-0.15	-0.12
	7	0.5	7.6	4.05	-0.51	0.57	-0.29
	8	0.8	7.2	4	-0.43	0.51	-0.22
	9	7	2.9	4.95	1.19	-0.10	-0.12
	10	0.8	-3.1	-1.15	-0.43	-0.94	0.41
	11	2.3	3	2.65	-0.04	-0.08	0.00
	12	2.5	-0.2	1.15	0.01	-0.54	-0.01
	1	1.6	-0.8	0.4	-0.22	-0.62	0.14
	2	2.6	0.2	1.4	0.04	-0.48	-0.02
	3	7.3	-6	0.65	1.27	-1.35	-1.72

投資比率
A株式= 0.5
B株式= 0.5

ここにデータ数= 48
(48カ月分のデータ数)
入力

ここにプロジェクトB1で学んだ相対データを求める式。相対データの積を求める式を入力

図 B2.7

年	月	A社	B社	ポートフォリオ	相対データ A社	相対データ B社	積		
	11	2.3	3	2.65	-0.04	-0.08	0.00		
	12	2.5	-0.2	1.15	0.01	-0.54	-0.01		
	1	1.6	-0.8	0.4	-0.22	-0.62	0.14		
	2	2.6	0.2	1.4	0.04	-0.48	-0.02		
	3	7.3	-6	0.65	1.27	-1.35	-1.72		
	4	9.9	10.4	10.15	1.95	0.96	1.88		
	5	5.6	7.5	6.55	0.83	0.55	0.46		
2016	6	-2.9	-6.4	-4.65	-1.40	-1.41	1.98		
	7	2.1	0.1	1.1	-0.09	-0.49	0.04		
	8	5.4	9.5	7.45	0.83	0.65	0.65		
	9	2.8	-0.9	0.95	0.09	-0.63	-0.06		
	10	2.6	13.1	7.85	0.04	1.34	0.05		
	11	-3.9	2.3	-0.8	-1.66	-0.18	0.30		
	12	-3.8	-1.3	-2.55	-1.64	-0.69	1.13		
	1	-2.3	-2	-2.15	-1.24	-0.79	0.98		
	2	-1.1	5.2	2.05	-0.93	0.23	-0.21		
	3	-2.3	4.8	1.25	-1.24	0.17	-0.21		
	4	1.4	8.1	4.75	-0.27	0.64	-0.17		
	5	-1.8	28.7	13.45	-1.11	3.54	-3.94		
2017	6	3.1	11.2	7.15	0.17	1.07	0.18		
	7	-3.2	7.4	2.1	-1.48	0.54	-0.80		
	8	-3.4	1.9	-0.75	-1.53	-0.24	0.37		
	9	3.4	-2.4	0.5	0.25	-0.85	-0.21		
	10	4.3	10.7	7.5	0.49	1.00	0.49		
	11	0.1	5.8	2.95	-0.61	0.31	-0.19		
	12	5.3	-3.2	1.05	0.75	-0.96	-0.72		
	期待値	2.45	3.59	3.02		積合計	-4.05	加重平均	3.02
	リスク	3.82	7.09	3.86		関連性	-0.08	加重平均	5.45

プロジェクトB1で学んだ計算式を入力して「関連性」を求める

図 B2.8

　関連性の値は -0.08 であることがわかる。この値から僅かではあるが A 社と B 社との間には「逆の関連性」があることが確認できる。逆関連があるということは A 株式の投資収益率が上昇（下降）するときに B 株式のそれは下降（上昇）するという，逆の動きをする傾向をもっていることを意味する。

　このことは個々の株式に投資するのではなくポートフォリオに投資した場合には，たとえば A 株式の投資収益率が悪化したときに，その悪化分を B 株式の投資収益率の上昇分がある程度カバーしてくれることを意味する。したがってその分リスクが減少し，

　　　　ポートフォリオのリスク＝ **3.86** ＜ A, B 株式のリスクの加重平均＝ **5.45**

という結果になったのである。

株式ポートフォリオに投資することにより個々の株式に投資した場合と比較してリスクの値が縮小していることがわかる。

B2.3　リスクの分散化

ポートフォリオのリスクは，ポートフォリオに組み込まれる個々の株式間での関連性に影響を受けることが前節の考察でわかった。ポートフォリオに組み込まれる個々の株式のリスクはつぎのようになる。

表 B2.1

	A 株式	B 株式
A 株式	$W_A W_A \sigma_A \sigma_A$	$W_A W_B \sigma_A \sigma_B$
B 株式	$W_B W_A \sigma_B \sigma_A$	$W_B W_B \sigma_B \sigma_B$

W_A, W_B：投資比率　　σ_A, σ_A はリスク

表 B2.1 内，関連性に影響を受ける要素は，

$$W_A W_B \sigma_A \sigma_B, \ W_B W_A \sigma_B \sigma_A$$

であるので関連性を rAB として，ポートフォリオのリスク（σ_p）を表すとつぎのようになる。

$$\sigma_P = \sqrt{(W_A^2 \sigma_A^2 + W_B^2 \sigma_B^2 + 2W_A W_B \sigma_A \sigma_B r_{AB})} \qquad (1)$$

関連性の値はすでに学んだように –1 〜 +1 の値をとるので，完全無関連の場合は (1) の右辺第 3 項の値がゼロとなるので，ポートフォリオのリスクは個々の株式のリスクの加重平均値と等しくなる。もし，逆関連の場合には，ポートフォリオのリスクは個々の株式リスクの加重平均値よりも小さい値となることが (1) 式からわかる。

したがって逆関連性があるような株式をポートフォリオに組み込むことによってリスクを減少させることが期待できるのである。

[実習 B2.1]

図 B2.8 のデータを (1) 式に代入しポートフォリオのリスクを計算せよ。その結果が E53 にある結果と一致することを確認せよ。

[実習 B2.1]

図 B2.8 に「ポートフォリオの相対データ」の処理を追加し，A 社単独，B 社単独，A 社・B 社ポートフォリオ，それぞれの相対データをグラフ化して（図 B2.9 を参照）わかったことをまとめよ。

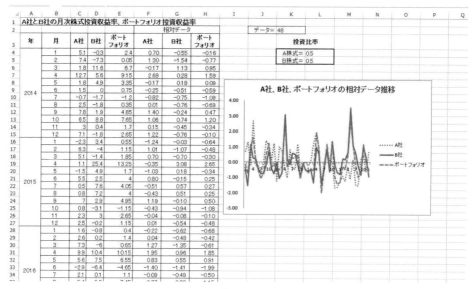

図 B2.9

プロジェクト B3
最適在庫水準（最適発注量）の意思決定（＊＊）

企業経営において在庫を持つ（流動資産：在庫への投資）ということは，「経営資源の遊休化」＝「機会費用の発生」を意味する。その観点からの理想的経営は「在庫ゼロの経営」ということになる。しかしながら，たとえば海外から原材料などを輸入している場合，その原材料を在庫として全く持たずに経営をしていくことは現実的な意思決定ではない。その理由として，その原材料を発注してから生産ラインにのるまでの時間を考慮しないわけにはいかないことがある。すなわち「リードタイム」の存在である。

さらに，「在庫ゼロの経営」を困難にしている大きな要因は「需要の変動」である。将来の需要が確定的でない限り，適正な水準の在庫を保有し，需要変動に対応していく必要がある。

最適な在庫水準をどのようにして決定していくのかをこのプロジェクトでは考察する。

B3.1　発注量と平均在庫量との関連

まずは，需要予測が完全であり，リードタイムがない状態を仮定して発注量と平均在庫量との関連を分析する。

1日あたりの需要が1,000単位で一定，1回に10日分ずつ発注した場合と，1回に20日分ずつ発注した場合，それぞれのケースにおいて発注間隔と在庫量との関連を図にしてみると，10日分の場合つぎのようになる。

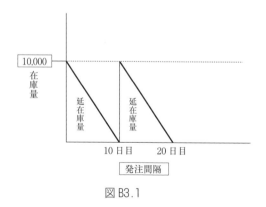

図 B3.1

[実習 B3.1]

発注間隔を20日とした場合の図（図B3.1参照）を，Wordを活用して作成せよ。

10日分ずつ発注し，需要が一定でリードタイムがないのであるから，発注時点で 10,000 の在庫を有することになり，それを 10 日間で一定量ずつ使用していくのであるから，10 日間で 10 × 10,000 × 0.5 = 50,000 の延在庫をもつことになる（図 B3.1 の直角三角形の面積分）。ここから 1 日あたりの平均在庫量は 50,000 ÷ 10 = 5,000（5 日分）となり，**1 回の発注量の $\frac{1}{2}$ が平均在庫**となることがわかる。

B3.2 在庫関連費用の分析

在庫投資をすることによって発生する費用には，在庫維持費（在庫保管会社に支払う保管料，保険料など），発注費（運送費，通信費など），品切れ費用（在庫管理の不備から発生する利益機会の喪失：機会費用）などがある。ここでは，在庫維持費と発注費の関連を分析する。

D：年間需要（年間操業度需要）

C：1 回の発注費（発注量に関係なく一定とする）

P：在庫品単価

I：在庫維持比率（在庫品単価に対する）

X：1 回の発注量

発注費であるが，年間の発注回数（$\frac{D}{X}$）に C を乗じればもとまるので，$\frac{CD}{X}$ となる。在庫維持費は平均在庫量（$\frac{X}{2}$）に在庫品単価と在庫維持比率を乗じればもとまるので，$\frac{PXI}{2}$ となる。ここでは，発注費と在庫維持費の合計を在庫関連費用（TC）とする。

図 B3.2

200 第Ⅲ部 応用編

[実習 B3.2]

図 B3.2 の B 列の発注費，C 列の在庫維持費，D 列の在庫関連費用を計算せよ．

[実習 B3.3]

図 B3.3 を参照して，発注費，在庫維持費の動きがわかるグラフを作成せよ．

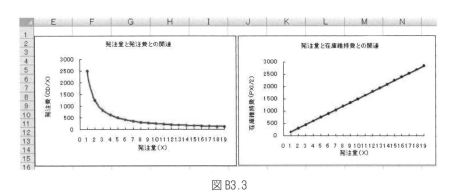

図 B3.3

図 B3.2 に示したデータのなかで，1 回の発注量と発注費の範囲をドラッグし，プロジェクト B1.3 で学んだように，「挿入」→「グラフ」→「散布図」を選択して作図しタイトルなどを入力する．そのあとに［近似曲線の追加 (R)］を選択する．

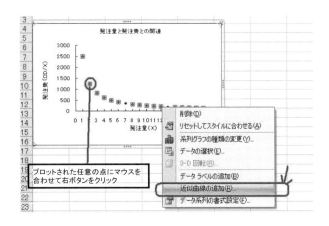

図 B3.4

［近似曲線のオプション］のなかから［近似または回帰の種類］を選択し［閉じる］をクリックする（発注費の場合は［累乗近似 (W)］，在庫維持費の場合は［線形近似 (L)］，在庫関連費用の場合は［多項式近似 (P)］を選択して［次数 (D)］を 6 程度に設定）．

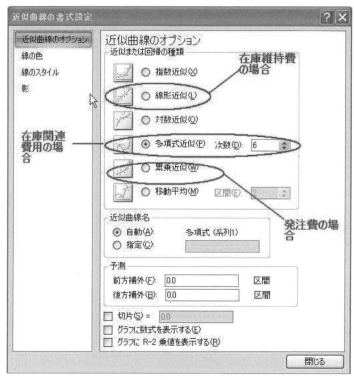

図 B3.5

[実習 B3.4]

発注費，在庫維持費，在庫関連費用をひとつの座標空間でグラフ作成せよ（図 B3.6 参照）。

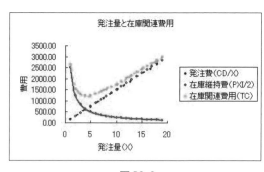

図 B3.6

B3.3　最適在庫量の決定

最適在庫量は最適発注量（EOQ：Economic Order Quantity）を意味する。

図 B3.6 にあるように，在庫に関わる費用の在庫維持費と発注費はトレード・オフの関係にあることがわかる。したがってそれぞれの費用を最小化することはできない。そこでこの 2 つ

の費用を合計した在庫関連費用 (TC) の動きをみると，この費用を最小にする発注量が存在することがわかる。この発注量が最適な発注量であり，最適在庫水準となる。

　最適在庫量をもとめるには，TC に対する X の変化率をもとめて，その変化率がゼロとなるところの X をもとめれば，それが最適在庫量となる。

$$TC = \frac{CD}{X} + \frac{PXI}{2}$$

$$\frac{dTC}{dX} = -\frac{CD}{X^2} + \frac{PI}{2}$$

$$X^2 = \frac{2CD}{PI}$$

となり，これより最適在庫量は $\sqrt{\frac{2CD}{PI}}$ となる。図 B3.2 にあるデータをもとに計算すると最適在庫量は 4.08 となる（図 B3.7 参照）。

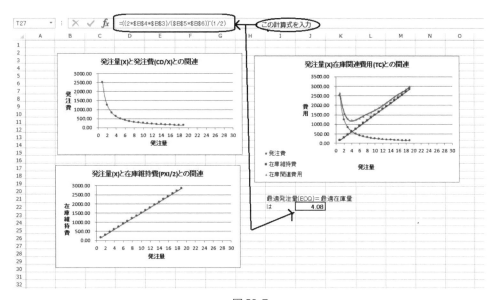

図 B3.7

[実習 B3.5]

つぎのデータにおける最適在庫量を計算せよ。

図 B3.8

B3.4 在庫維持費と品切れ費用からの在庫管理

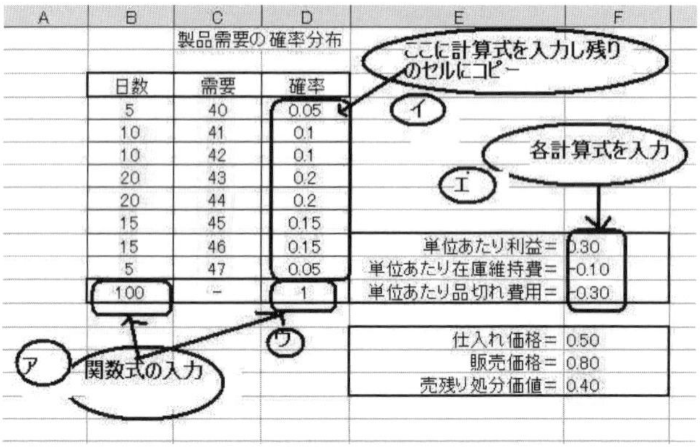

図 B3.9

図 B3.9 にある数値例をみると，ある製品の過去の需要レンジは 40 ～ 47（C 列）であり，過去に各需要が発生した日数（度数）が B 列に示されている。この製品の仕入れ価格は 0.50，販売価格は 0.80，売れ残りの処分価値（不良在庫）は 0.40 となっている。

ここでの在庫維持費は売れ残りが発生した場合のコストであるとする。したがって製品単位あたりの在庫維持費は（0.50-0.40 = 0.10）となる。品切れ費用は利益機会の喪失として評価すると，この製品の単位あたりの利益が 0.30 であるので，この金額が品切れ費用となる。

[実習 B3.6]

図 B3.9 にあるア～エに関数式や計算式を入力して表を完成させよ（エの部分の符号に注意）。処理手順はつぎのようになる。

① 利益の期待値からの意思決定（機会費用は考慮しない）

図 B3.10

製品需要の確率分布

日数	需要	確率
5	40	0.05
10	41	0.1
10	42	0.1
20	43	0.2
20	44	0.2
15	45	0.15
15	46	0.15
5	47	0.05
100	-	1

単位あたり利益＝ 0.30
単位あたり在庫維持費＝ -0.10
単位あたり品切れ費用＝ -0.30

仕入れ価格＝ 0.50
販売価格＝ 0.80
売残り処分価値＝ 0.40

在庫

需要	40	41	42	43	44	45	46	47
40	12.00	11.90	11.80	11.70	11.60	11.50	11.40	11.30
41	12.00	12.30	12.20	12.10	12.00	11.90	11.80	11.70
42	12.00	12.30	12.60	12.50	12.40	12.30	12.20	12.10
43	12.00	12.30	12.60	12.90	12.80	12.70	12.60	12.50
44	12.00	12.30	12.60	12.90	13.20	13.10	13.00	12.90
45	12.00	12.30	12.60	12.90	13.20	13.50	13.40	13.30
46	12.00	12.30	12.60	12.90	13.20	13.50	13.80	13.70
47	12.00	12.30	12.60	12.90	13.20	13.50	13.80	14.10
期待値	12.00	12.28	12.52	12.72	12.84	12.88	12.86	12.78

	40	41	42	43	44	45	46	47
40	0.6	0.595	0.59	0.585	0.58	0.575	0.57	0.565
41	1.2	1.23	1.22	1.21	1.2	1.19	1.18	1.17
42	1.2	1.23	1.26	1.25	1.24	1.23	1.22	1.21
43	2.4	2.46	2.52	2.58	2.56	2.54	2.52	2.5
44	2.4	2.46	2.52	2.58	2.64	2.62	2.6	2.58
45	1.8	1.845	1.89	1.935	1.98	2.025	2.01	1.995
46	1.8	1.845	1.89	1.935	1.98	2.025	2.07	2.055
47	0.6	0.615	0.63	0.645	0.66	0.675	0.69	0.705
合計	12.00	12.28	12.52	12.72	12.84	12.88	12.86	12.78

最適在庫量＝45

アの部分は IF 関数式を用いて処理をする。たとえば，I4 のセルは在庫＝40 で需要＝40 で在庫と需要が一致している場合の利益であるから，0.30（単位あたりの利益）×40（売上数量）＝12.00 となる。以下 I 列の数値は全て 12.00 となる。需要が 40 を超えても在庫が 40 しかないので，売上数量は 40 で一定であり**品切れ費用（機会費用）を考慮しない**ので全ての数値が 12.00 となる。

J4 のセルは，在庫＝41 で需要＝40 で製品 1 単位が売れ残った場合の利益を計算する箇所であるから，0.30 × 40 = 12.00。ここから売れ残り費用＝在庫維持費である 0.10 ×（41 − 40）= 0.10 を差し引く計算をする。したがって 12.00 − 0.10 = 11.90 となる。

ここから，アの部分の IF 関数式はつぎのようになる（I4 に入力する関数式）。

=IF(I$3<=$H4,I$3*$F$10,$H4*$F$10-($H4-I$3)*$F$11)

この関数式をアの部分の残りのセルにコピーする。

イの部分で期待値を計算する。期待値は I4 〜 I11 の各値に D4 〜 D11 の確率をかけて合計したものであるから，I14 に入力する計算式は，

=D4*I4

となり，I22 に入力する関数式は，

=SUM（I4:I21）

となる。他の列も同様である。

ウの部分はイの部分で計算した期待値の代入式を入力する箇所であるので，I12 に入力する代入式は，

=I22

となる。この 12 行に示された値の最大値は 12.88 であり，その時の在庫は 45 であるので，最適在庫は利益期待値を最大にする 45 であることがわかる。

② （在庫維持費＋品切れ費用）の期待値からの意思決定

	日数	需要	確率				需要	40	41	42	43	44	45	46	47 (在庫)	
			製品需要の確率分布													
	5	40	0.05				40	0.00	-0.10	-0.20	-0.30	-0.40	-0.50	-0.60	-0.70	
	10	41	0.1				41	-0.30	0.00	-0.10	-0.20	-0.30	-0.40	-0.50	-0.60	
	10	42	0.1				42	-0.60	-0.30	0.00	-0.10	-0.20	-0.30	-0.40	-0.50	
	20	43	0.2				43	-0.90	-0.60	-0.30	0.00	-0.10	-0.20	-0.30	-0.40	ア
	20	44	0.2				44	-1.20	-0.90	-0.60	-0.30	0.00	-0.10	-0.20	-0.30	
	15	45	0.15	単位あたり利益=	0.30		45	-1.50	-1.20	-0.90	-0.60	-0.30	0.00	-0.10	-0.20	
	15	46	0.15	単位あたり在庫維持費=	-0.10		46	-1.80	-1.50	-1.20	-0.90	-0.60	-0.30	0.00	-0.10	
	5	47	0.05	単位あたり品切れ費用=	-0.30		47	-2.10	-1.80	-1.50	-1.20	-0.90	-0.60	-0.30	0.00	
	100	-	1				期待値	-1.11	-0.83	-0.59	-0.39	-0.27	-0.23	-0.25	-0.33	ウ
				本部からの仕入れ価格=	0.50		40	0	-0.005	-0.01	-0.015	-0.02	-0.025	-0.03	-0.035	
				販売価格=	0.80		41	-0.03	0	-0.01	-0.02	-0.03	-0.04	-0.05	-0.06	
				売残り処分価値=	0.40		42	-0.06	-0.03	0	-0.01	-0.02	-0.03	-0.04	-0.05	
							43	-0.18	-0.12	-0.06	0	-0.02	-0.04	-0.06	-0.08	イ
							44	-0.24	-0.18	-0.12	-0.06	0	-0.02	-0.04	-0.06	
							45	-0.225	-0.18	-0.135	-0.09	-0.045	0	-0.015	-0.03	
							46	-0.27	-0.225	-0.18	-0.135	-0.09	-0.045	0	-0.015	
							47	-0.105	-0.09	-0.075	-0.06	-0.045	-0.03	-0.015	0	
							合計	-1.11	-0.83	-0.59	-0.39	-0.27	-0.23	-0.25	-0.33	
							最適在庫量=45									

図 B3.11

アの部分は先程と同様に，IF 関数式を用いて処理をする。

I4 のセルは在庫＝40 で需要＝40 で**在庫と需要が一致**しているケースの費用であるから，在庫維持費，品切れ費用のどちらも発生していないので 0.00 となる。

I5 のセルは在庫＝40，需要＝41　すなわち，**在庫＜需要**の状態で品切れ費用が発生しているケースである。したがって，0.30（単位あたりの利益）×（41 － 40）＝ 0.30 の品切れ費用が発生する。

J4 のセルは，在庫＝41 で需要＝40 であるから先程のケースとは逆に**在庫＞需要**，すなわち在庫過多で売れ残りが発生しているケースである。したがってここの値は，0.10（単位あたりの在庫維持費）×（41 － 40）＝ 0.10 となり，これが在庫維持費となる。

以上 3 つのケースを考慮した，アの部分の IF 関数式はつぎのようになる（I4 に入力する関数式）。

$$=IF(I\$3>\$H4,(I\$3-\$H4)*\$F\$11,IF(I\$3=\$H4,0,IF(I\$3<\$H4,(\$H4-I\$3)*\$F\$12)))$$

この関数式をアの部分の残りのセルにコピーする。

イの部分で期待値を計算する。期待値は I4 〜 I11 の各値に D4 〜 D11 の確率をかけて合計したものであるから，I14 に入力する計算式は先程と同様に，

$$=D4*I4$$

となり，I22 に入力する関数式は先程と同様に，

$$=SUM（I4：I21）$$

となる。他の列も同様である。

ウの部分はイの部分で計算した期待値の代入式を入力する箇所であるので，I12 に入力する代入式は，

```
                    =I22
```

となる。この 12 行に示された値の最小値は -0.23 であり，その時の在庫は 45 であるので，最適在庫は費用期待値を最小にする 45 であることがわかり，①の利益の期待値からの意思決定結果と同様になることがわかる。

③　許容品切れ発生率からの意思決定

	A	B	C	D	E	F	G	H	I	J	K	L
1			製品需要の確率分布									
2												
3		日数	需要	確率					手持ち在庫	品切れ発生率		
4		5	40	0.05					40	0.95		
5		10	41	0.10					41	0.85		
6		10	42	0.10					42	0.75		
7		20	43	0.20					43	0.55		
8		20	44	0.20					44	0.35		
9		15	45	0.15					45	0.20		
10		15	46	0.15	単位あたり利益=	0.30			46	0.05		
11		5	47	0.05	単位あたり在庫維持費=	-0.10			47	0.00		
12		100	－	1	単位あたり品切れ費用=	-0.30						
13												
14					仕入れ価格=	0.50			最適在庫量=45			
15					販売価格=	0.80						
16					売残り処分価値=	0.40						
17												
18					MP(限界利益)=	0.30						
19					ML(限界損失)=	0.10						
20					許容品切れ発生率=	0.25						
21												
22												

図 B3.12

アの部分で MP（限界利益）とは単位あたりの利益あるいは利益増分を意味するので，F10 の数値が該当する。ML（限界損失）とは単位あたりの損失あるいは損失増分を意味するので F11 の数値が該当する。したがって，この 2 箇所には代入式を入力する。

```
            =F10
            =F11*(-1)
```

許容品切れ発生率はつぎのようにしてもとめる。

MP が発生する確率を (p) とすると ML が発生する確率は (1-p) となり，

$$P(MP) = (1-p)(ML)$$

の状態での (p) の値が許容品切れ発生率となるので，

$$p = \frac{ML}{(MP + ML)}$$

となる。ここから F20 に入力する計算式は，

```
            =F19/(F19 + F18)
```

となる。

イの部分は，手持ち在庫に対してどの程度の品切れが発生するかを計算する箇所である。J4 のセルは在庫が 40 の時に発生する品切れ発生率をもとめる部分である。D4 の数値から需要が

40である確率は0.05であることがわかるので，在庫 = 40 の場合の品切れ発生率は $(1-0.05)$ = 0.95 となる。

J4 に入力する計算式は，

$$=\$D\$12-D4$$

となる。

J5 は在庫が 41 の時の品切れ発生率であるから，0.95-0.10 = 0.85 となる。したがって J5 に入力する計算式は，

$$=J4-D5$$

となる。この計算式を残りのセルにコピーする。

許容品切れ発生率を満たす手持ち在庫は 45 であることがわかる。①～③で同じ結果になることがわかる。

(①～③で用いた数値例は，Thierauf, R. J., Klekamp, R.C., *Decision Making Through Operations Research*, John Wiley から引用した)

プロジェクトB4
設備投資案の評価（＊＊）

　企業における財務意思決定は，資本調達決定と資本運用決定に大別される。このプロジェクトにおいては，資本運用意思決定のなかで最も重要とされる「設備投資決定」に関する課題を取り上げる。

　設備投資は金額的にも時間的にも企業全体に大きな影響をもたらす重要な投資決定である。ここでは，設備投資案の評価方法を考察する。

B4.1　評価における時間＋利子要素の重要性

　時間の経過とともに利子が発生する経済状態においては，将来の期待利益（設備投資によって期待されるキャッシュインフロー）を評価する上で「時間＋利子」要素を加味することは重要となる。

　たとえば，現時点で受け取る予定の1,000万円と1年後に受け取る予定の1,000万円の価値はまったく同じと考えてよいのであろうか（物価水準は1年後も現時点と同じであり，1年後に受け取ることができなくなる可能性はゼロであると仮定）。

　今，利子率（銀行の定期預金利子率など）が5%であったとすると現時点で1,000万円を銀行に預けると，

$$1,000 万円 \times (1+0.05) = 1,050 万円 \qquad (1)$$

となるのであるから，現時点の1,000万円と1年後の1,050万円が同じ価値であると評価できる。したがって価値の評価は，

$$現時点の 1,000 万円 ＞ 1 年後の 1,000 万円$$

となる。したがって将来発生すると予測されている利益の評価を時間＋利子の要素を考慮して行なう必要がある。そうでなければ，設備投資案を過大に評価することになってしまう。

　投資の時点ならびに利益が発生する時点が異なっているので，設備投資案を評価する上でこの時点を同じにする必要がある。評価の時点を現時点に揃えることが必要となる。このように時間＋利子の要素を考慮し，現時点で評価した価値を「現在価値（PV：Present Value）」という。

　1年後の1,000万円の現在価値をもとめると，

$$1,000 万円 \times \frac{1}{(1+0.05)^1} = 952 万円 \qquad (2)$$

となる。ある時点でのキャッシュフローの現在価値を計算する式は，

209

$$PV = CF(i) \times \frac{1}{(1+r)^i} \qquad (3)$$

$CF(i)$：i 時点で発生が期待されているキャッシュフロー
r：利子率（利子率は変化しないとする）

B4.2 純現在価値法

図 B4.1 にあるような設備投資案の評価を考察する。投資（キャッシュアウトフロー）は現時点で 1 回のみ行ない，1 年後から 5 年後まで利益（キャッシュインフロー）が期待されるとする。利子率は 5% で 5 年後まで変化しないとする。

A	B	C	D	E	F	G	H	I	J
1		純現在価値法による設備投資案の評価							
2							利子率(%) = 5		
3		現時点	1年後	2年後	3年後	4年後	5年後		
4		0	1	2	3	4	5		
5		9,000	800	800	5,000	4,000	6,000		
6									
7									

図 B4.1

前節の (3) 式を用いて各時点での現在価値を計算するには C6 に

=C5*1/(1+$I$2/100)^C4

と入力し残りのセルにコピーする。

C6		fx	=C5*1/(1+$I$2/100)^C4			①			
A	B	C	D	E	F	G	H	I	J
1		純現在価値法による設備投資案の評価							
2							利子率(%) = 5		
3		現時点	1年後	2年後	3年後	4年後	5年後		
4		0	1	2	3	4	5		
5		9,000	800	800	5,000	4,000	6,000		
6	PV	762	726	4319	3291	4701			
7									

ここに①の計算式を入力し残りのセルにコピーする

図 B4.2

この各時点での現在価値を合計してその値から投資の現在価値合計（この数値例では投資は現時点で 1 回のみ行なうとしているので現在価値の計算は特に必要はない）を差し引いた残りを「純現在価値 (NPV)」（「正味現在価値 (NPV)」）という。

この NPV の値がプラスであれば利益が期待できる設備投資案として評価される。この NPV の値がプラスでより大きい設備投資案が優先選択されることになる。

210 第Ⅲ部 応用編

[実習 B4.1]

図 B4.2 にある設備投資案の NPV を計算せよ。

	A	B	C	D	E	F	G	H	I
1		純現在価値法による設備投資案の評価							
2							利子率(%) = 5		
3		現時点	1年後	2年後	3年後	4年後	5年後		
4		0	1	2	3	4	5		
5		9,000	800	800	5,000	4,000	6,000		
6		PV	762	726	4319	3291	4701		
7									
8					NPV=	4799			

ここに式を入力して
NPVを計算する

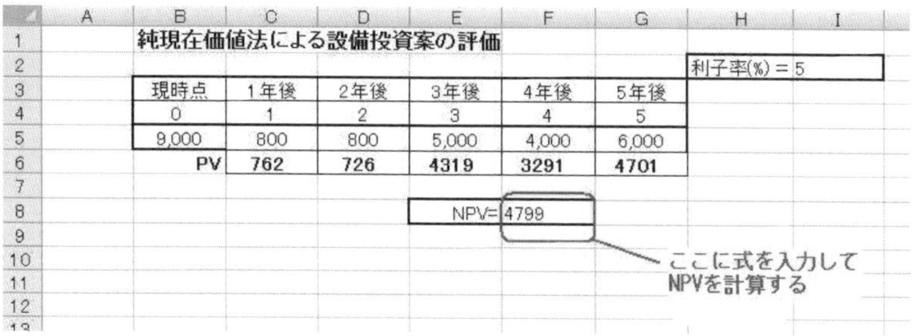

図 B4.3

[実習 B4.2]

図 B4.2 にある数値例のうち 2 年後の 800 は追加投資であった場合のこの設備投資案の NPV を計算せよ。

関数式 (=NPV) を用いて，NPV を計算することもできる。

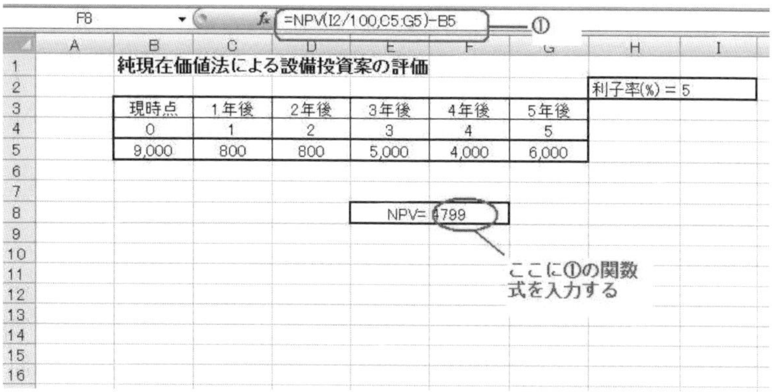

F8　　　　fx　=NPV(I2/100,C5:G5)−B5　　①

	A	B	C	D	E	F	G	H	I
1		純現在価値法による設備投資案の評価							
2							利子率(%) = 5		
3		現時点	1年後	2年後	3年後	4年後	5年後		
4		0	1	2	3	4	5		
5		9,000	800	800	5,000	4,000	6,000		
6									
7									
8					NPV=	4799			

ここに①の関数
式を入力する

図 B4.4

$$=\text{NPV}\ (I2/100, C5：G5) - B5$$

I2 には利子率が入力されているが，ここでは「5」が入力されているので 100 で割る必要がある。また投資の値はプラス符号で入力されているので，−B5 とする必要がある。

B4.3　内部利益率法

キャッシュフローの現在価値に基づいて設備投資案を評価するもうひとつの考え方が内部利益率法 (IRR：Internal Rate of Return 法) である。

投資の PV の合計とキャッシュインフローの PV の合計を等しくする率 (これを内部利益率

という）を求めて，その値に基づいて評価をする。この内部利益率がより大きいということは，投資に対しての利益が相対的に大きいことを意味するので，内部利益率がより大きい設備投資案を選択することになる。

$$\sum_{i=0}^{n}\frac{C(i)}{(1+\mathrm{I}_{RR})^{i}}=\sum_{i=0}^{n}\frac{CF(i)}{(1+\mathrm{I}_{RR})^{i}} \qquad (4)$$

（4）式の左辺が投資の PV の合計であり，右辺がキャッシュインフローの PV の合計を意味する。IRR を方程式の展開により求めることはできないので，ニュートン法などを適用してその近似値を計算することになる。IRR 関数式を用いてこの近似値を計算することができる。

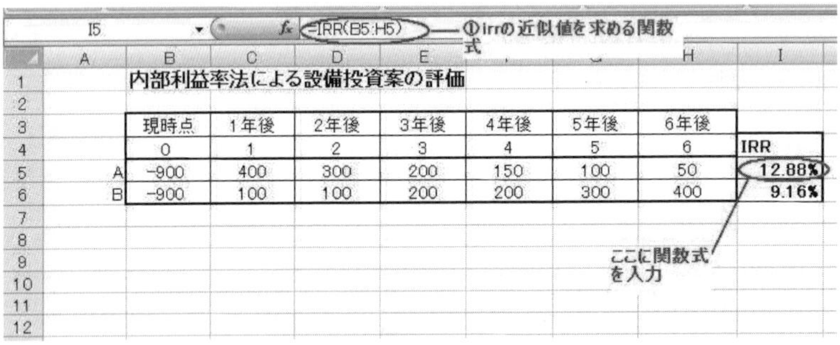

図 B4.5

図 B4.5 にある数値例では，投資は現時点で 1 回限りとしているので B5, B6 に入力する値が投資の PV の合計となる（符号をマイナスとして入力）。I5 に，

=IRR（B5：H5）

を入力すると内部利益率を求めることができる。この数値例では A 案が選択されることになる。その案の「内部利益率」が「利子率」よりも大きい値であればその設備投資案は実行できる条件に合致していることになる。

したがって，「利子率」は意思決定者が求めている「必要最小限の目標利益率」を意味していることがわかる。これを「資本コスト」という。

[実習 B4.3]

つぎの数値例にある設備投資案を IRR 法で評価せよ。

内部利益率法による設備投資案の評価

	現時点	1年後	2年後	3年後	4年後	5年後	6年後	7年後	8年後	9年後	10年後	
	0	1	2	3	4	5	6	7	8	9	10	IRR
	5,000	500	1,500	1,200	150	1,200	1,500	1,500	150	1,500	1,500	

資本コスト＝14%　　投資は0,4,8時点の計3回行う

図 B4.6

プロジェクト B5
経営資源の最適配分（＊＊）

　企業経営において，その経営資源を最適に配分することは重要な意思決定である。このプロジェクトにおいては，「生産計画」を例にとって資源最適配分の考え方を考察する。

　このプロジェクトで取り上げる意思決定モデルは「線形計画法」である。目的式，制約条件式，非負の条件式からこのモデルは構成されており，すべてが「線形」（一次式）で表される。

B5.1　線形計画法 ― 図解法

　ある企業で新製品の生産計画をたてている。製品は A, B の 2 種類であり，この製品がもたらすであろう 1 台あたりの利益（期待利益）は A=10 万円，B=12 万円である。

　これらの製品は 3 工程で生産され，生産に必要な機械時間ならびに各工程での機械稼働時間の上限値（経営資源の制約）はつぎのようである。

	A	B	C	D	E	F
1				新製品の最適生産計画		
2						
3	生産工程	製品A	製品B	資源の制約		
4	1	2	3	1500		
5	2	3	2	1500		
6	3	1	1	600		
7	期待利益	10	12			
8						
9						

図 B5.1

　図 B5.1 にあるデータを「制約条件式」「目的式（Z）」という形で表すと，

$$2A+3B \leq 1500 \quad (1)$$
$$3A+2B \leq 1500 \quad (2)$$
$$1A+1B \leq 600 \quad (3)$$
$$\mathbf{Z=10A+12B} \quad (4)$$

となる。この企業は (1)(2)(3) の 3 つの制約式で表される制約条件をすべて同時に満たし，そのなかで目的である期待利益の合計（Z）が最大となる A, B それぞれの生産量を決定すれば経営資源（この例では機械の稼働時間）を最適に配分できることになる。

214　第Ⅲ部　応用編

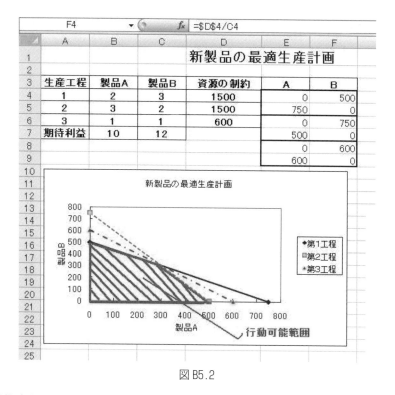

図 B5.2

　3つの制約式を図示してみると図 B5.2 のようになる．作図するためには E 列，F 列で計算をしておく必要がある．

　　F4 には　＝　$D$4/C4 を入力する（この計算結果は第1工程での B の最大生産量を求めたことになる）

　　E4 には　＝　$D$4－F4*C4 を入力する（B=500 のときには A=0 となる）

　　E5 には　＝　$D$4/B4 を入力

　　F5 には　＝　$D$4－E5*B4 を入力

　第2第3工程も同様にして計算すると，作図のための数値が得られる．このデータをつかって散布図を描くと図 C5.2 のようになる．3つの制約を同時にすべて満たしている範囲が図 C5.2 のなかの斜線で囲まれた範囲で，これを「行動可能範囲」という（製品の生産量がマイナスになることはないので第1象限のみ）．この行動可能範囲のなかで目的 Z が最大となる可能性があるところはこの行動可能範囲の境界線にある点（端点）であるので，どれかの端点に Z が最大となる生産量が示されていることになる．

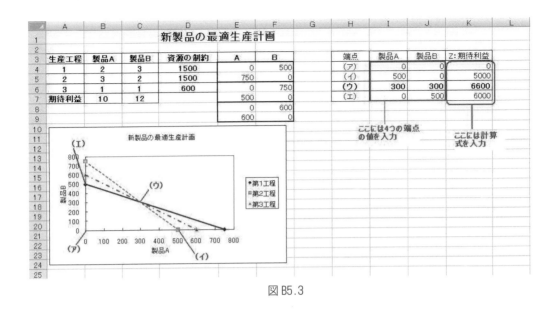

図 B5.3

4つの各端点における Z（期待利益）を計算すると，端点（ウ）のそれが最大となることがわかり，A=300, B=300 が最適生産量となる．

B5.2　線形計画法 ― 代数法

図解法によって線形計画法の基本的考え方をみることはできたが，実際の意思決定に図解法を用いることは現実的ではない（変数の数が限定的であるので）．

そこで代数的に展開をしてこの意思決定モデルの操作性を確認する必要がある．図解法で用いた数値例を代数法で展開するためには不等式を等式にする必要があり，そのために「スラック変数」と呼ばれる変数を導入する．このスラック変数は経営資源の活用状況（遊休状況）を示す変数である．

$$S1 = 1500 - 2A - 3B \quad (1) \quad 1500/3 = \boxed{500}$$
$$S2 = 1500 - 3A - 2B \quad (2) \quad 1500/2 = 750$$
$$S3 = 600 - 1A - 1B \quad (3) \quad 600/1 = 600$$
$$Z = 10A + \boxed{12B} + 0S1 + 0S2 + 0S3 \quad (4)$$

制約式をスラック変数について表す（解く）と (1) ～ (3) となる．スラック変数は目的 (Z) に対して中立であるので目的式のなかでの係数はゼロとなっている．

Z に最大の貢献をする製品 B に注目し，(1)，(2)，(3) 式から各工程での B の最大生産量を求めると上記にあるように，500, 750, 600 となる．すべての制約を同時に満たす必要があるの

で，Bの最大生産量は，B=500となる。B=500のときには第1工程での資源を使い切ってしまうので，Aの生産量はゼロ，A=0となる。したがって，

$$\boxed{\text{A=0，B=500}}\ \text{の生産計画が最適であるか否かを判定する}$$

そのためには，(1)式をBについて解き，

$$B = 500 - \frac{2}{3}A - \frac{1}{3}S1 \qquad (5) \qquad 500/\frac{2}{3} = 750$$

この(5)式を(2)，(3)式に代入する，

$$S2 = 500 - \frac{5}{3}A + \frac{2}{3}S1 \qquad (6) \qquad 500/\frac{5}{3} = \boxed{300}$$

$$S3 = 100 - \frac{1}{3}A + \frac{1}{3}S1 \qquad (7) \qquad 100/\frac{1}{3} = \boxed{300}$$

この(5)，(6)，(7)式を目的式に代入して判定式をつくると，

$$Z = 6000 + \boxed{2A} - 4S1 \qquad (8) \qquad (\text{判定式})$$

　判定式の中にプラスの符号の変数があるので最適ではないことがわかる。したがって判定式のなかにプラス符号の変数が無くなるまで，この手順を繰り返す。手順はつぎのようになる。

＊(8)の中でZに最大の貢献をする変数に注目する
＊Aに注目をし，(5)，(6)，(7)式からAの最大生産量を求める
＊A=300，(6)式あるいは(7)式をAについて解く（ここでは(7)式を選択）
　　　　A=300+S1-3S3　　　　(9)
＊(9)式を(5)，(6)式に代入
　　　　B = 300-S1+2S3　　　　(10)
　　　　S2= -S1+5S3　　　　(11)
＊$\boxed{\text{A=300，B=300}}$ が最適であるか否かを判定
＊(9)，(10)，(11)を目的式に代入して判定式をつくる
　　　　Z = 6600-2S1-6S3　　　　(12)　(判定式)
＊判定式の中にプラスの符号の変数がないので最適である
＊最適生産計画は，A=300，B=300であり，その時の期待利益は6,600である

プロジェクトB5　経営資源の最適配分（＊＊）　217

B5.3 線形計画法 ― シンプレックス法

「単位行列」の性質を活用して，代数法の展開を効率的にした解法がシンプレックス (simplex) 法である。

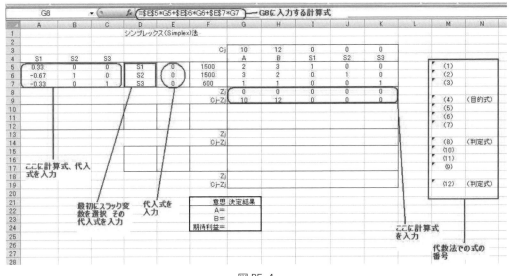

図 B5.4

シンプレックス法での処理手順1（最初のステップ）

① G3～K3に期待利益（貢献度）を入力する（スラック変数の期待利益はゼロ）。

② G5～K7に制約条件式の係数を入力する。スラック変数については，たとえばS1は第1工程の制約に入っているスラック変数なので，I5には1，I6ならびにI7には0を入力。

③ F5～F7には各工程での資源の上限値（最大量）を入力。

④ D5～D7には最初に選択する変数の代入式を入力（=I4, =J4, =K4），最初はスラック変数を選択する（何も生産しない状態からスタートする）。

⑤ E5～E7にはその期待利益の代入式を入力（=I3, =J3, =K3）。

⑥ G8にE5, E6, E7の数値とG5, G6, G7の数値の行列演算の計算式（数値＝要素同士を乗じて合計）を入力して残りのセルにコピーする（=$E$5*G5+$E$6*G6+$E$7*G7）。

⑦ G9に各変数の本来の期待利益と今の状態での利益との差を求める計算式を入力し，残りのセルにコピーする（=G3-G8）。この値がプラスである場合にはまだ改善の余地があること意味する（最適な生産量ではないことを意味する）。

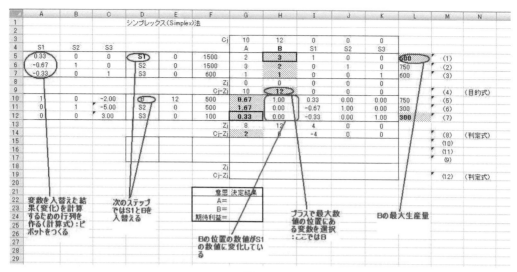

図 B5.5

シンプレックス法での処理手順2（2番目以降のステップ）

① G9～K9の中からプラスで最大値を選択しその位置にある変数（ここではB）の最大量をもとめる。L5に計算式（=F5/H5）を入力して残りのセルにコピーする（B=500がBの最大生産量であることがわかる）。この行の位置にある変数（D5の変数，ここではS1）と入替える（ここではBとS1を入替える）。

② このステップで選択した変数はBであり，それをS1と入替えるということはBの数値＝要素である

　　　3
　　　2
　　　1

がS1の数値＝要素

　　　1
　　　0
　　　0

に変化することになる。

③ そこで，A5にH5の逆数をもとめる計算式（=1/$H$5）を入力する（行列演算するとこの位置の数値＝要素は1になる）。A6には演算結果がゼロになる計算式（=$A$5*H6*(-1)）を入力して残りのセルにコピーする。入替えしなかった位置の数値＝要素（ここではS2, S3の数値＝要素）は変化しない。

④ A5～C7にある数値＝要素を「ピボット（pivot）」という。このピボットを使って演算す

プロジェクトB5　経営資源の最適配分（＊＊）　*219*

れば変数の入替えにともなう制約式の中の係数の変化などもとめることができる。

F10 に =$A$5*F5+$B$5*F6+$C$5*F7 を入力し残りのセルにコピーする。

F11 に =$A$6*F5+$B$6*F6+$C$6*F7 を入力し残りのセルにコピーする。

F10 に =$A$7*F5+$B$7*F6+$C$7*F7 を入力し残りのセルにコピーする。

⑤ D10 〜 E12 には代入式を入力する。

⑥ G14 〜 K14 の数値にプラスのものがあるので，まだ最適な生産量がもとまっていないことがわかる。先ほどと同様にして処理すると，次のステップでは A と S3（あるいは S2）との入替えが必要であることがわかる。

⑦ 入替えがなかった位置の数値＝要素は代入式によって初期の状態（単位行列）にする（図B5.5 では A10 〜 B12 のセルに代入式を入力）。

	A	B	C	D	E	F	G	H	I	J	K	L	M	N
1				シンプレックス(Simplex)法										
3						Cj	10	12	0	0	0			
4	S1	S2	S3				A	B	S1	S2	S3			
5	0.33	0	0	S1	0	1500	2	3	1	0	0	500	(1)	
6	-0.67	1	0	S2	0	1500	3	2	0	1	0	750	(2)	
7	-0.33	0	1	S3	0	600	1	1	0	0	1	600	(3)	
8				Zj			0	0	0	0	0			
9				Cj-Zj			10	12	0	0	0		(4)	〈目的式〉
10	1	0	-2.00	B	12	500	0.67	1.00	0.33	0.00	0.00	750	(5)	
11	0	1	-5.00	S2	0	500	1.67	0.00	-0.67	1.00	0.00	300	(6)	
12	0	0	3.00	S3	0	100	0.33	0.00	-0.33	0.00	1.00	300	(7)	
13				Zj			8	12	4	0	0			
14				Cj-Zj			2	0	-4	0	0		(8)	〈判定式〉
15				B	12	300	0.00	1.00	1.00	0.00	-2.00		(10)	
16				S2	0	0	0.00	0.00	1.00	1.00	-5.00		(11)	
17				A	10	300	1.00	0.00	-1.00	0.00	3.00		(9)	
18				Zj			10	12	2	0	6			
19				Cj-Zj			0	0	-2	0	-6		(12)	〈判定式〉

つぎのステップのためのピボット

意思 決定結果
A= 300
B= 300
期待利益= 6,600

プラスの数値がないので最適状態であることがわかる

ここに代入式，計算式を入力する

図 B5.6

[実習 B5.1]

つぎの数値例での最適生産量をシンプレックス法でもとめよ。

A, B2 種類の部品を生産する工場に，組立，整備，塗装の 3 つの専門職がある。各専門職に在籍している技術者は組立＝283 人，整備＝561 人，塗装＝403 人である。部品 A を生産するのに組立＝3 人，整備＝4 人，塗装＝13 人が必要であり，部品 B に関してはそれぞれ 8,17, 3 人が必要である。部品 A, B 各々の 1 つあたりの期待利益は A=2 万円，B=3.5 万円である。なお余剰技術者は雑務をすることになり，その時に発生する損失（機会損失）は組立＝3 千円，整備＝2 千円，塗装＝1 千円であると見積もられている。部品 A, B の最適生産計画を立てよ。またそのときの期待利益をもとめよ。

220　第Ⅲ部　応用編

プロジェクト B6
Z チャートを活用した経営分析

多くの企業経営でよく用いられている企業業績分析ツールのひとつに「Z チャート」がある。ここでは Z チャート作成手順と業績分析のポイントを学ぶ。

B6.1 チャートの作成

付属ディスク内のファイル「ミニストップの業績」にアクセスする。

	年度	月	平均売上高(千円)	客数(人)	
			ミニストップの業績(1店舗あたりの平均値)		
		3月	412	775	
		4月	421	795	
		5月	434	833	
		6月	434	833	
		7月	448	847	
	2015年度	8月	459	860	
		9月	775	802	
		10月	795	802	
		11月	833	789	
		12月	833	764	
		1月	847	717	
		2月	860	766	
		3月	413	770	
		4月	419	783	
		5月	423	800	
		6月	432	820	
		7月	446	837	
	2016年度	8月	454	838	
		9月	418	784	
		10月	415	781	
		11月	412	773	
		12月	414	751	
		1月	383	697	
		2月	403	749	
	出典:月次営業報告書　業績・財務情報　ミニストップ				
	www.ministop.co.jp/corporate/ir/finance/results/				

図 B6.1

まずは「平均売上高(千円)」のデータを用いて，月次累計，移動年(次)合計の計算をする。

221

ミニストップの業績(1店舗あたりの平均値)

年度	月	平均売上高(千円)	月次累計	移動年(次)合計
	3月	412		
	4月	421		
	5月	434		
	6月	434		
	7月	448		
2015年度	8月	459		
	9月	775		
	10月	795		
	11月	833		
	12月	833		
	1月	847		
	2月	860		
	3月	413	413	7,552
	4月	419	832	7,550
	5月	423	1,255	7,539
	6月	432	1,687	7,537
	7月	446	2,133	7,535
2016年度	8月	454	2,587	7,530
	9月	418	3,005	7,173
	10月	415	3,420	6,793
	11月	412	3,832	6,372
	12月	414	4,246	5,953
	1月	383	4,629	5,489
	2月	403	5,032	5,032

ここに=C15

ここに=D15+C16

ここに=SUM(C4:C15)

出典:月次営業報告書 業績・財務情報 ミニストップ
www.ministop.co.jp/corporate/ir/finance/results/

図 B6.2

2016 年度の月単位の売上高を 1 カ月分ずつ合計する。3 月は累計するものがないので代入式,

=C15

を入力する。4 月以降は 1 カ月ずつの累計を求める計算式を入力する。移動年(次)合計とは年度にまたがった 12 カ月の合計売上高を意味する。3 月では 2015 年度の 4 月~2 月分と 2016 年度の 3 月分を合計する。

B6.2 Zチャート作成

2016年の平均売上高, 月次累計, 移動年(次)合計のデータを用いて折れ線グラフを作成する。

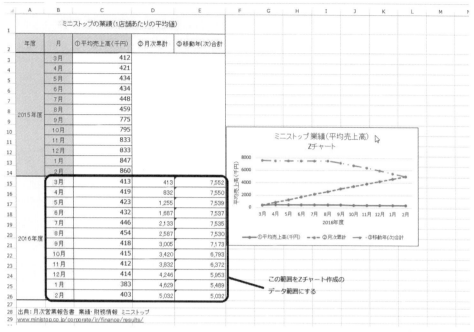

図 B6.3

[実習 B6.1]

客数(人)についてもZチャートを作成せよ。

B6.3 業績分析のポイント

3つの項目から構成されるZチャートを活用した業績ポイントはつぎのようである。

① 月次売上高：2016年度における毎月の売上高変動を表しており、フラットな線になった場合は、売上の変動がなかったことを意味する。逆にフラットにならなかった場合は、何らかの「季節変動」があった可能性がある。

② この月次累計は、①の線がフラットな場合、右上がりの直線となる。

③ 移動年(次)合計の計算式を確認してみると明らかであるが、グラフに向かって左側の部分は2015年度のデータのウエイトが高く、右側に移動するにしたがって2016年度のデータのウエイトが高くなったものをグラフにしている。

[実習 B6.2]

　図 B6.3 の Z チャート内の③移動年（次）合計の動きからどのような業績動向がわかるかをまとめよ（着目点：8 月くらいまではこのグラフはフラットになっている点，それ以降は右下がりの線となっている点。両者とも直線に近い点）。

[実習 B6.3]

　客数（人）に関しても Z チャートを活用して業績分析をせよ。

【参考文献】

　Thierauf, R.J., Klekamp, R.C., *Decision Making Through Operations Research,* John Wiley, 1990
　三浦良造『モダンポートフォリオの基礎』同文舘，1998
　大村敬一『現代ファイナンス』有斐閣，1999
　赤石雅弘他『財務管理』有斐閣，1993
　亀川雅人『ファイナンシャル・マネジメント』学文社，2009
　西尾敦『統計学』新世社，2006
　森棟公夫『統計学入門』新世社，2000
　師啓二他『情報科学の基礎と活用』同友館，2006
　師啓二他『現代の情報科学』学文社，2010

プロジェクトC1
ガウス分布 データ分布の正規性(*)

C1.1 データの正規性

多くの統計的分析においてはデータ分布の正規性を前提としている。ここでは，統計処理で扱うデータがどの程度ガウス分布に近いのか，すなわちデータ分布がどの程度正規性をもつのかについての考察を行なう。

付属のディスクから「プロジェクトC1（日本水産財務データ）」を読み込む。

図C1.1

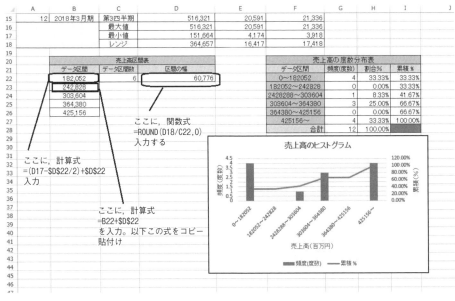

図C1.2

Excel の分析ツールを活用して，度数分布表・ヒストグラムを作成してデータ分布の正規性を確認してみる。

図 C1.2 をみると売上高のデータはガウス分布からはかけ離れているようにみえる。

[実習 C1.1]

営業利益ならびに純利益のヒストグラムを作成してデータ分布の正規性を確認せよ。

さらに，正規性を Excel の分析ツールを活用して分布の「歪度（わいど）」ならびに「尖度（せんど）」をもとめて正規性の検定を行なう。

	A	B	C	D	E	F
1				日本水産の財務データ		
2						
3	No	決算期	決算期間	売上高(百万円)	営業利益(百万円)	経常利益(百万円)
4	1	2015年3月期	第1四半期	151,664	5,089	6,042
5	2	2015年3月期	第2四半期	302,268	10,250	11,514
6	3	2015年3月期	第3四半期	472,106	17,039	20,785
7	4	2016年3月期	第1四半期	160,651	5,100	6,892
8	5	2016年3月期	第2四半期	321,521	9,590	10,932
9	6	2016年3月期	第3四半期	486,719	17,341	18,899
10	7	2017年3月期	第1四半期	156,341	4,174	3,918
11	8	2017年3月期	第2四半期	303,760	9,812	9,236
12	9	2017年3月期	第3四半期	468,821	18,714	20,720
13	10	2018年3月期	第1四半期	162,705	6,720	6,968
14	11	2018年3月期	第2四半期	332,826	13,024	13,314
15	12	2018年3月期	第3四半期	516,321	20,591	21,336
16			最大値	516,321	20,591	21,336
17			最小値	151,664	4,174	3,918
18			レンジ	364,657	16,417	17,418
19			尖度	-1.592	-1.430	-1.545
20			歪度	0.084	0.286	0.306
21						

図 C1.3

有意水準を 0.05 とした場合の尖度，歪度それぞれの「帰無仮説棄却限界値」は ± 2.415，± 1.249 である（森崎初男『経済データの統計学』p.368，付表 5 を参照）ので，「尖度 = 0，歪度 = 0 となる帰無仮説＝このデータ分布が正規性をもつ帰無仮説」は棄却されないことがわかる。

[実習 C1.2]

営業利益ならびに純利益の尖度，歪度を計算して（図 C1.3 にある結果と一致するかを確認して）データ分布の正規性を考察せよ。

226 第Ⅲ部 応用編

プロジェクト C2
ベイズ統計 (＊＊)

C2.1　ベイズ統計学 (ベイズの定理)

　企業あるいは個人の意思決定を考えてみると，過去の同様のデータや過去に体験したことの情報に基づいて意思決定することもあれば，自分の直感的判断によって決定することもある。

　意思決定には，情報に基づく「客観的」部分と直感に基づく「主観的」部分があることがわかる。

　客観的データと主観的判断を統合した意思決定の枠組みを提供するのが「ベイズの定理」である。

C2.2　意思決定の樹とベイズの定理

　数値例：ある企業で新製品の生産・販売を検討している。この新製品が消費者に受け入れられるかについての意思決定者の判断は「現段階では判断がつかない」との状況である。したがって，この新製品に関する市場調査 (外部の専門企業による) を行なうべきかの意思決定が事前に必要となっている。市場調査にかかる費用見積もりは 5,000 万円である。

　この新製品がもたらす利益の期待値ならびに損失の見積もりはつぎのようである。

	利益 (万円)	損失 (万円)
市場調査を行なって生産・販売	80,000	40,000
市場調査をせずに生産・販売	100,000	80,000

表 C2.1

また，この市場調査企業の過去の調査精度 (正確性) はつぎのようである。

	S1 (消費者が受け入れる状態)	S2 (消費者が受け入れない状態)
M1 (受け入れるという調査結果)	80%	10%
M2 (受け入れないという調査結果)	20%	90%

表 C2.2

　これらの情報を基にして「意思決定の樹」を作成してみる。

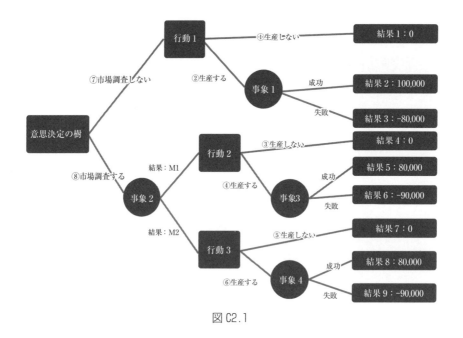

図 C2.1

　この樹形図に基づき各枝の期待値（将来価値）を計算し，期待値の大きな枝を残して「剪定」する。最後に残った枝が示す内容が最適な意思決定となる。この例では期待値のみに基づいて「剪定」していくが，本来は期待値だけでは不十分でありリスクも計算し少なくとも期待値・リスクの２つのパラメータから評価すべきである。

　各事象の発生確率をまず求める必要がある。事象１の発生確率は意思決定者の主観のみに基づいているので，

　　　　　「成功確率：P（S1）= 0.5，失敗確率：P（S2）= 0.5」　　（1）

となる。

　事象２については，事象１とは逆に過去に蓄積されてデータから計算される客観的確率となる。表 C2.2.2 の情報に基づいてこの確率を計算すると，

　　　　P（M1）= 0.8 × 0.5 + 0.1 × 0.5 = 0.45　　（2）
　　　　P（M2）= 0.2 × 0.5 + 0.9 × 0.5 = 0.55　　（3）

となる。

　事象３，事象４に関しては，意思決定者の主観と市場調査会社の過去のデータに基づく要素の両者から発生確率が構成されることになるので，主観的確率と客観的確率とを統合して総合的観点から発生確率を求める必要がある。ベイズの定理に当てはめると，

$$P(S1|M1) = \frac{P(M1|S1) \times P(S1)}{P(M1|S1) \times P(S1) + P(M1|S2) \times P(S2)} \quad (4)$$

となり，この (4) 式に数値を代入すると，

$$P(S1lM1) = \frac{0.8 \times 0.5}{0.8 \times 0.5 + 0.1 \times 0.5} = \frac{8}{9} \qquad (5)$$

となる。同様にして他の確率もベイズの定理に当てはめて計算すると，

$$P(S2lM1) = \frac{0.1 \times 0.5}{0.8 \times 0.5 + 0.1 \times 0.5} = \frac{1}{9} \qquad (6)$$

$$P(S1lM2) = \frac{0.2 \times 0.5}{0.2 \times 0.5 + 0.9 \times 0.5} = \frac{2}{11} \qquad (7)$$

$$P(S2lM2) = \frac{0.9 \times 0.5}{0.2 \times 0.5 + 0.9 \times 0.5} = \frac{9}{11} \qquad (8)$$

となる。これらに基づき①〜⑥の行動期待値（枝の価値）を計算すると，

①＝ 0

②＝ $100,000 \times 0.5 + (-80,000) \times 0.5 = 10,000$

③＝ 0

④＝ $80,000 \times \frac{8}{9} + (-90,000) \times \frac{1}{9} \cong 61,000$

⑤＝ 0

⑥＝ $80,000 \times \frac{2}{11} + (-90,000) \times \frac{9}{11} \cong -59,000$

となる。この期待値から，

「行動1」の価値は ① ＜ ②より⇒ 10,000

「行動2」の価値は ③ ＜ ④より⇒ 61,000

「行動3」の価値は ⑥ ＜ ⑤より⇒ 0

となる。この値に基づき「剪定」をし，残った枝から最適な意思決定行動の内容を明らかにすると，

『生産に先立ち専門企業に市場調査を依頼する。調査結果がM1の場合には生産する。調査結果がM2の場合には生産しない。』

となる。

[実習 C2.1]

(4) と同様に (6) (7) (8) 式を変数で表してみよ。

[実習 C2.2]

上記の最適な意思決定結果『生産に先立ち専門企業に市場調査を依頼する。調査結果がM1の場合には生産する。調査結果がM2の場合には生産しない。』の期待値を計算せよ。

（答えは約 22,500 となることを確認せよ。）

プロジェクト C2　ベイズ統計（＊＊）　*229*

プロジェクト C3
動画処理とファイルユーティリティ活用

C3.1 キャプチャ

　教材開発あるいは趣味分野などにおいても，動画処理への需要は高まってきている。また，その教育上，プレゼンテーション上などにおける効果も認識されてきている。

　動画処理の基本的手順を考察することがこのプロジェクトの目的である。ここでは専門的アプリケーションを用いずに OS に付属するアプリケーションをもとにして，その処理手順を考察する。

　動画処理をするためには，まずはデジタルビデオカメラなどから動画を取り込む必要がある。この処理を「キャプチャ（capture）」（動画を取り込むことをビデオ・キャプチャ，静止画を取り込むことをスクリーン・キャプチャ）という。

　動画を取り込むソフト（ビデオ・キャプチャ・ソフト）をつかって取り込むときの一番のポイントは**「取り込み形式」**を意識して指定することである。以下の 2 つの形式が一般には多く用いられている。

　　　　(1) DV-AVI（Digital Video-Audio Video Interleaved）形式
　　　　(2) WMV（Windows Media Video）形式

　取り込んだファイルを他の動画編集ソフトでも活用する予定がある場合は，(1) の AVI 形式が適している。AVI 形式はさまざまなプログラムとの互換性が保持されているためである。

　しかし，AVI 形式は多くのディスク容量を必要とする（13GB/1 時間動画）ので，ファイルの限定的使用を前提とするのであれば，(2) の WMV 形式が効率的である（2GB/1 時間動画）。

　ここでは「DVD Movie Writer（ユーリードシステム）」というキャプチャ・ソフトを例にして，キャプチャ処理手順を考察する。

　ここでは動画が DV（デジタルビデオテープ）に保存されている場合のキャプチャの手順をみる。

230　第Ⅲ部　応用編

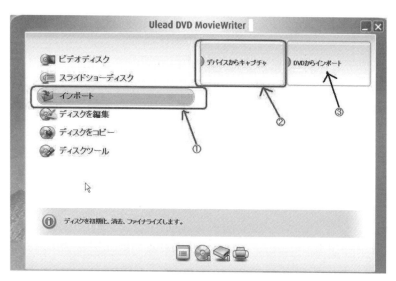

図 C3.1

　図 C3.1 に示されている初期メニューの中から①［インポート］をクリックし，DV 装置を IEEE1394 端子に接続して DV 装置の電源をオンにしてから，②［デバイスからキャプチャ］をクリックする（DVD-R/W などに既に保存してある動画を取り込む場合は③［DVD からのインポート］をクリックする）。

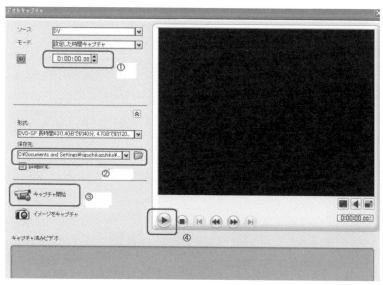

図 C3.2

プロジェクト C3　動画処理とファイルユーティリティ活用　231

キャプチャする時間を設定して，その時間分の動画を取り込む場合は，①時間を設定して，②保存先を指定して，③［キャプチャ開始］をクリックする。動画をプレビュー画面に表示させて必要な部分だけを取り込む場合は③をクリックして④［キャプチャ開始］をクリックする。取り込みを中断する場合は④をダブル・クリックする（図C3.2参照）。

図 C3.3

　すると，取り込んだ動画が①に表示される。取り込みが終了したら②をクリックする（図C3.3）。

図 C3.4

　次の画面で引き続き編集などをすることができるが，キャプチャだけで作業を終了する場合には①［閉じる］をクリックする（図C3.4参照）。「現在のプロジェクトを保存しますか。」と表示されるので，編集などの途中であれば必ず［はい（Y）］をクリックする。キャプチャだけの場合はどちらでも良い。

C3.2　保存動画ファイルの読込

　ここからは，OSに付属している動画処理ソフト「Windowsムービーメーカー」をもとにし

て，動画処理手順を考察する。

　まずは，保存されている動画ファイル（キャプチャして保存してあるファイル）の読込であるが，

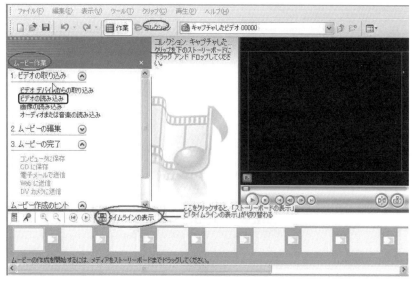

図 C3.5

「ムービー作業」のなかの［ビデオの読み込み］をクリックして，ファイルが保存されている場所，ファイルを選択する。読込が完了すると［コレクション］の位置にそのファイルが貼り付けられる。これを**「クリップ」**と呼んでいる。

C3.3　動画ファイルの編集

　読み込んだファイルを編集するには，クリップを「ストーリーボード」にドラッグ（ドラッグ＆ドロップ）する。

(1) 特殊効果の追加

　クリップならびにクリップ間に特殊効果をつけるには，メニューバーの［ツール］⇒［ビデオ特殊効果］あるいは［ビデオ切り替え効果］の中から目的のものをクリップの「星マーク」あるいはクリップ間の「白い□」にドラッグする（複数ビデオ特殊効果をつけることもできる。効果を消去するには効果マークの位置にマウスを合わせて右ボタンをクリックし，メニューの削除をクリックする）。

(2) トリミング

　クリップのトリミングをするには，表示を**「タイムラインの表示」**に切り替える必要がある。

　切り替えたあとに，クリップの先頭（または末尾）にマウスを移動して，「左右方向の赤い矢印」が表示されたらトリミングしたい位置までドラッグする（プレビューモニタで確認しながら

プロジェクトC3　動画処理とファイルユーティリティ活用　*233*

トリミングすると正確な作業ができる）ことによってトリミングができる。

(3) サウンドの追加

サウンドの追加をするには，「ムービー作業」のなかの「オーディオまたは音楽の読み込み」をつかって，ファイルを読み込み，「タイムラインの表示」の「オーディオ／音楽」の位置にドラッグする（クリップトリミングと同様の手順でトリミングすることができる）。

(4) ナレーションの追加

ナレーションを追加するには，タイムラインの表示」の「オーディオ／音楽」の箇所にナレーションを入れる位置をクリック（タイムライン縦方向全体にブルーのラインが表示される）し，［ツール］⇒［タイムラインのナレーション］をクリックする。

図 C3.6

マイクの「入力レベル」を調整して，［ナレーションの開始］をクリックし入力が終わったら［ナレーションの停止］をクリックする。すると，この音声ファイルを保存する場所と，ファイル名を入力する画面が表示されるので保存場所を指定しファイル名を入力して，［保存］ボタンをクリックする（オーディオ／音楽が追加されている位置にナレーションを重ねて入れることはできない）。また追加した「オーディオ／音楽，ナレーション」とクリップにもともと記録されているオーディオ，音声との音量バランスをとるには，メニューバーの「ツール」⇒「オーディオ　レベル」でおこなう。

(5) タイトル・クレジットの追加

タイトル，クレジットの追加をするには，［ツール］⇒［タイトルおよびクレジット］をクリックする。

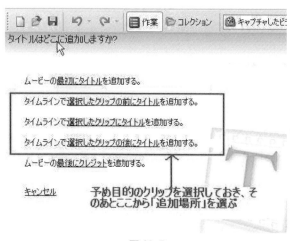

図 C3.7

図 C3.7 にあるように，タイトルなどを追加したい「クリップ」をあらかじめ選択して「追加場所」を選択する。

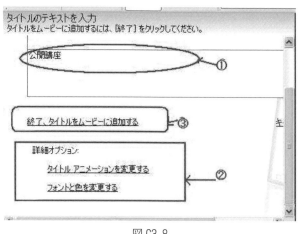

図 C3.8

つぎのメニューで①テキストを入力し，必要に応じて，②［詳細オプション］でテキストの編集やアニメーション効果の設定をし，③［終了，タイトルをムービーに追加する］をクリックする（図 C3.8 参照）。

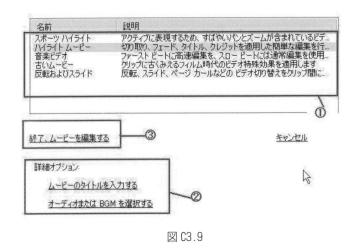

図 C3.9

　また，自動生成機能「コレクション」に貼り付けてあるクリップやオーディオなどを解析して自動的に動画編集をする機能がある。この機能を使うには［ツール］⇒［オートムービー］をクリックし，①スタイルを選択し，②詳細設定を必要に応じてし，③［終了，ムービーを編集する］をクリックする（図 C3.9 参照）。

C3.4　ファイルの保存とユーティリティの活用

(1) 編集が終了した動画ファイルの保存

　「ムービー作業」のなかの「ムービーの完了」から目的のものをクリックする。保存時のオプションとしてさまざまなものがあるが，初期状態（デフォルト）での保存で多くの場合最適であるが，特定の再生品質を保持する必要がある場合には，「追加の設定」の中から目的の項目を選択し，設定してから保存する。

　さらに，必要に応じてビデオ映像の形式と縦横比の設定をする。［ツール］→［オプション］→［詳細］の順にクリックし，「ビデオのプロパティ」で形式と縦横比を設定する（図 C3.10）。

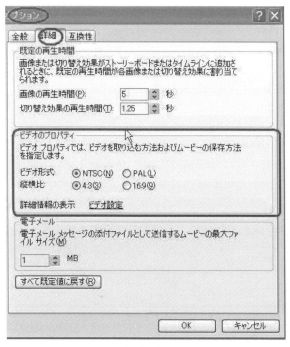

図 C3.10

(2) ユーティリティの活用

　動画ファイルの記憶容量は大きいので，ハードディスクなどに保存したり電子メールに添付したりする場合には「圧縮ソフト」を活用して，その容量を小さくしておくことが便利である。

　またディスプレイに表示されている情報をそのまま画像ファイルとして保存して素材として活用する場合には「スクリーン・チャプタ・ソフト」が便利である。

　ここでは，これらの2つのユーティリティの使用手順を解説する。

　「圧縮ソフト」：ここではフリーソフトである「＋Lhaca」を取り上げる（このソフトのダウンロード提供サイト情報は付属のDVDのなかにある）。

　このソフトは「圧縮」だけではなく「解凍（圧縮されているファイルを元の状態に戻す）」もできる機能をもっている。

　Lhaca076.EXE ファイルを実行すると，つぎのような「ショートカット」アイコンがデスクトップに表示される。

図 C3.11

プロジェクト C3　動画処理とファイルユーティリティ活用　237

このアイコンをダブルクリックすると，

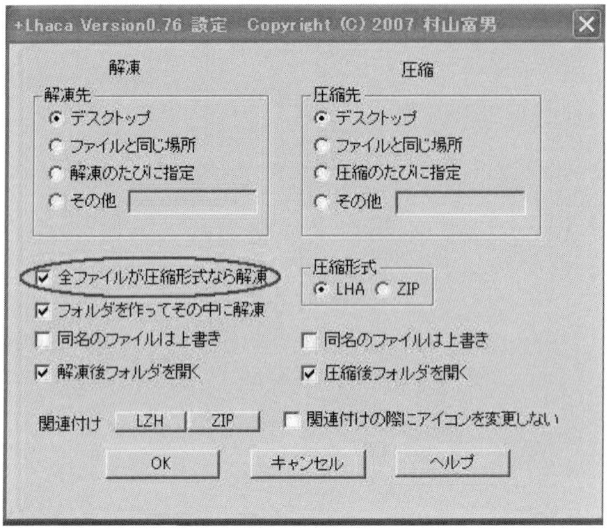

図 C3.12

図 C3.12 のようなメニューが表示されるので解凍先，圧縮先などの指定を行なう（解凍，圧縮先を取りあえずは「デスクトップ」にしておくとわかりやすい）。

　圧縮・解凍したい「ファイル」あるいは「フォルダ」を +Lhaca のアイコンにドロップするだけで，自動的に LZH や ZIP の拡張子がついているファイルは解凍され，それ以外のファイルは圧縮される。

　フォルダーをドロップしたときには，図 C3.12 にある指定の場合は，フォルダ内の全てのファイルが LZH あるいは ZIP 形式のものであればその「全てのファイルが解凍」される。LZH あるいは ZIP 形式のファイルがひとつでもそのフォルダに入っている場合には「全てのファイルが圧縮」される。

　フォルダ内の全てのファイルが LZH あるいは ZIP 形式のものであっても，そのフォルダ（ファイル全てまとめて）「圧縮」したい場合には，図 C3.12 にある指定のうち「全ファイルが圧縮形式なら解凍」のチェックを外した指定にする。

　「スクリーン・チャプタ・ソフト」：ここでは「Winshot」をとりあげる。このフリーソフトをインストールするとつぎのようなショートカットアイコンが表示される。

図 C3.13

このアイコンをダブルクリックすると同じアイコンが「Windowsのインジケータ」部分に表示される（通常は画面の右下）。そのアイコンにマウスを合わせて「右ボタン」をクリックすると，

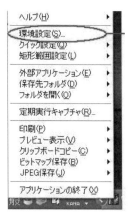

図 C3.14

図 C3.14 のようなメニューが表示されるので，まずはメニューから「環境設定 (S)」を選択する。図 C3.15 にあるような，環境設定のメニューで［基本設定］→［追加 (A)］をクリックして「ファイル自動保存 (S)」の保存先を設定しておく（デスクトップにしておくとわかりやすい）。

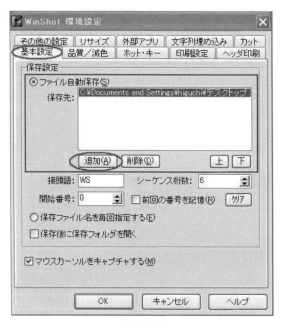

図 C3.15

図 C3.14 にあるメニューから［ビットマップ保存 (B)］あるいは［JPEG 保存 (J)］をクリッ

クする。つぎに表示されるメニューから［矩形範囲指定 (R)］をクリックする。

　取り込みたい画面の範囲をドラッグしてから，マウス左ボタンをクリックするとその画像ファイルが自動的に指定した場所に保存される。ファイル名は「WSXXXXXXX」（Xの部分は000000からの連番）と自動的に付けられるので必要に応じてファイル名を変更する。

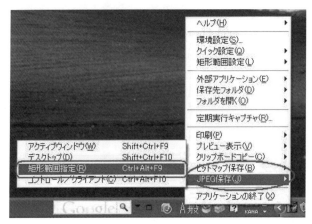

図 C3.16

＊Windows OS バージョンによっては，アプリケーション「ムービーメーカー」が使用できないのでその場合には，「Power Director」等を用いると同様の動画処理ができる（https://jp.cyberlink.com/products/index_ja_JP.html 参照）。

【参考文献】
橋本直美他『Windows 10 vs Windows 8.1/7 操作・設定比較ガイド』日経 PB 社，2016
橋本直美他『ひと目でわかる Windows10 操作・設定テクニック厳選 200!』日経 PB 社，2015
師啓二他『情報科学の基礎と活用』同友館，2006
ユーリードシステムズ『DVD ムービーライターユーザーズガイド』ユーリードシステムズ，2006
師啓二他『現代の情報科学』学文社，2010
高橋信『ベイズ統計学』オーム社，2017
森崎初男『経済データの統計学』オーム社，2014

プロジェクト D
アルゴリズムと VBA の基礎文法 (∗)

　本章では**コンピュータ・サイエンス**の 1 分野であるアルゴリズムとプログラミングを学ぶ。最初にアルゴリズムの定義，書き方，評価の方法を学習し，次にアルゴリズムに基づくプログラムの作成法について学ぶ。使用言語は，本テキストがコンピュータリテラシーの基礎教育を目標としていることから，**VBA**（**Visual Basic for Applications**）とした。VBA は Microsoft Office のすべてのアプリケーションソフトに対するプログラムが可能なように作成されたプログラミング言語である。本章では Excel 上でプログラムを作成することにする。ただし，専門科目で学習する別のプログラミング言語の導入となるように VBA 独特の表現や文法をできるだけ避けるよう心がけた。

D1　アルゴリズムとアルゴリズムの表記法
D1.1　アルゴリズムとは

　「2 つの自然数 27 と 63 の最大公約数を求めよ」のような記述を日常生活では「問題」と呼んでいる。しかし，**コンピュータ・サイエンス**（computer science）の分野では，この記述は「2 つの自然数の最大公約数を求める」という「**問題**（problem）」の「**問題例**（problem instance）」である。すなわち，「問題」とは「問題例」の無限集合である。

　「問題」を解く手続きを基本操作の系列で記述したものを**計算手続き**（procedure）と呼ぶ。基本操作とは，たとえば四則演算や値の比較，代入などのことである。問題 Q を解く手続きが，Q の全ての問題例に対して有限回の操作で終了する時，この計算手続きを**アルゴリズム**（algorithm）と呼ぶ。2 つの自然数の最大公約数を求める問題を解くアルゴリズムとしてユークリッドの互除法がよく知られている。**ユークリッドの互除法**（Euclidian algorithm）は次のように記述される。

(1) 2 つの自然数 m, n の組 (m, n) を入力とする。

(2) m を n で割った余りを r とする。

(3) $r = 0$ ならば「n が最大公約数である」という答えを出して計算を停止する。$r \neq 0$ ならば，n で表した数を m とし（n を m に代入），n を r に代入して上の (2) を実行する。

　コンピュータを用いてアルゴリズムを計算するためにはプログラミング言語を使用する。プ

ログラミング言語は，コンピュータに仕事をさせるために作成された人工言語である。アルゴリズムを実現するために，プログラミング言語により表現された記述（命令の系列）をプログラムと呼ぶ。

D1.2 アルゴリズムの表記法

アルゴリズムは次の形式で書く。

［アルゴリズム］ アルゴリズムの名前（もしくは処理の内容）
入力：入力されるデータの系列を示す．
出力：出力される値や値の系列を示す．
方法：次のような形式で処理の手順を示す．
　　　　Step 1　処理1の内容．
　　　　Step 2　処理2の内容．
　　　　　　⋮
　　　　Step n　end.

アルゴリズムは，擬似 Pascal（プログラミング言語 Pascal 風の記述。Pascal は教育用プログラミング言語として使用されてきた言語）で記述されることもよくある。

ユークリッドの互除法のアルゴリズムは上記の形式で書くと次のようになる。

［アルゴリズム］ ユークリッドの互除法による最大公約数の計算
入力：自然数 m, n.
出力：m と n の最大公約数.
方法：Step0　変数 m, n, r の宣言.
　　　　Step1　m, n の値を入力する.
　　　　Step2　$m \div n$ の余りを r とする.
　　　　Step3　n の値を m に代入し，r の値を n に代入する.
　　　　Step4　$r = 0$ ならば Step5 へ進み，そうでなければ Step2 へ戻る.
　　　　Step5　m の値を出力する.
　　　　Step6　end.

ただし，変数宣言が不要なプログラミング言語もあるので Step0 は書かないこともある。

D1.3 アルゴリズムの評価

アルゴリズムの効率を評価するのに**計算量**（complexity）と呼ばれる測度がある。アルゴリズムの計算時間を対象としている場合の計算量は**時間計算量**（time complexity）といい，記憶容量を対象としている場合は**領域計算量**（space complexity）という。一般に，計算量は問題のサイズ n の関数 $f(n)$ として表される。n を増大させたときの計算量を**漸近的計算量**（asymptotic

242　第Ⅲ部　応用編

complexity）という。漸近的計算量を計算量と呼ぶことも多い。漸近的計算量は，ビッグオー表記（ランダウの記号）を用いて表される。形式的には次のように定義される。

【定義】自然数全体の集合 $\mathbf{N}$ 上で定義される 2 つの関数 f と g に対して，$f = O(g)$ であるとは，ある自然数 m と定数 c が存在し，$n > m$ である全ての自然数 n に対して，$f(n) \leq cg(n)$ となる時かつその時に限る。また，$f = O(g)$ を「f は g のオーダ（order）である」と読む。

【例 1】問題 Q に対して，Q を解くアルゴリズム H の時間計算量が $f(n) = 2n^3 + 4n + 1$ であるとする。また，$g(n) = n^3$ とする。このとき $f = O(g)$ である。実際，$m = 2$，$c = 5$ とすれば $n > 2$ なる任意の自然数に対して $f(n) \leq 5g(n)$ となる。

ユークリッドの互除法の時間計算量は，対象とする数の桁数を n とすると $O(n)$ であることが知られている。

D2　VBA の基礎文法

　本節では，データ（数値や文字）を格納する変数，四則演算のような基本演算に関する VBA のプログラムを作成する。VBA は実行時に機械語に翻訳して実行されるインタプリタ型のプログラミング言語である。VBA のプログラムは VBE と呼ばれる専用のエディタを利用して作成される。以下の手順で演習を行ない，VBA を用いたプログラムの作成方法，デバグ法（エラーを修正する方法），実行方法および VBA の基本的文法を学習する。

D2.1　VBE（Visual Basic Editor）の起動

　VBE を立ち上げるために，Excel のリボンに［開発］というタグがあるか確認する。ない場合は次の手順で［開発］タグを加える。［開発］タグがある場合には，D2.2 節へ進む。
① リボンの［ファイル］タグをクリックする。
② 左に表示されるメニューの中の［オプション］をクリックする。
③ ［リボンのユーザー設定］をクリックし，［開発］にチェックを入れ OK をクリックする。［開発］タグがリボンに加わったことを確認する。

D2.2　コードウィンドウの立ち上げ

　VBA のプログラムを入力するためのコードウィンドウを次の手順で立ち上げる。
① リボンの［開発］タグをクリックする。
② ［コード］グループの Visual Basic（Visual Basic Editor の立ち上げ）をクリックする。

プロジェクト D　アルゴリズムと VBA の基礎文法　*243*

③ メニューの［挿入］をクリックし，サブメニューの中の［標準モジュール］を選択する。

上記の処理で開かれるウィンドウがコードウィンドウで，このウィンドウ上にVBAのプログラムを入力する。

Excelのブック，シート，モジュールなどをオブジェクトと呼ぶ。VBAではオブジェクトを一つのプロジェクトとして保存する。コードウィンドウの左にはプロジェクトの構成を示したプロジェクトエクスプローラーと，選択されたプロジェクトのプロパティを示すプロパティウィンドウが表示される。ユーザーフォーム（プロジェクトEで記述）を用いたプログラムではプロパティの指定が頻繁に必要となる。プロジェクトエクスプローラー，プロパティウィンドウの表示・非表示は，［表示］タグをクリックし，サブメニューの中のプロジェクトエクスプローラー，プロパティウィンドウをクリックすることで変更可能である。

D2.3 プログラムの作成

D2.3.1 最大公約数を求めるプログラム

図D1のようなシートを作成し，このシートから2つの数 x, y の値を読み込んで，2数の最大公約数（GCD：Greatest Common Devisor）を求めるプログラムを作成する。

表D1は，最大公約数を求めるアルゴリズム（左）と対応するVBAプログラム（中央）である。説明をよく読んでからコードウィンドウにプログラムを上から順に入力する。

表D1のプログラム①〜⑫の命令文は次のような意味を持ち，①〜③を除いた命令文はそれぞれアルゴリズムの各ステップに対応している。

① 使用する変数を使用に先立って宣言することを強制する命令。変数とは，数値や文字列を値として持つことができる記憶領域に付けた名前である。変数の宣言文を必ず必要とするプログラミング言語もあるので，この命令は必ず書くようにする。

② Subプロシージャの始まりを示す宣言文。Subと( )は文法で指定されている（変えることができない）。「main」はSubプロシージャの名前であるが，この名前はプログラムの作成者が自由に決めることができる（変数名の作成ルール（後述）と同様）。ただし，予約語（Subのように意味が決められている用語，キーワードともいう）は使用できない。日本語は使用可能であるが使用しない方がよい。日本語が使用できな

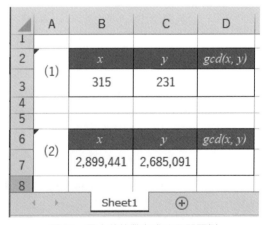

図D1 最大公約数を求める問題例

表D1　2つの数の最大公約数を求めるアルゴリズム（左）と対応するVBAプログラム（右）

アルゴリズム	VBAのプログラム	No.
	Option Explicit	①
	Sub main()	②
	'123123127　Hanako HINOMOTO	③
Step0　変数 m, n, r の宣言.	Dim m As Integer, n As Integer Dim r As Integer	④
Step1　n, m の値を入力する.	m = Worksheets("Sheet1").Cells (3, 2) n = Worksheets("Sheet1").Cells (3, 3)	⑤
	Do	⑥
Step2　$m \div n$ の余りを r とする.	r = m Mod n	⑦
Step3　n の値を m に代入し, r の値を n に代入する.	m = n	⑧
	n = r	⑨
Step4　$r = 0$ ならば step5 へ進み, そうでなければ Step2 へ戻る.	Loop Until r = 0	⑩
Step5　m の値を出力する.	Worksheets("Sheet1").Cells(3, 4) = m	⑪
Step6　end.	End Sub	⑫

　　いプログラミング言語も多いので，内容を表す英語の単語名などを使用する。

③　「'」で始まる行はコメント行である。プログラム作成者，プログラムの内容，プログラムの要件，作成年月日などを記述するのに用いる。

④　変数の宣言。Dim，As，Integer は予約語で変えることができない。「Dim m As Integer」で変数 m が整数型の値を記憶できる記憶領域の名前であり，データを格納するためにこの領域を使用することを宣言している。変数は1行に「,」で区切って並べることができるが，その際は先頭の「Dim」は省略する。

⑤　代入文。「＝」の右で示された値を左の変数に代入する命令文である。「Worksheets(　).Cells(　)」の部分は変更できない部分である。前のかっこの中にはシートの名前を指定する。後ろのかっこの中には行と列の番号を「,」で区切って指定する。「Worksheets("Sheet1").Cells(3, 2)」でシート「Sheet1」の3行2列のセル（B3）の値を示す。その値を m に代入することを示す命令文である。

⑥, ⑩　⑥と⑩の命令文のペアで r が0に等しくなるまで⑦の演算と，⑧，⑨の代入文を繰り返すことを示す。「Do」「Loop Until」は予約語である。

⑦　m Mod n は変数 m に格納された数値を n の数値で割ったときの余りを求める演算式である。結果（余り）が r に代入される。

⑧, ⑨　それぞれ m に n の値を代入し，n に r を代入する代入文である。

プロジェクトD　アルゴリズムとVBAの基礎文法　*245*

⑪　Excel のワークシート「Sheet1」の3行4列（セル D3）に m の値を出力する。

⑫　プロシージャの終わりを示す命令文。②の Sub プロシージャの始まりの文とペアとなっている。必ずこのように書くが，②を入力すると自動的に表示される。

問1　プログラム中の⑤と⑥の間の命令文を⑤にならって説明しなさい。

D2.3.2　VBA プログラムの枠組みと基礎文法

（1）Sub プロシージャの枠組み

Sub プロシージャの枠組みは以下のようになっている。

```
Option Explicit
Sub プロシージャ名 ()
    ' 作成者の氏名，プログラムの内容など
    命令文
End Sub
```

学籍番号や氏名から成るコメント行はできるだけ入力する習慣をつけよう。コメント行や命令文は Sub プロシージャの処理内容なので，Sub より字下げ（インデント）をして記述する。字下げは行なわなくてもエラーとはならないが，わかりやすい（構造が見える）プログラムの作成や，不要なエラーを避けるために有効なので，字下げは適切に行なう。

（2）オブジェクトとプロパティ

Excel では，「ブック」や「シート」の他に，「セル」，「グラフ」，「図形」などの操作する対象全てがオブジェクトである。オブジェクトにはその「属性」または「状態」を示すプロパティがある。セルには Value プロパティ，Row プロパティ，Column プロパティなどがあり，VBA ではそのプロパティの内容を指定したり読み出したりする。

（3）セルへの値の代入

セルへの値の代入文は，ブック，シート，セルを指定し，対象とするセルの Value というプロパティに値をセットする。代入文では Value というプロパティは省略可能である。また，複数のブックを扱う場合は Book オブジェクトから，1つの Book の複数のシートを扱う場合はシートオブジェクトから，1つのシートが対象ならばセルから指定すれば十分である。ただし，代入文は右辺の値を左辺に代入するという構造をもつ命令文なので注意が必要である。

```
Workbooks("Book1").Worksheets(" シート名 ").Range("B3").Value  =  123
            オブジェクトの指定                         属性    値

Workbooks("Book1").Worksheets(" シート名 ").Cells( 行番号，列番号 ).Value  = 123
            オブジェクトの指定                         属性   値
```

246　第Ⅲ部　応用編

（4）変数名の作成ルール

以下は変数名を作成する場合のルールである。以下の全てのルールを満足する名前ならばどのような変数名を使用してもよい。ただし，対象となるデータを示すような変数名が望ましい。

- 半角 255 字以内の文字（全角文字は 2 字と数える）。
- 半角の英数字，日本語（漢字，ひらがな，カタカナ），アンダースコア「_」が使用可能である（日本語はなるべく使用しない）。
- 変数の最初に数字，「_」は使用できない。
- 予約語（キーワード）は使用できない。
- 英字の大文字小文字は同じものとして扱われる（変数宣言文の変数名に自動的に統一される）。

（5）使用可能なデータ型

表 D2 は VBA で使用可能なデータ型の一部である。「Dim x」などとして型を指定しない場合には自動的にヴァリアント型となる。

表 D2　VBA で使用可能な主なデータ型とその範囲

型　名	表　示	範　囲	メモリ長
整数型	Integer	$-32768 \sim 32767$	2 バイト
長整数型	Long	$-2147483648 \sim 2147483647$	4 バイト
単精度浮動小数点数型	Single	負　$-3.4 \times 10^{38} \sim -1.4 \times 10^{-45}$ 正　$1.4 \times 10^{-45} \sim 3.4 \times 10^{38}$	4 バイト
倍精度浮動小数点数型	Double	負　$-1.8 \times 10^{308} \sim -4.9 \times 10^{-324}$ 正　$4.9 \times 10^{-324} \sim 1.8 \times 10^{308}$	8 バイト
文字列型（可変長）	String	$0 \sim$ 約 20 億文字	10 バイト + 文字の長さ
ヴァリアント型	Variant	VBA で扱える全ての値	数値：16 バイト 文字：10 バイト 　　　+ 文字列の長さ

表 D3　算術演算子と優先順位

算術演算子	意　味	VBA の数式	算術表現	優先順位
+	加　算	3 + 2	3 + 2	第 6
−	減　算	3 − 2	3 − 2	第 6
*	乗　算	3 * 2	3 × 2	第 3
/	除　算	3 / 2	3 ÷ 2	第 3
^	べき乗	3^2	3^2	第 1
−	符号反転	−3	−3	第 2
+	単項演算子	+3	+3	第 2
¥	整数除算	3 ¥ 2	[3 ÷ 2]	第 4
Mod	剰余算	3 Mod 2	3 mod 2	第 5

(6) 算術演算子

VBA の算術演算子には表 D3 のようなものがある。表中の数値は変数で置き換えることができる。通常の算術計算と同様に演算には暗黙の優先順位がある。優先順位を変えたい場合はかっこ（）を使用する。｜｜［　］などは使用できないので，かっこが重なる場合も全て（）を用いる。

問2　次の式の右辺の値を計算して x に代入する VBA の命令文を書きなさい。

(1) $x = a \times b$　　(2) $x = \dfrac{a+b}{c+d}$　　(3) $x = a^2 \times b$　　(4) $x = \dfrac{b}{2a^2} \times 3c$

D2.3.3　VBA プログラムの実行

プログラムを実行する前に作成した Excel の Book を「最大公約数の計算」という名前でセーブする。このときファイルの種類は必ずマクロ有効ブックとする。Excel の画面でセーブすると，Excel のシートと作成したプログラムの両方が，Excel で指定されたファイル名でセーブされる。

マクロ（macro）とは，反復使用される一群の操作・命令をまとめて登録し，必要に応じて呼び出し，使用可能とする機能のことである。VBA はマクロを使用するために準備された言語であり，VBA で書かれたプログラムは操作・命令をまとめた処理手順である。したがって「マクロ有効ブック」とは，「マクロという機能が利用可能なブック」，すなわち「マクロの機能を利用するプログラムを含むブックである」ことを示している。マクロは便利な機能であるが，一方で悪意をもったプログラムも使用可能とするので，マクロ有効ブックを開く場合には「マクロを有効にするか否か」の問い合わせが画面に表示される。自身で作成したブックである場合や安全性が確認できる場合のみ「マクロ有効」をクリックしてブックを開くようにし，それ以外の場合は「マクロ有効」としない，もしくはブック自体を開かないようにしよう。

プログラムを実行するには，リボンのメニューにある［実行ボタン］をクリックし［Sub/ユーザフォームの実行］を選択する。エラーが出る場合は，エラーメッセージを確認し，［リセットボタン］をクリックした後，プログラムを修正し，ファイルのセーブを行なってから再度実行する。エラー消去の作業はデバグ（debug）と呼ばれるがバグ（bug，エラー）がなくなるまで，この作業を繰り返す。

【課題1】　表 D1 の VBA プログラムを，図 D1 中の (2) の整数の組について最大公約数を求めるように変更し，答を求めなさい。ファイルは上書き保存すること。

【課題2】　"Sheet2" に図 D2 のような表を作成し，x，y の値をシートから読み込み，対応する

248　第Ⅲ部　応用編

式の値を空白の各セルに出力するプログラムを作成しなさい。ファイル名を「VBA の演算」，ファイルの種類を「マクロ有効ブック」として保存しなさい。

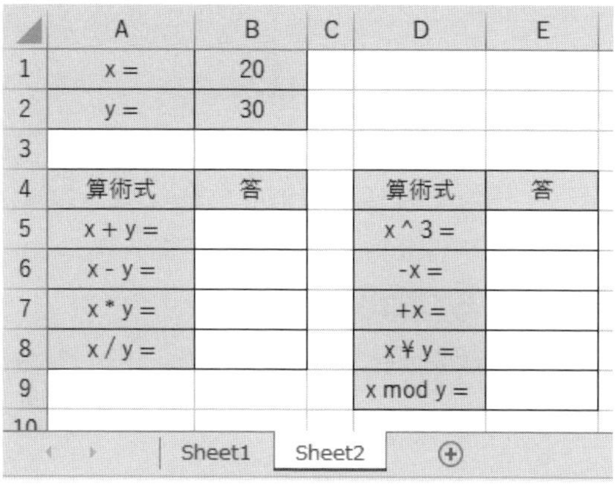

▲	A	B	C	D	E
1	x =	20			
2	y =	30			
3					
4	算術式	答		算術式	答
5	x + y =			x ^ 3 =	
6	x - y =			-x =	
7	x * y =			+x =	
8	x / y =			x ¥ y =	
9				x mod y =	
10					

Sheet1　Sheet2　⊕

図 D2　VBA の演算

D3　基本統計量の計算 (1)

　この節では，母集団の分布の特徴を表す基本統計量を求めるプログラムを VBA で作成することを目的とする。

　統計学では対象とする集合（**母集団**）の部分集合を標本といい，標本に関するデータを用いて，目的に応じた変数（統計量）で母集団の特徴を推定する。その際によく使用される平均や分散などの数値を**基本統計量**と呼ぶ。標本に関するデータを x_i $(i = 1, 2, \cdots, n)$ とするときデータ x_i の分布の特徴を表す統計量には次のようなものがある。

【データの分布の中心を示す統計量】

(1)　**平均**（mean）

$$\bar{x} = \frac{1}{n} \sum_{i=1}^{n} x_i$$

(2)　**中央値**（median）　　　　データを大きさの順に並べたとき，

　　　　　　　　　　　　　　　n が奇数ならば $(n+1)/2$ 番目のデータの値

　　　　　　　　　　　　　　　n が偶数ならば $n/2$ 番目と $n/2+1$ 番目のデータの平均

【データの分布のばらつきに関する統計量】

(3)　（**不偏**）**分散**（variance）

$$v^2 = \frac{1}{n-1} \sum_{i=1}^{n} (x_i - \bar{x})^2$$

(4)　**標準偏差**（standard deviation）

$$v = \sqrt{v^2} = \sqrt{\frac{1}{n-1} \sum_{i=1}^{n} (x_i - \bar{x})^2}$$

(5)　**最大値**（maximum）　　　　データの最大値

プロジェクト D　アルゴリズムと VBA の基礎文法　**249**

(6) **最小値**（minimum）　　データの最小値

(7) **範囲**（range）　　（最大値）－（最小値）

【分布の形状を示す統計量】

(8) **歪度**（skewness）

$$\frac{n}{(n-1)(n-2)}\sum_{i=1}^{n}\left(\frac{x_i-\bar{x}}{v}\right)^3$$

(9) **尖度**（kurtosis）

$$\frac{n(n+1)}{(n-1)(n-2)(n-3)}\sum_{i=1}^{n}\left(\frac{x_i-\bar{x}}{v}\right)^4-\frac{3(n-1)^2}{(n-2)(n-3)}$$

D3.1　基本統計量を計算するプログラム

表D4のプログラムは，図D3で示されたExcelのシート「data」にある10個のデータ x_i($i = 1, 2, \cdots, 10$) の平均を求めるVBAのプログラムである。

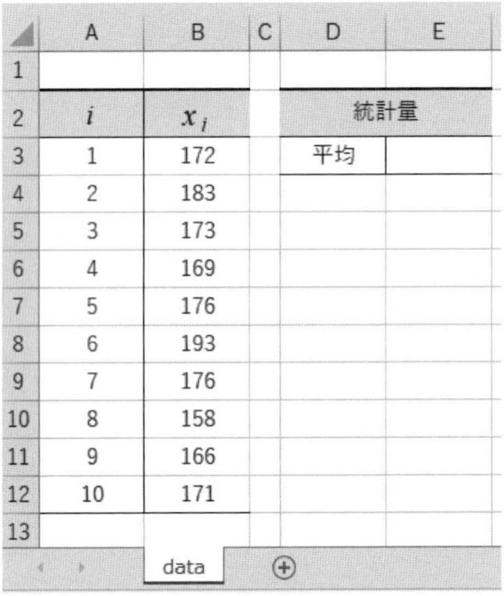

	A	B	C	D	E
1					
2	i	x_i		統計量	
3	1	172		平均	
4	2	183			
5	3	173			
6	4	169			
7	5	176			
8	6	193			
9	7	176			
10	8	158			
11	9	166			
12	10	171			
13					

図D3　プログラム用のExcelのシート

表D4のプログラム中の①～⑬の命令文はそれぞれ次のような意味である。

① 配列xの宣言。複数のデータの集まりに1つの名前をつけて扱うデータ構造は，**配列**(array) と呼ばれる。①のように宣言することでx(0)～x(10) の要素をもつ配列xが使用可能となる。x(1) に1番目のデータをx(2) に2番目のデータを格納することができる。

② Double型の変数sumの宣言。sumは x_1 ～ x_{10}（プログラム中ではx(1)～x(10)）のデータの合計を入れる変数である。データは整数であるが，平均の定義には割り算が含まれるので平均は整数でない場合が多い。整数変数同士の割り算は，小数点以下が切り捨てられて整数となる。このため，sumをDouble型としておく。

表 D4　平均を求める VBA プログラム

VBA のプログラム	No.	VBA のプログラム	No.
Option Explicit Sub calculation_of_mean( ) 　'123123128 Taro HINOMOTO 　' 変数宣言 　Dim x(10) As Integer 　Dim n As Integer 　Dim i As Integer 　Dim sum As Double 　Dim mean As Double 　Dim st As String 　' 初期設定 　n = 10 　st = "data"	 ① ② ③ ④ ⑤	' データの入力 　For i = 1 To n 　　x(i) = Worksheets(st).Cells (i + 2, 2) 　Next i 　' 平均の計算 　sum = 0 　For i = 1 To n 　　sum = sum + x(i) 　Next i 　mean = sum / n 　' 平均の出力 　Worksheets(st).Cells(3, 5) = mean End Sub	 ⑥ ⑦ ⑧ ⑨ ⑩ ⑪ ⑫ ⑬

③　Double 型の変数 mean の宣言。平均 mean は小数点以下の値を持つ可能性があるので Double 型とする。

④　String 型の変数 st の宣言。st にはシートの名前を代入するために宣言した。

⑤　変数 st に文字列 "data" を代入。" " でくくった文字列は文字列データとなる。プログラムで複数の部分でシート名を使用する場合，シート名を変数としておくと，修正などが生じた場合，1 カ所の修正で済む。

⑥　For 文。制御変数（回数を数える指の役目をする変数）i の値が 1 から n の値になるまで，For 文と⑧の「Next i」の間にある処理を繰り返す。

⑦　配列の要素へのデータの代入。i が 1 のとき x(1) にワークシート「data」の 3（= i + 2）行 2 列目のセルの値を代入する。i が 2 のとき x(2) に同シートの 4（= i + 2）行 2 列目のセルの値を代入する。以下 x(10) まで同様である。

⑧　i の値に 1 を加える命令。

⑨〜⑫　データの和の計算。これらの命令で x(1)〜 x(10) のデータの和を変数 sum に求めている。

⑬　平均の計算。x(1)〜 x(10) の和が sum に求められているので sum をデータ数 n で割ると平均が求まる。この値を変数 mean に代入している。

D3.1.1 VBA の文法（配列，繰り返し文）

(1) 配列と配列の宣言

複数のデータを変数名1個に添え字をつけることで表現するデータ構造を配列という。配列の宣言は次のように行なう。

> Dim　配列名（配列のサイズ）　As　変数の型

(2) For 文

類似した処理を複数回繰り返す場合，特に反復回数が既知の場合には For 文を使用する。For 文で増分が1の場合は，Step 以下は省略できる。

> For　制御変数 = 初期値　To　終値　Step　増分
> 　　　処理
> Next　制御変数

(3) データの和を求めるプログラム

VBA のような手続き型のプログラミング言語では，合計を求めるプログラムは次のように書く。プログラムの実行時には変数名に特定の記憶領域の番地が割付けられ，演算子「=」が代入を表し，加算が記憶領域と異なる演算装置で実行されるため，「sum = sum + x(i)」のような代入文（数学の等式ではない）を書くことができる。Σ の表現と for 文の制御変数の関係を確認しておくとよい。

データ x_i の合計 sum を求める式	対応する VBA のプログラム部分
$sum = x_1 + x_2 + \cdots + x_n = \displaystyle\sum_{i=1}^{n} x_i$	sum = 0 For i = 1 to n 　　sum = sum + x(i) Next i

(4) While 文

For 文と同様に反復処理を行なう命令文に While 文がある。For 文と While 文は同様な反復処理が可能であるが，反復を制御する構造が For 文では1行で記述されているのに対し，While 文では，実行の順に配置されている（次表左）。上記のデータの和を求める For 文を用いたプログラム例を While 文で書くと次表の右欄のようになる。この例は左欄の While 文の書き方とも対応している。「：」は1行に複数の命令文を記述するための区切り記号である。また比較演算子「<=」については，次節で記述する。

252　第Ⅲ部　応用編

 （初期値の設定） While　条件式 　処理 　（反復条件の更新） End While	［例］ While 文を用いたデータ x_i の合計 sum の計算 sum = 0 : i = 1 While　i <= n 　　sum = sum + x(i) 　　i = i + 1 End While

問 1　分散を求めるプログラム部分を上記の (3) のプログラムを参考に作成しなさい。

【課題】

(1) 表 D4 の Sub プロシージャ名を「calculation_of_statistics」に直し，表 D4 のプログラムを入力しなさい。

(2) シート「data」上に図 D4 のような Excel の表を作成しなさい。

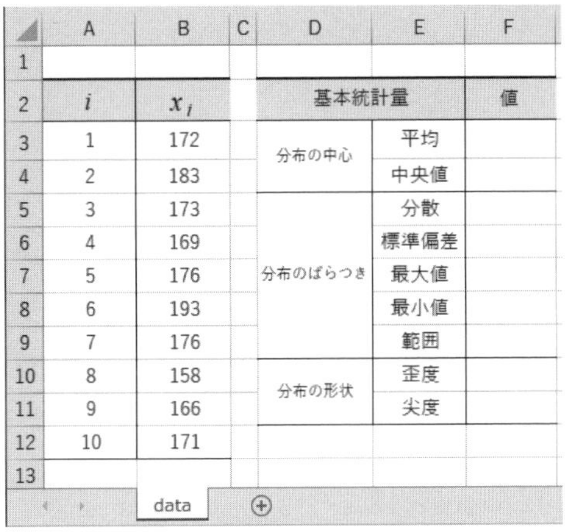

	A	B	C	D	E	F
1						
2	i	x_i		基本統計量		値
3	1	172		分布の中心	平均	
4	2	183			中央値	
5	3	173		分布のばらつき	分散	
6	4	169			標準偏差	
7	5	176			最大値	
8	6	193			最小値	
9	7	176			範囲	
10	8	158		分布の形状	歪度	
11	9	166			尖度	
12	10	171				
13						

data

図 D4　基本統計量の入出力用のシート

(3) (1) のプログラムに，分散，標準偏差，歪度，尖度を求め，表の適切なセルに出力するようにプログラムを修正しなさい。ただし，標準偏差の平方根の計算には，VBA に組み込まれた関数 Sqr を使用してもよい。Sqr(x) で変数 x の平方根の値が返される。Sqr を使用しない場合は，x^(1/2) で求めることができる。演算子の優先順位から ( ) が必要である。歪度の値の正・負は，「分布のすそ」がそれぞれ右に長いか左に長いかを示し，その絶対値は程度を表している。尖度の値の正・負は，正規分布よりとがっているか丸いかをそれぞれ示している。

(5) 作成したプログラムと Excel のシートはファイル名「基本統計量の計算」，ファイルの種類を「マクロ有効ブック」として保存する。

D4　基本統計量の計算 (2) －ソーティング－

基本統計量の一つである中央値を求めるには，データを大きさの順に並べることが必要である。データを大きさの順に並べることを**ソーティング** (sorting) という。データを小さい値から大きな値へ並べる順序を**昇順** (increasing order)，逆を**降順** (decreasing order) と呼ぶ。よく知られたソートのアルゴリズムはいくつか存在するが，本節では**バブルソート** (bubblesort) と呼ばれる基本的なソーティングのアルゴリズムを学習する。

D4.1　バブルソートのアルゴリズムとプログラム

次はデータを昇順に並べるバブルソートのアルゴリズムである。

[アルゴリズム]　バブルソートによるデータの並べ替え（昇順）

入力：データ数　n，並べ替えたいデータ x_i $(i = 1, 2, \cdots, n)$，データが存在するシート名 st.

出力：並べ替えたデータ x_i $(i = 1, 2, \cdots, n)$.

方法：Step0　データ数 n，データ x_i $(i = 1, 2, \cdots, n)$，制御変数 i, j の宣言.
　　　　　　作業用変数　tmp の宣言，シート名 st の宣言.
　　　Step1　n, st の設定（初期設定）.
　　　Step2　データの入力　x_i $(i = 1, 2, \cdots, n)$.
　　　Step3　i を 2 から n まで繰り返す.
　　　　Step4　j を n から i まで繰り返す.
　　　　　Step5　$x_{j-1} > x_j$ ならば x_j と x_{j-1} を入れ替える.
　　　　Step6　x_i $(i = 1, 2, \cdots, n)$ を出力する.
　　　Step7　end.

表 D5 はバブルソートのプログラムである。ただし，このプログラムは，図 D4 と同様なデータがシート「sort」上にあると仮定している。

表 D5　バブルソートのプログラム

VBA プログラム	No.	VBA プログラム	No.

Option Explicit
Sub bubblesort( )
　'123123129 Jiro HINOMOTO
　'Step0 変数宣言
　Dim x(10) As Integer
　Dim n As Integer
　Dim i As Integer, j As Integer
　Dim tmp As Integer
　Dim st As String
 	
　'Step1 初期設定
　n = 10
　st = "sort"
 	
　'Step2 データの入力
　For i = 1 To n
　　x(i) = Worksheets(st).Cells(i + 2, 2)
　Next i
		' データの並べ替え
		　'Step3
		　For i = 2 To n
		　　'Step4
		　　For j = n To i Step −1
		　　　'Step5
		　　　If x(j − 1) > x(j) Then
		　　　　tmp = x(j − 1)
		　　　　x(j − 1) = x(j)
		　　　　x(j) = tmp
		　　　End If
		　　Next j
		　Next i
		
		　'Step6 並べ替えられたデータの出力
		　For i = 1 To n
		　　Worksheets(st).Cells(i + 2, 3) = x(i)
		　Next i
		
		　'Step7
		End Sub
			
			①
			
			②
			③
			④
			⑤
			⑥

254　第Ⅲ部　応用編

① For 文の増分が −1 の場合は Step で増分を指定する。増分は負の値でもよい。

② If文。条件 x(j-1) > x(j) が満足された場合に Then 以降から⑥の End If までの間の３つの代入文を実行する。

③〜⑤ データの入れ替え。代入文実行前のメモリの内容は代入の実行により失われるので一時的に値を退避して保持するために変数 tmp を使用している。

D4.1.1　VBA の文法 (選択文)

(1) If 文

条件式の真偽により処理の内容を変えたい場合に使用するのが If 文である。

If　条件式　Then
　処理 1
Else
　処理 2
End If
	［例］　変数 a と b の大きい方の値を x に代入する If 文
	　If　a > b Then
	　　　x = a
	　Else
	　　　x = b
	　End If

※「Else　処理 2」の部分が，不要な場合は省略可能。

(2) If 〜 ElseIf 文

条件式により２種類を超える処理を仕分けたい場合がある (多分岐)。その場合に使用するのが If 〜 ElseIf 文である。

If　条件式 1　Then
　処理 1
ElseIf　条件式 2　Then
　処理 2
　　⋮
ElseIf　条件式 n　Then
　処理 n
Else
　処理 n+1
End If
	［例］　整数変数 x の値により文字変数 y に曜日を代入する If 文
	　If　x = 1 Then
	　　y = "Sunday"
	　ElseIf　x = 2　Then
	　　y = "Monday"
	　　　⋮
	　ElseIf　x = 7 Then
	　　y = "Saturday"
	　Else
	　　y = "Error"
	　End If

(3) Select 文

If 〜 ElseIf 文の他に多分岐を実現する文に Select 文がある。変数が整数値を取る場合には Select 文がよく使われる。

	[例]　整数変数 x の値により文字変数 y に曜日を代入する If 文
Select　Case　変数 　Case　値 1（条件 1） 　　　処理 1 　Case　値 2（条件 2） 　　　処理 2 　　　⋮ 　Case　Else 　　　処理 n End　Select	Select Case x 　　Case 1 　　　y = "Sunday" 　　Case 2 　　　y = "Monday" 　　　⋮ 　　Case Else 　　　y = "Error" End Select

(4) 比較演算子

If 文や Select 文，While 文などの条件式を記述する際に使用する基本的な比較演算子には次のようなものがある。VBA では，等しい関係を示す比較演算にも，代入にも，演算子「＝」が使用される。混乱を避けるために，代入に「：＝」を使用したり，等しいことを示す比較演算子に「＝＝」を用いるなどして，両者を区別するプログラミング言語も多い。

比較演算子	意味
=	=
<>	≠
>	>
>=	≧
<	<
<=	≦

(5) 論理演算子

複数の条件式を組み合わせて新たな条件式を作成するのに使用する演算子が論理演算子である。基本的な論理演算子には次のようなものがある。

論理演算子	意　味
And	かつ
Or	または
Not	～でない

【課題】

(1) 表 D5 の bubblesort は，データを昇順に並べるプログラムである。このプログラムを降順に並べるプログラムに直しなさい。

(2) 前節で作成した calculation_of_statistics に bubblesort の内容を加え図 D4 で空欄となっている，中央値，最大値，最小値，範囲のそれぞれの値を求め，基本統計量を求めるプログラムを完成させなさい。完成したら上書き保存する。

D5 Sub プロシージャと Function プロシージャ

基本統計量を求めるプログラムの処理手順は次のように記述することができる。

[アルゴリズム]　基本統計量の計算

入力：データ数 n，対象データ x_i $(i = 1, 2, \cdots, n)$，データが存在するシート名 st.

出力：基本統計量（平均，中央値，分散，標準偏差，最大値，最小値，範囲，歪度，尖度）.

方法：Step0　データ数 n，データ x_i $(i = 1, 2, \cdots, n)$，制御変数 i, j の宣言，シート名 st の宣言.

　　　　Step1　n の設定，st の設定.

　　　　Step2　データの入力　x_i $(i = 1, 2, \cdots, n)$.

　　　　Step3　平均の計算.

　　　　Step4　分散の計算.

　　　　Step5　標準偏差の計算.

　　　　Step6　歪度の計算.

　　　　Step7　尖度の計算.

　　　　Step8　データのソーティング.

　　　　Step9　中央値の計算.

　　　　Step10　最大値，最小値，範囲の計算.

　　　　Step11　基本統計量の出力.

　　　　Step12　end.

　Step2 〜 Step11 はそれぞれ 1 つの機能を持ち，特に Step 3 〜 Step9 などはよく使用される。一般にある問題を解くプログラムの作成において，その問題を複数の部分問題に分け，各部分問題を解く機能に分割（モジュール化）し，各機能（モジュール）を実現するプログラムを作成し，それらを呼び出すことによりもとの問題を解くプログラムを構成する方法がある。VBA でこのようなプログラムを作成するために Sub プロシージャと Function プロシージャという枠組みが準備されている。他のプロシージャから呼び出されることを前提にしたプロシージャはキーワード Sub，Function の前に Private を書いて区別する。Sub プロシージャは呼出し側とのデータのやり取りはプロシージャ名の後の（ ）内の変数（引数）を通して行なう。Function プロシージャの場合は，関数名の後の（ ）内の変数で呼出し側からのデータを受け取り，（ ）の後ろの型で 1 つの値を関数の値（戻り値）として，呼出し側へ返す。

表 D6　Sub プロシージャと Function プロシージャを用いた基本統計量の計算プログラム

VBA のプログラム	No.
Option Explicit Sub calculation_of_statistics() 　'123123130　Ohka　HINOMOTO 　'Step0 変数宣言 　（省略）	

プロジェクト D　アルゴリズムと VBA の基礎文法　257

```
'Step1 初期設定
n = 10
st = "data"

'Step2 データの入力
Call input_data(x, n, st)                                                        ①

'Step3 平均の計算
mean = calculation_of_mean(x, n)

'Step4   分散の計算
variance = calculation_of_variance(x, n, mean)                                   ②

'Step5   標準偏差の計算
sd = calculation_of_sd(variance)

'Step6   歪度の計算
skewness = calculation_of_skewness(x, n, mean, sd)

'Step7   尖度の計算
kurtosis = calculation_of_kurtosis(x, n, mean, sd)

'Step8   データのソーティング
Call bubblesort(x, n)

'Step9   中央値の計算
median = calculation_of_median(x, n)

'Step10   最大値，最小値，範囲の計算
max = x(n)
min = x(1)
range = max - min

'Step11   基本統計量の出力
Call output_statistics(mean, median, variance, sd, max, min, range, skewness, kurtosis, st)

'Step12
End Sub
```

258   第Ⅲ部   応用編

表 D7　データ入力の Sub プロシージャ

データ入力の Sub プロシージャの内容	No.
Private Sub input_data(x() As Integer, n As Integer, st As String) 　Dim i As Integer 　For i = 1 To n 　　x(i) = Worksheets(st).Cells(i + 2, 2) 　Next i End Sub	①

表 D8　平均を計算する Function プロシージャ

平均を計算する Function プロシージャの内容	No.
Private Function calculation_of_mean(x() As Integer, n As Integer) As Double 　Dim i As Integer 　Dim sum As Double 　sum = 0 　For i = 1 To n 　　sum = sum + x(i) 　Next i 　calculation_of_mean = sum / n End Function	①

　表 D6 の①は，Sub プロシージャの呼出しである。input_data は呼び出される Sub プロシージャの名前である。Sub プロシージャに渡す変数はデータを入力する配列名 x（正確には配列 x(0) のメモリ番地），データ数 n，データが存在するシートのラベル st である。

　表 D7 の①は，表 D6 の①で呼び出される Sub プロシージャである。( ) 内の変数は，表 D6 ①の ( ) 内の変数と 1 対 1 対応するようにデータ型を記述する。配列の場合は変数の後に ( ) を付ける。変数名は同じである必要はない。

　表 D6 の②は，Function プロシージャの呼出しである。calculation_of_mean は Function プロシージャの名前である。( ) 内は Function プロシージャに渡すデータの配列名 x とデータ数 n である。関数は，1 つの値を関数値として戻すので，それを mean に代入する。

　表 D8 の①は，表 D6 の②で呼び出される Function プロシージャである。( ) の変数は表 D6 の②の ( ) 内の変数の数と型が 1 対 1 対応している。ただし変数名は同じでなくてもよい。

プロジェクト D　アルゴリズムと VBA の基礎文法　*259*

D5.1 VBA の文法（Sub プロシージャ，Function プロシージャ）

(1) Sub プロシージャの枠組みと Sub プロシージャの呼出し

以下は Sub プロシージャの枠組みと呼出しである。標準モジュール内で他の Sub プロシージャから呼び出されるプロシージャは Sub の前にキーワード「Private」を付ける。

Sub プロシージャ
(Private) Sub　プロシージャ名（変数 As データ型，…，変数 As データ型） 　処理内容 End Sub

Sub プロシージャの呼出し
Call　プロシージャ名（変数，変数，…，変数）

キーワード Call の後のプロシージャ名と呼び出されるプロシージャの名前，変数の数と型は，一致しなければならない。しかし，変数名は同じでなくてもよい。

(2) Function プロシージャの枠組みと Function プロシージャの呼出し

以下は Function プロシージャの枠組みと呼出しである。標準モジュール内で他の Sub プロシージャから呼び出される場合は Function の前にキーワード「Private」を付ける。Function プロシージャは関数値として関数の値を1つ返す。そのため返す関数の値の型を名前と引数の後に記述する。

Function プロシージャ
(Private) Function　関数名（変数名 As データ型，…，変数名 As データ型）As データ型 　処理内容 　関数名＝値 End　Function

Function プロシージャの呼出し
変数＝関数名（変数，変数，…，変数）

Function プロシージャの名前と呼出されるプロシージャの名前，変数の数と型は，一致する必要があるが，変数名は一致しなくてもよい。また，関数の値を代入する変数の型は，関数の型と一致させる。

(3) 実引数と仮引数

Sub プロシージャ名，Function プロシージャ名の後の（ ）内の変数を**仮引数**（parameter / dummy parameter），Sub プロシージャ，Function プロシージャの呼出しの（ ）内の変数を**実引数**（argument / actual parameter）と呼ぶ。また，仮引数，実引数を合わせて**引数**（parameter）と呼ぶ。

260　第Ⅲ部　応用編

(4) 引数の渡し方　Call by Value と Call by Reference

引数を用いて Sub プロシージャや Function プロシージャを呼び出す際，値の受け渡し方法には 2 種類ある。1 つが値をコピーして渡す方法（**値渡し，Call by Value**）で，もう 1 つは値が格納されているメモリのアドレスを渡す方法（**参照渡し，Call by Reference ／ Call by Address**）である。Call by Value では，値が別のメモリのアドレスに存在するため，呼び出される側と呼ばれる側の独立性が高い。言い換えると，引数の値が呼ばれたプロシージャ側で変化しても，呼出し側の引数の値は全く変化しない。Call by Reference ではメモリのアドレスを共有するので呼ばれたプロシージャで値が変化すると呼び出し側の値もその変化した値となる。すなわちプログラム間の結びつきが強いプログラムとなる。多人数でプログラムを開発したり，比較的大きなプログラムを作成したりする場合は Call by Value の方が，効率がよく，デバグの手間が省け，信頼性の高いプログラムを作成できる。

VBA では，値の渡し方を区別するために，引数の変数名の前にキーワード「ByVal」，「ByRef」を付ける。この指定をしない場合は「ByRef」として扱われる。また引数が配列の場合は無条件で「ByRef」となり，配列の先頭のアドレスが引き渡される。

【課題】

(1) 表 D6 のプログラムで，基本統計量を計算するプログラムを，表 D7，D8 に倣って不足する Sub プロシージャと Function プロシージャを作成して完成させなさい。

(2) 作成したプログラムをファイル名「基本統計量の計算 (2)」，ファイルの種類「マクロ有効ブック」として保存しなさい。

(5) 変数のスコープ

変数が使用可能なプログラムの範囲を**スコープ**（通用範囲，scope）という。Sub プロシージャの中で宣言された変数は，そのプロシージャの中だけで有効である。一方表 D6 のように複数の Sub プロシージャや Function プロシージャを持つプログラムで，Option Explicit の直下でも変数宣言が可能である。ここで宣言された変数は，それ以降にある全てのプロシージャ内で有効で，メモリ領域は共有される。Sub プロシージャや Function プロシージャ内で宣言された変数を**局所変数**（ローカル変数，local variable）といい，複数のプロシージャに先立って宣言される変数を**広域変数**（グルーバル変数，global variable）と呼ぶ。Sub プロシージャや Function プロシージャの独立性を保つには広域変数はあまり使用しない方がよいが，データ数など一定値が与えられ，その後，値が変化しない場合などには広域変数が便利な場合もある（E2.5 節参照）。

D6　再帰法を用いたプログラミング

数列 $\{a_k\}$ において，k 番目の項が $k-1$ 番目またはそれよりも小さい番号の項の関係式で与えられているとき，その関係式を**再帰関数式**，または**漸化式**（recurrence relation）という。たとえば，自然数 n に対して n の階乗 $n!$ の定義は $n! = n \times (n-1) \times \cdots \times 2 \times 1$ である。$f(n) = n!$ とすると，$n!$ は $n \times (n-1)!$ なので，次のように表現できる。

$$f(n) = n \times f(n-1)$$

このような漸化式を用いて，関数の中で自身を呼び出すようなアルゴリズムを再起法という。

次は $n!$ を再帰法で求めるアルゴリズムである。

[アルゴリズム]　再帰法による $n!$ を求める関数 $f(n)$

入力：自然数 n.

出力：$n!$.

方法：Step1　n の宣言.

　　　　Step2　n の入力.

　　　　Step3　もし $n = 0$ ならば

　　　　　　　　　1 を関数値として戻す.

　　　　　　　　$n \neq 0$ ならば

　　　　　　　　　$n \times f(n-1)$ を関数値として戻す.

　　　　Step4：end.

次の表 D9 は $n!$ を再帰法で計算する VBA の Private Function である。

表 D9　$n!$ を再帰法で計算する Function プロシージャ factorial

$n!$ を計算する Function プロシージャの内容	No.
Private Function factorial(n As Integer) As Integer	
If n = 0 Then	
factorial = 1	①
Else	
factorial = n * factorial(n - 1)	②
End If	
End Function	

表 D9 の①は 0!=1 を定義に従って関数値としている。②は関数 factorial の再帰呼び出しである。

表 D10 は表 D9 の関数プロシージャを呼び出し $0 \sim n\ (= 5)$ までの $n!$ を計算するプログラム例である。このプログラムは図 D5 のようなシート名「n!」のシートの B 列に $n!$ の値を出力する。

262　第Ⅲ部　応用編

表 D10　表 D9 の Function プロシージャ呼出プログラム

関数を呼び出して $n!$ を計算するプロシージャ	No.
Sub main( )	
Dim n As Integer	
Dim i As Integer	
Dim st As String	
n = 5	①
st = "n!"	②
For i = 0 To n	③
Worksheets(st). Cells(i + 3, 2) = factorial(i)	④
Next i	⑤
End Sub	

	A	B
1		
2	n	n!
3	0	1
4	1	1
5	2	2
6	3	6
7	4	24
8	5	120
9		

n!

図 D5　$n!$ の出力結果

【課題 1】

(1) 表 D9，表 D10 を入力し実行しなさい。ファイル名を「n の階乗の計算」，種類を「マクロ有効ブック」で保存すること。

(2) (1) のプログラムで正しい $n!$ の値が計算できる最大の n の値を求めなさい。

(3) (2) で求めた n の値よりも大きな値で正しく $n!$ を計算できるようにプログラムを修正しなさい。完成したら上書き保存すること。

【課題 2】

　次の (1) 式は**フィボナッチ数列**（Fibonacci sequence）として知られている数列の漸化式である。設問に答えなさい。

$$\begin{cases} f(0) = 0, \ f(1) = 1, \\ f(n) = f(n-1) + f(n-2) \quad (n \geq 2) \end{cases} \qquad \cdots \cdots \cdots \quad (1)$$

(1) フィボナッチ数列を求める Private Function プロシージャ fibonacci を作成しなさい。

(2) Private Function プロシージャ fibonacci を呼び出してフィボナッチ数列をシート上に出力するプログラム main を作成しなさい。ファイル名を「フィボナッチ数列の作成」，種類を「マクロ有効ブック」として保存しなさい。

プロジェクト D　アルゴリズムと VBA の基礎文法　*263*

章末問題

1. 次の例に倣って「問題」と「問題例」の組を 3 種類作成しなさい。

    【例】「問題」：任意の自然数 n が素数であるか否かを判定しなさい。

    「問題例」：87235829 が素数であるか否かを判定しなさい。

2. 自分の好みに合う「カレーの作り方 (2 人前)」を「アルゴリズムの書き方」を用いて記述しなさい。

3. 1 で作成した「問題」を解くためのアルゴリズムを，「アルゴリズムの書き方」に従い記述しなさい。

4. 次の設問に答えなさい。

    (1) D4.1 節のバブルソートのアルゴリズムで，対象とするデータの数が n のとき，Step5 の入れ替えの回数が最も多くなるデータの並びを考えなさい。

    (2) (1) の場合のデータの入れ替え回数を，データ数 n を用いて表しなさい。

    (3) バブルソートの最も時間がかかる場合の時間計算量を n を用いて表しなさい。

5. 次の関数 f, g について，$f = O(g)$ であるか否かを答えなさい。ただし，定義を用いてその理由を説明すること。

    (1) $f(n) = 2n^2,$ $\qquad g(n) = n^3.$

    (2) $f(n) = 3n^3 + 5n,$ $\quad g(n) = n^3.$

    (3) $f(n) = 3n,$ $\qquad g(n) = n!.$

6. D1.2 節にあるユークリッドの互除法のアルゴリズムを用いて，2 数 a, b の最大公約数を求める Function プロシージャ gcd(a, b) を作成しなさい。このプロシージャを呼出す Sub プロシージャ main を作成しなさい。

7. 正規分布 (ガウス分布) する乱数列 (プロジェクト E で記述) を発生させ，それらの値をデータとして読み込み，その基本統計量を求めるプログラムを次の手順で作成しなさい。

    (1) Excel のリボンの［データ］をクリックし，［データ分析］を選択する。開いたサブメニューの中から「乱数の発生」を選択する。

    (2) (1) で開いたダイアログボックス (図 D6) の「乱数の数」の欄に 1000，「分布」の欄に正規乱数を指定する。

    (3) 平均が 0，標準偏差が 1 となっていることを確認する。また，出力先を「$A$1」とした後［OK］ボタンをクリックする。これまでの操作で A 列に平均 0，標準偏差 1 の正規乱数が発生する。

    (4) シートの名前を「data1」とし，D4 節で作成したファイル「基本統計量の計算 (2)」

264 第Ⅲ部 応用編

のプログラムをコピーし，修正して (3) で作成したデータの基本統計量を求める。

(5) 作成したプログラムとデータを含むブックをファイル名「正規乱数の基本統計量」，ファイルの種類「マクロ有効ブック」で保存する。

(6) 以上の手順と同様にして別のシート（名前を「data2」とする）に乱数を 10000 個発生させ，その基本統計量を求めよ。よりデータ数を増やしたシートを作成して基本統計量を求めてもよい。

(7) データ数を増やすと，それぞれの基本統計量がどのような値に近づくか答えなさい。

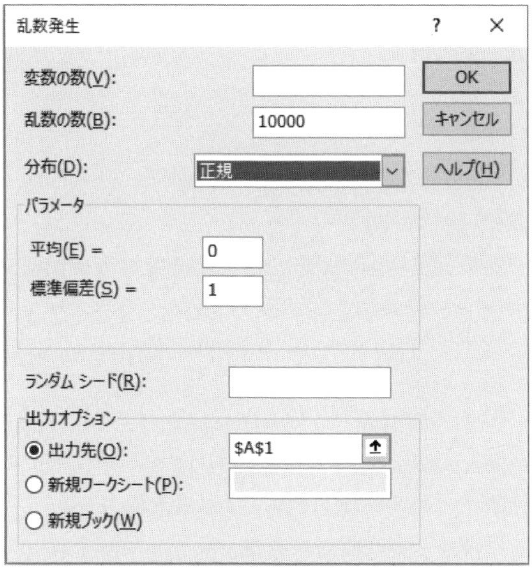

図 D6　分析の乱数発生サブメニュー

8. n 個の要素を持つ集合から r 個の要素を取り出し，一列に並べる場合の異なる並べ方の数（順列）は次のように定義されている。

$$P(n, r) = \frac{n!}{(n-r)!}$$

D1.6 節で作成した Function プロシージャ factorial(n) を利用して，$P(n, r)$ の値を求める Function プロシージャ Permutation(n, r) を作成しなさい。またこのプロシージャを呼出し，答えを出力する Sub プロシージャ main を作成しなさい。

9. n 個の要素を持つ集合から r 個の要素を取り出す場合の異なる組み合わせの数は次のように定義されている。

$$C(n, r) = \frac{n!}{r!(n-r)!}$$

D1.5 節で作成した Function プロシージャ factorial(n) を利用して，$C(n, r)$ の値を求める Function プロシージャ Combination(n, r) を作成しなさい。またこのプロシージャを呼出し，答えを出力する Sub プロシージャ main を作成しなさい。

10. 2つの自然数 x, y の最大公約数を求めるユークリッドの互除法は擬似 Pascal を用いると再帰的に次のように記述できる。ただし，「: =」は右辺の値を左辺に代入することを示している。次の設問に答えなさい。

---

function $gcd(x, y)$:

begin

　if $y = 0$ **then** $gcd : = x$

else $gcd : = gcd(y,\ x \bmod y)$

end.

---

(1) VBA を用いて上記と同様な処理を行なう Private Function プロシージャ gcd(x, y) を作成しなさい。

(2) シートからデータを読み gcd(x, y) を呼び出して結果を表示する Sub プロシージャ main を作成しなさい。

(3) 作成したプログラムを用いて，図 D1 中の2つのデータの組の最大公約数を求めなさい。

(4) 作成した Excel のファイルをファイル名「再帰法を用いた最大公約数の計算」，ファイルの種類「マクロ有効ブック」で保存しなさい。

(5) 再帰呼び出しが行なわれた回数をカウントし，その値も出力するようにプログラムを修正し，上書き保存しなさい。

(6) いろいろな自然数の組を発生させ，どのような組み合わせが再帰呼出しの回数が多くなるか検討しなさい（ヒント：自然数の組を発生させるために2重の For 文を使用する方法もある）。

【参考文献】

五十嵐善英・舩田眞里子『離散数学入門』牧野書店，2017

五十嵐善英・Lewis, D. Forbes・舩田眞里子『計算理論入門』牧野書店，2013

加藤潔『Excel 環境における Visual Basic プログラミング』共立出版，2007

松原望・松本渉『Excel で始める社会調査データ分析』第2刷，丸善出版，2014

師啓二・樋口和彦・舩田眞里子・黒澤和人 『現代の情報科学』学文社，2010

師啓二・樋口和彦・舩田眞里子・黒澤和人 『情報科学の基礎と活用』同友館，2006

プロジェクトE
VBAを用いた株式投資シミュレーション(＊＊)

本章では，ユーザーフォームを用いて株価の発生と株式投資のシミュレーションを行なう。**シミュレーション**(simulation)とは実際の実験や観察，予測などが，費用，時間などの制約で困難な場合に行なわれるコンピュータ内実験である。窓口サービスやロケットの打ち上げ，宇宙物理学，気候変動，天気予報など幅広い領域で使用されている。シミュレーションでは，対象が本来持っている法則を推定・抽出し，その法則を組み込んだモデルを作成し，そのモデル上で生じる現象をコンピュータ内で再現し，目的とする対象のふるまいを観測したり，予測したりする。本章では，株価の発生と株式投資を例にVBAを用いたシミュレーションの方法を学習する。また，わかりやすいデータの入力と結果の出力を目指して，ユーザーフォームを使用したプログラムを作成する。まず，シミュレーションでよく使用される乱数列から始める。

E1　乱数列と乱数

自己相関性も周期性もなく全くでたらめな数の列のことを**乱数列**(random numbers)といい，乱数列の各要素を**乱数**(random number)という。アルゴリズムで確定的に生成される乱数列は桁数の制約による周期性などからも乱数列の定義を満足しない。そのためコンピュータ上で生成された乱数列は**擬似乱数列**(pseudorandom numbers)と呼ばれる。擬似乱数列はコンピュータシミュレーションやソーシャルゲームをはじめとする各種ゲーム等で利用されている。

乱数列は目的に応じて正規分布(ガウス分布)，一様分布，ポアソン分布などさまざまな分布に従う擬似乱数列の生成法が考案されている。また多くのプログラミング言語は乱数列を発生する関数などを標準ライブラリの中に準備している場合が多い。また，区間(0, 1)の乱数や整数値をとる乱数などさまざまな乱数列が利用できるようになっている。VBAでも区間(0, 1)の一様擬似乱数を発生させる関数が準備されている。また，アドインソフトである分析ツールの中に正規分布や2項分布，ポアソン分布の擬似乱数列を発生させる機能がある。以下の株価発生シミュレーションでは擬似一様乱数列を使用する。

E2　株価発生モデルと株価発生アルゴリズム
E2.1　株価の種類とろうそく足チャート

株価は時間とともに変動する時系列データであるが，1日を単位とすると，1日の株価の変動は次の4つの代表値(四本値)で示される。

267

始値（opening price）：1日の中で最初に成立した取引の値段。「**寄り値**」「**寄り付き**」とも言う。
高値（high price）：1日の中で取引された値段のうちで最も高い値段。
安値（low price）：1日の中で取引された値段のうちで最も安い値段。
終値（closing price）：1日の中で最後に成立した取引の値段。「**引け値**」とも言う。

これらの値は，図E1のような「**ろうそく足チャート**」を用いて効率よく表現される。1日の取引で値上がりした（終値が始値よりも高い）場合，白の長方形でその幅を表し，高値が終値よりも高い場合は**上ヒゲ**を付け，高値を表す。安値が始値よりも低い場合は**下ヒゲ**を付けて表す。値下がりをした場合は黒の長方形で表し，高値と安値がこの範囲にない場合は上ヒゲと下ヒゲを付ける。値上がりの場合を陽線，値下がりの場合を陰線と呼ぶ。

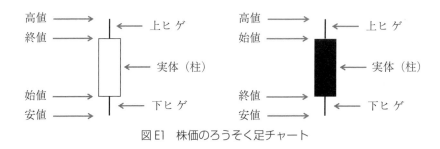

図E1　株価のろうそく足チャート

E2.2　株価発生のモデル

株価は1日を単位として発生させ，四本値で表すことにする。初期値として，次の値は入力する。

- 株価発生前日の四本値（始値，高値，安値，終値）
- 相場の変動率 w $(0 < w < 1)$
- 発生させるデータ数（週数）
- 窓（相場の転機に出現するろうそく足の不連続線）の発生確率 wd
- 窓の生起確率 wd が一定値を超えたとき生じる価格の変化 $\alpha(wd)$

四本値を次式のようなモデルを用いて作成した。このモデルは，四本値を4系列の独立した疑似一様乱数列から得た乱数1～乱数4を使用して発生させている。また，値上がりか値下がりかも5系列目の擬似一様乱数列からの乱数（乱数5）を用いて決定する。

第 i 日の始値 =（前日の終値）+（±）（前日の高値−前日の安値）×（乱数1）+ 窓の生成 $\alpha(wd)$

第 i 日の高値 =（前日の終値）+（前日の終値）×（乱数2）×（変動率 w）

第 i 日の安値 =（前日の終値）−（前日の終値）×（乱数3）×（変動率 w）

第 i 日の終値 =（前日の安値）+（i 日の高値 − i 日の安値）×（乱数4）×（変動率 w）

E2.3　株価発生のアルゴリズム

前節のモデルを用いると，株価発生のアルゴリズムは次のように記述することができる。

[アルゴリズム]　疑似一様乱数を用いた株価の発生

入力：発生する株価の週数 s（$n = 5 \times s$，n は日数），変動率 w，始値の初期値 OP_0，
　　　高値の初期値 HP_0，安値の初期値 LP_0，終値の初期値 CP_0，窓の発生確率 wd，
　　　wd の値による変動の幅 α.

出力：発生した4系列の擬似一様乱数 $R1_i$，$R2_i$，$R3_i$，$R4_i$，$i = 1, 2, \cdots, n$.
　　　始値 OP_i，高値 HP_i，安値 LP_i，終値 CP_i，$i = 1, 2, \cdots, n$.

方法：Step1　変数の宣言（上記の変数，値上がり値下げを決める乱数 $R5$，
　　　　　　　値上がりの時 1，値下がりの時 -1 の値を取る変数 $flag$）.
　　　Step2　初期値（s，w，wd，CP_0，HP_0，LP_0，CP_0，$\alpha(wd)$）の入力.
　　　Step3　4系列の疑似一様乱数列，$R1_i$，$R2_i$，$R3_i$，$R4_i$，$i = 1, 2, \cdots, n$ の生成.
　　　Step4　Step5 ～ Step9 を $i=1$ から n まで反復する.
　　　　Step5　乱数 $R5$ を生成し，$R5 > 0.5$ の時 $flag = 1$，その他の時 $flag = -1$.
　　　　Step6　$OP_i = OP_{i-1} + flag \times [\,(HP_{i-1} - LP_{i-1}) \times R1_i + 0.5\,] + \alpha(wd)$.
　　　　Step7　$HP_i = CP_{i-1} + [\,CP_{i-1} \times R2_i \times w + 0.5\,]$.
　　　　Step8　$LP_i = CP_{i-1} - [\,CP_{i-1} \times R3_i \times w + 0.5\,]$.
　　　　Step9　$CP_i = CP_{i-1} + flag \times [\,(HP_i - LP_i) \times R4_i + 0.5\,]$.
　　　Step10　$R1_i$，$R2_i$，$R3_i$，$R4_i$，OP_i，HP_i，LP_i，CP_i，$i = 1, 2, \cdots, n$ の出力.
　　　Step11　end.

アルゴリズムの Step6 ～ 9 の記号 [　] はガウス記号で，n が整数のとき，$n \leqq x < n+1$ の x に対して $[x] = n$ である。n の値が 0 以上の場合は x の小数点以下の切り捨て演算となる。Step6 ～ 9 の [　] の式は小数第 1 位で四捨五入することを意味している。

E2.4　ユーザーフォーム

ユーザーフォーム（User Form）は，ユーザが自由にデザインできるダイアログボックスで，Excel を意識しないで入力と出力の表示を可能とする Excel の機能である。そのため，Excel の未学習者でも使用することができ，また，Excel の熟知者でも定型業務を行なうには便利な機能である。この節では，株価の発生のために図 E2 のフォームを作成して利用する。

E2.4.1　VBE（Visual Basic Editor）の起動とユーザーフォームウィンドウの立ち上げ

［開発］タグがリボンにあることを確認した後，ユーザーフォームウィンドウを次の手順で立ち上げる。

①　リボンの［開発］タグをクリックする。

②　「コード」グループの Visual Basic をクリックする。

プロジェクト E　VBA を用いた株式投資シミュレーション　*269*

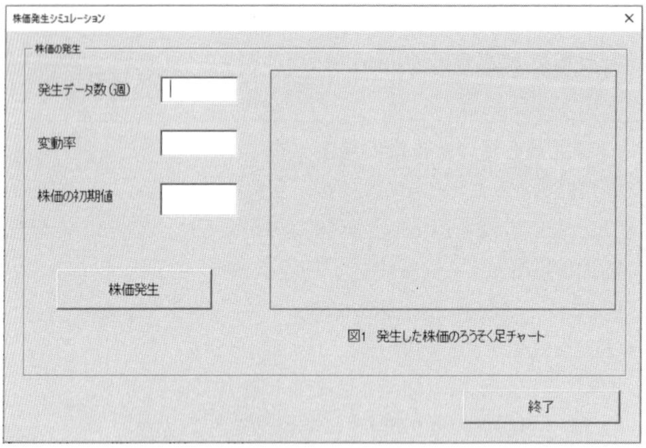

図 E2　株価発生のユーザーフォーム

③　メニューの［挿入］をクリックし，サブメニューから「ユーザーフォーム」を選択する。

　上記の処理で開かれる右側のウィンドウがユーザーフォーム作成用のウィンドウである。左側上部のプロジェクトエクスプローラーに「UserForm1」が加わっていることを確認する。左下にはプロパティウィンドウが表示される。これらの表示・非表示はメニューの［表示］のサブメニューから指定できる。

　プロパティウィンドウではユーザーフォームやフォーム上の部品（コントロール）に関する細かな設定ができる。また，「UserForm1」の表示と同時に「ツールボックス（図 E3）」が表示される。このボックス中のアイコンはコントロールと呼ばれる部品を示している。各アイコンをマウスのポインタで示すとそれぞれのコントロールの名前が表示される。［フレーム］，［テキストボックス］，［ラベル］，［コマンドボタン］，［イメージ］などを確認する。ツールボックスが非表示の場合は，「UserForm1」のコントロールが無い部分をダブルクリックする。または，メニューの［表示］をクリックし，サブメニュー中の「ツールボックス」をクリックする。

図 E3　ツールボックス

E2.4.2　ユーザーフォームの作成

次の手順で株価発生のユーザーフォームを作成する。

① プロパティウィンドウの（オブジェクト名）の左の欄に「株価の発生」と入力する。プロジェクトウィンドウの「UserForm1」が「株価の発生」に変化したことを確認する。以後作成するフォームの名前は「株価の発生」として識別される。

② プロパティウィンドウのCaptionの左欄に「株価発生シミュレーション」と入力する。ユーザーフォームの上の欄が「株価発生シミュレーション」と変化したことを確認する。

③ プロパティウィンドウの Height，Width をそれぞれ 400，600（ピクセル）とする。

作成したユーザーフォームの上に図 E2 の各コントロール④〜⑪を加え，プロパティウィンドウ中のパラメタを④〜⑪の表に従い入力する。コントロールの名前の指定がない場合はデフォルトの名前のままでよい。また，その他の指定のない項目もデフォルトのままでよい。

④ フレームを加え，次のように設定する。

Caption	Height	Left	Top	Width
株価の発生	280	12	24	550

⑤ ④にテキストボックスを加え，オブジェクト名を「TexNumber」とし，次のように設定する。

Font	Height	Left	Top	Width
16	25	125	25	55

⑥ ④にラベルを加え，次のように設定する。

Caption	Font	Height	Left	Top	Width
発生データ数（週）	12	12	24	30	90

⑦ 同様にして2個のラベルとテキストボックス「TexRatio」，「TexInitial」を作成し，ラベルをそれぞれ「変動率」，「株価の初期値」とする。「TexNumber」，「TexRatio」，「TexInitial」のテキストボックスとそれらのラベルは，⑤，⑥のように適切にパラメタを設定して配置することができる。また，対象とするコントロールを選択し，メニューの「書式」のサブメニューから「整列」や「サイズを合わせる」などの機能を使用して並べることもできる。

⑧ ④にボタンを加え，オブジェクト名を「MakeData」とし，次のように設定する。

Caption	Font	Height	Left	Top	Width
株価発生	12	24	42	170	135

⑨ ④にイメージを加え，オブジェクト名を「Image」とし，次のように設定する。PictureSizeMode はコントロール「Image」のサイズに合わせて表示したい図のサイズを調節することを指示している。3個の選択肢の中から選択して設定する。

Height	Left	Top	Width	PictureSizeMode
200	230	20	300	1-fmPictureSizeModeStretch

⑩ ④にラベルを加え，プロパティを次のように設定する。

Caption	Font	Height	Left	Top	Width
図1　発生した株価のろうそく足チャート	12	12	288	252	185

⑪ フレームの外のフォーム上にボタン「EndBtn」を加え，次のように設定する。

Caption	Font	Height	Left	Top	Width
終了	12	24	415	325	145

上記の入力が完了したらファイル名を「株価発生シミュレーション」とし，種類を「マクロ有効ブック」として保存する。

E2.5　株価発生プログラム

　ユーザーフォームを用いたプログラムは，まずユーザーフォームが起動したときの初期化の処理を記述する。また，ユーザーフォーム上のコントロールが選択されたときの動作を記述する。プロジェクトDのプログラムでは，サブプロシージャが1個か，または最初に実行されるプロシージャから他のサブプロシージャを呼出すことでプログラムが動作した。ユーザーフォームを使用した場合は，フォームのコントロールを利用者が操作することによりプログラムが動作する。したがってフォームを閉じる動作まで記述する必要がある。

　E2.3節のアルゴリズムに従いプログラムを作成するが，簡単化と収集したデータ数の制約のため，週は13週以下，窓 $a(wd)$ はないものとしてプログラムを作成する。

　まず作成したユーザーフォーム（コントロールが無い部分）をダブルクリックすると，ユーザーフォームをクリックした際に実行されるプロシージャの枠組みがコードウィンドウに表示される（図E4左上）。この画面で右側のプロシージャ一覧から［Initialize］を選択するとコードウィンドウに「UserForm_Initialize」のプロシージャの枠組みが表示される（図E4左下）。この枠組みの中にユーザーフォームが実行されるときの最初のフォームの状態や必要な値の初期値やデフォルト値の設定を行なう。「UserForm_Click」の枠組みは不要なので削除する。

　各コントロールをダブルクリックした後，コードウィンドウに表示される枠組みの中にプロ

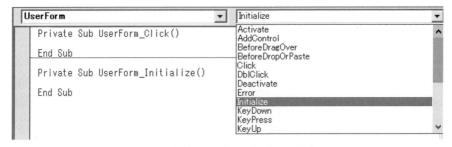

図E4　初期化のプロシージャの作成

グラムを挿入する。このような作業を繰り返し作成したプログラムが表E1である。

表E1　ユーザーフォームを用いた株価発生プログラム

VBA プログラム	No.
Option Explicit ' 広域変数の宣言　Step1 Dim HP(500) As Integer, LP(500) As Integer Dim CP(500) As Integer, OP(500) As Integer Dim R1(500) As Double, R2(500) As Double Dim R3(500) As Double, R4(500) As Double Dim w As Double Dim s As Integer, n As integer Dim st As String	①
Private Sub UserForm_Initialize() 　TexNumber.Text = "" 　TexRatio.Text = "" 　TexInitial.Text = "" 　st = "DATA" End Sub	② ③
Private Sub TexNumber_Change() 　If TexNumber.Text <> "" Then s = TexNumber.Value End Sub	④
Private Sub TexRatio_Change() 　If TexRatio.Text <> "" Then w = TexRatio.Value End Sub	⑤
Private Sub TexInitial_Change() 　If TexInitial.Text <> "" Then CP(0) = TexInitial.Value End Sub	⑥
Private Sub MakeData_Click() 　'12312312 Mariko FUNADA 　'Step1 　Dim i As Integer, R5 As Double, flag As Integer 　'Step2 　HP(0) = CP(0) 　LP(0) = CP(0) 　OP(0) = CP(0) 　n = 5 * s 　'Step3 　Randomize 　For i = 1 To n	⑦ ⑧ ⑨ ⑩

プロジェクトE　VBAを用いた株式投資シミュレーション　*273*

```vba
        R1(i) = Rnd(1)
    Next i
        ⋮
    Randomize
    For i = 1 To n
        R4(i) = Rnd(4)
    Next i

    'Step4
    Randomize
    For i = 1 To n

        'Step5
        R5 = Rnd(1)
        If R5 > 0.5 Then
            flag = 1
        Else
            flag = -1
        End If

        'Step6-Step9
        OP(i) = CP(i - 1) + flag * Int((HP(i - 1) - LP(i - 1)) * R1(i) + 0.5)
        HP(i) = CP(i - 1) + Int(CP(i - 1) * R2(i) * w + 0.5)
        LP(i) = CP(i - 1) - Int(CP(i - 1) * R3(i) * w + 0.5)
        CP(i) = CP(i - 1) + flag * Int((HP(i) - LP(i)) * R4(i) + 0.5)
    Next i

    'Step10
    For i = 1 To n
        Worksheets(st).Cells(i + 1, 2) = R1(i)
        Worksheets(st).Cells(i + 1, 3) = R2(i)
        Worksheets(st).Cells(i + 1, 4) = R3(i)
        Worksheets(st).Cells(i + 1, 5) = R4(i)
        Worksheets(st).Cells(i + 1, 6) = OP(i)
        Worksheets(st).Cells(i + 1, 7) = HP(i)
        Worksheets(st).Cells(i + 1, 8) = LP(i)
        Worksheets(st).Cells(i + 1, 9) = CP(i)
    Next i
    ActiveSheet.ChartObjects(1).Chart.Export "L:\Graph1.jpg"
    Image.Picture = LoadPicture("L:\Graph1.jpg")

    'Step11
End Sub
Private Sub EndBtn_Click()
    Unload Me
End Sub
```

⑪ ⑫ ⑬ ⑭ ⑮ ⑯ ⑰ ⑱ ⑲

274 第Ⅲ部　応用編

①，⑧　変数の宣言。目的に応じて一部を広域変数（①），残りをローカル変数（⑧）として宣言している。配列のサイズは 500 として，500 日分までの株価の発生を可能としている。今回の株価の発生は 13 週（65 日）なので使用サイズは 65 である。

②，④，⑤，⑥，⑦，⑲　各コントロールが使用された場合の処理を示すプロシージャの始まり。これらのプロシージャは上記の順で並んでいなくてもよい。

③　③から始まる 4 行はユーザーフォームの初期化処理の内容。3 個のテキスト「TexNumber」，「TexRatio」，「TexInital」の属性「Text」の内容をそれぞれクリア（連続する 2 つの「"」で囲まれた空文字列を代入）し，対象とするシートの名前 "DATA" を変数 st に代入している。空白は文字なので「"」の間に空白を入れないよう注意する。

④，⑤，⑥　各テキストボックスの内容が変更された場合，その属性「Value」で示される数値を適切な変数に代入。

⑨〜⑮　アルゴリズムの Step2 〜 Step10 に対応する処理。

⑩　⑩から始まる 4 行は乱数列 R1（i）の生成。通常，乱数列は**シード**（種，seed）と呼ばれる数値を初期値として生成される。キーワード「Randomize」は，使用しているシステムのタイマーから取得した現在の時間から初期値を取得する命令文である。関数 Rnd（x）は（0, 1）の擬似一様乱数を与える VBA の関数である。x の値が正の場合は，生成した乱数列の次の乱数を戻り値とする。今回のモデルでは独立した乱数列を R1（i）〜 R4（i）に生成したいので，まず「Randomaize」を実行し Rnd（1）で乱数列 R1（i）を生成し，次に「Randomaize」を実行し Rnd（2）で R2（i）の乱数列を生成し，同様にして Rnd（4）で R4（i）の乱数列を生成させている。引数の 1 〜 4 は全て 1 でもよいが，独立した乱数列を生成していることを明示するために 1 〜 4 の数値を用いた。ただし，表 E1 では R2（i），R3（i）の発生は課題用として省略してある。

⑯　実行中にアクティブなシート「DATA」上にあるグラフを jpg 形式のファイル "Graph1.jpg" という名前で L ドライブに出力することを示す文。

⑰　L ドライブにあるファイル「Graph1.jpg」をオブジェクト「Image」の属性 Picture に代入することを示す文。

⑱　ボタン［MakeData］がクリックされた場合の処理の終わり。

⑲　［EndBtn］がクリックされた場合の処理。

【課題】

(1) 作成した「株価発生シミュレーション」のシートを図 E5 のように作成し，上書き保存する。シート「DATA1」〜「DATA3」は課題 (6) で使用する。

(2) 図 E2 のユーザーフォームを呼び出し，このフォームに表 E1 のプログラムを入力し，⑩と

プロジェクト E　VBA を用いた株式投資シミュレーション　275

	A	B	C	D	E	F	G	H	I
1	No.	乱数R1	乱数R2	乱数R3	乱数R4	始値	高値	安値	終値
2	1								
3	2								
4	3								
5	4								
6	5								

DATA | DATA1 | DATA2 | DATA3 | ⊕

図 E5 「株式発生シミュレーション」のシート

⑪の間の省略部分（R2(i), R3(i) の発生）を補いなさい。プログラムが完成したら，上書き保存しなさい。

(3) プログラムを実行し，以下の値を週数，変動率，株価の初期値の各テキストボックスに入力しなさい。

週数：13，　変動率：0.05，　株価の初期値：150

ただし，1回目の実行では，プログラムに誤りがなくても図 E6 のエラーが表示される。これは Image に表示するべきグラフがシート「DATA」上にないことによる。エラーメッセージの終了ボタンをクリックした後，シート「DATA」上の「始値」〜「終値」の列を用いてろうそく足チャートを作成する（図 E7）。その後もう一度実行し正しく動作する

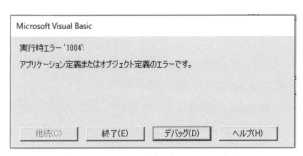

図 E6　1回目の実行時のエラー表示

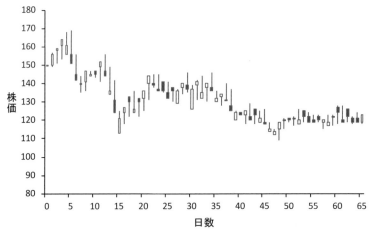

図 E7　発生した株価のろうそく足チャートの例

ことを確認する。プログラムを強制的に終了したい場合は「Esc」キーを使用する。また
プログラムが正常に動いている状態で終了する場合にはフォーム上の「終了」ボタンをク
リックする。実行前にはリセットボタンをクリックしてから実行するようにする。

(4) (3) で入力した値を用いて，プログラムを再度実行し，株価発生ボタンを繰り返しクリッ
クする。（実行には少し時間がかかる場合もある。）この操作で，株価が新たに作成されるこ
とを表示されるグラフで確認しなさい。

(5) 変動率を 0.01，0.1，0.2 に変えるなどして何が変化するかを確認しなさい。

(6) 変動率 0.05 を使用して「値上がり基調の株価」，「値下がり基調の株価」，「傾向変動が少
なくランダムに変動する株価」を作成し，「DATA」上の数値をそれぞれ新しいシート
「DATA1」，「DATA2」，「DATA3」にコピーしなさい。（プログラム中のシートの名前を変
更して株価を作成することもできる。）

(7) (6) までの処理が終了したら「株価発生シミュレーション」に上書き保存する。

E3　株式投資モデルと株式投資シミュレーション

E3.1　株式投資モデル

株式投資は次のような条件を満足するモデルを使用して行なうことにする。

- 「投資金額は一定」でその値は入力する。（例えば 100 万円）

- 対象とする銘柄は「1 社のみ」とする。

- 株式は「1 株から購入可能」とする。

- 前日の終値で購入可能な株式を全て購入した状態でシミュレーションを開始する。

- 「売買手数料はない」ものとする。

- 「売買に伴う税は発生しない」ものとする。

- 売買は分割することなく「一括購入」，「一括売却」とする。

- 「1 日に高々 1 回のみ取引可能」とする。

- 株式の売買にはそれぞれ 4 つの基準価格を設け，1 日の株価が図 E8 (a)，(b) のように変
動する場合に分けてルール化する。

- 基準価格 $Lv0 \sim Lv7$ は，2 個のパラメタ p，pp（$0 < p < pp < 1$）を用いて次式で決定する
ものとする。ただし，bp を株式の購入価格，sp を株式の売却価格とする。

$Lv0 = bp + bp \times pp, \quad Lv1 = bp + bp \times p, \quad Lv2 = bp - bp \times p, \quad Lv3 = bp - bp \times pp,$

$Lv4 = sp + sp \times pp, \quad Lv5 = sp + sp \times p, \quad Lv6 = sp - sp \times p, \quad Lv7 = sp - sp \times pp.$

まず，図 E8 上で保有株式を売却することを考える。株式購入価格を基準に売却価格決定のた
めに 4 個の基準価格 $Lv0 \sim Lv3$ を設定する（図 E8 (a)）。$Lv0$ は株価が急に高騰し，一層の値

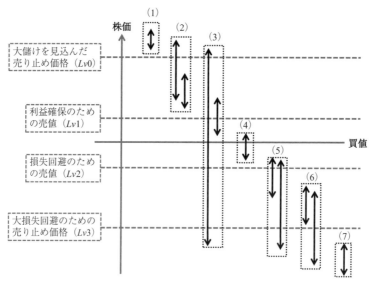

(a) 保有株式の売却の場合

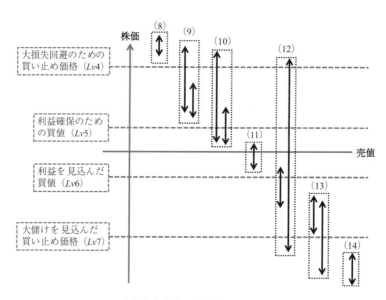

(b) 保有資金で株式購入の場合

図 E8　株式投資シミュレーション用の 1 日の株価の変動による場合分け

上がりを見込み株式の売却を停止する価格，$Lv1$ は利益確保のための価格，$Lv2$ は株価が値下がり基調に入り，資金の焦げ付きを避け，損失を最小に抑えるための価格，$Lv3$ は急激な値下がりによる大損失を回避するために株式の売却を停止して値上がりを待つ売り止め価格である。

次に，保有する資金で株式を購入する場合を考える．株式の売却価格を基準に次の株式購入価格決定のために 4 個の基準価格 $Lv4 \sim Lv7$ を設定する（図 E8 (b)）．$Lv4$ は以前の売値に対

し株価が高騰しているため，株式を購入しない価格，$Lv5$ は株価が値上がり基調で利益を逃さないための購入価格，$Lv6$ は利益が十分見込める価格，$Lv7$ は株価が値下がり基調で，もっと安値で購入が見込まれるための買い止め価格である。

これらの基準価格に対して，1日ごとの株価の変動が両向きの矢印の範囲 (1)〜(14) で変動する場合，株式の売買のルールを表 E2 のように定める。ただし，図 E8 の (3) は1日の株価の変動の幅が必ずしも矢印と一致しなくても変動の範囲に売値 $Lv1$ が含まれることを示している。(12) も同様で1日の変動の幅が買値 $Lv6$ を含むことを示している。

表 E2　株式投資シミュレーションの売買ルール

株式を保有している場合	資金を保有している場合
(1) 保有株式の売却停止（値上がり基調のための待ち）	(8) 株式の購入停止（高値購入回避）
(2) その日の安値で売却（予定より高価格で売却）	(9) その日の安値で購入（予定より高価格で購入）
(3) $Lv1$ で売却（予定価格で売却）	(10) $Lv5$ で株式購入（買いそびれの回避）
(4) 売却しない	(11) 購入しない
(5) $Lv2$ で売却（資金焦げ付きの回避）	(12) $Lv6$ で購入（予定価格で購入）
(6) その日の高値で売却（予定より安価で売却）	(13) その日の高値で購入（予定より安価で購入）
(7) 保有株式の売却停止（安値売却の回避）	(14) 株式の購入停止（値下がり基調のための待ち）

E3.2　株式投資のアルゴリズム

前節のモデルを用いると，株価投資のアルゴリズムは次のように記述することができる。ただし，$Lv0$ 〜 $Lv3$ は購入価格により決定され，$Lv4$ 〜 $Lv7$ は株式の売却価格で決定される値であるが，株式投資の日数 i ごとに記録するものとする。

[アルゴリズム]　株式投資シミュレーションのアルゴリズム

入力：投資金額 $money$，
　　　　シミュレーションの週数 s（$n = 5 \times s$），高値 HP_i，安値 LP_i，終値 CP_i，$i = 0, 1, \cdots, n$，
　　　　シミュレーション開始時の株式購入価格 BP_0，持ち株数 NUM_0，投資残高 R_0，
　　　　運用資金 M_0，株式売却価格 SP_0，売買範囲基準パラメタ p，
　　　　売買停止範囲基準パラメタ pp（$0 < p < pp < 1$）．
出力：株式購入価格 BP_i，持ち株数 NUM_i，投資残高 R_i，運用資金 M_i，
　　　　株式売却価格 SP_i，評価価格 $fmoney_i$，$i = 0, 1, \cdots, n$，
　　　　株式売却停止株価 $Lv0_i$，利益確保の売却株価 $Lv1_i$，損失回避の売却株価 $Lv2_i$，
　　　　損失回避売却停止株価 $Lv3_i$，株式購入停止株価 $Lv4_i$，値上り基調の購入株価 $Lv5_i$，
　　　　利益確保の購入株価 $Lv6_i$，値下がり基調の購入停止株価 $Lv7_i$，$i = 0, 1, \cdots, n$，
　　　　売買回数 ct．
方法：Step1　変数の宣言．

Step2　*money*, *s* ($n = 5 \times s$), *p*, *pp* ($0 < p < pp < 1$) の入力.

Step3　初期値 BP_0, NUM_0, R_0, M_0, SP_0 の設定.

Step4　株価の入力　高値 HP_i, 安値 LP_i, 終値 CP_i, $i = 0, 1, \cdots, n$.

Step5　step5-1 ～ step5-6 を $i = 1$ から n まで反復.

Step5-1　$Lv0_i = BP_{i-1} + BP_{i-1} \times pp$,　$Lv1_i = BP_{i-1} + BP_{i-1} \times p$,
　　　　　$Lv2_i = BP_{i-1} - BP_{i-1} \times p$,　$Lv3_i = BP_{i-1} - BP_{i-1} \times pp$,
　　　　　$Lv4_i = SP_{i-1} + SP_{i-1} \times pp$,　$Lv5_i = SP_{i-1} + SP_{i-1} \times p$,
　　　　　$Lv6_i = SP_{i-1} - SP_{i-1} \times p$,　$Lv7_i = SP_{i-1} - SP_{i-1} \times pp$.

Step5-2　*flag* = 0.

Step5-3　$NUM_{i-1} \neq 0$（株式を保有）のとき
　　　　　$Lv0_i \leqq LP_i$ ならば　*flag* = 1.
　　　　　$Lv1_i < LP_i$　かつ　$LP_i < Lv0_i$　ならば　*flag* = 2.
　　　　　$Lv1_i > LP_i$　かつ　$HP_i \geqq Lv1_i$　ならば　*flag* = 3.
　　　　　$Lv2_i < LP_i$　かつ　$HP_i < Lv1_i$　ならば　*flag* = 4.
　　　　　$Lv2_i > LP_i$　かつ　$HP_i \geqq Lv2_i$　ならば　*flag* = 5.
　　　　　$Lv2_i > HP_i$　かつ　$HP_i > Lv3_i$　ならば　*flag* = 6.
　　　　　$Lv3_i \geqq HP_i$ ならば *flag* = 7.

step5-4　$NUM_{i-1} = 0$（株式を非保有）のとき
　　　　　$Lv4_i \leqq LP_i$ ならば　*flag* = 8.
　　　　　$Lv5_i < LP_i$　かつ　$LP_i < Lv4_i$　ならば　*flag* = 9.
　　　　　$Lv5_i > LP_i$　かつ　$HP_i \geqq Lv5_i$　ならば　*flag* = 10.
　　　　　$Lv6_i < LP_i$　かつ　$HP_i < Lv5_i$　ならば　*flag* = 11.
　　　　　$Lv6_i \geqq LP_i$　かつ　$HP_i \geqq Lv6_i$　ならば　*flag* = 12.
　　　　　$Lv6_i > HP_i$　かつ　$HP_i > Lv7_i$　ならば　*flag* = 13.
　　　　　$HP_i \leqq Lv7_i$ ならば　*flag* = 14.

Step5-5　*flag* の値により次を実行する.

　flag = 1, 4, 7, 8, 11, 14 のとき
　　　　　$BP_i = BP_{i-1}$, $NUM_i = NUM_{i-1}$, $M_i = M_{i-1}$, $SP_i = SP_{i-1}$, $R_i = R_{i-1}$.

　flag = 2 のとき
　　　　　$SP_i = LP_i$, $NUM_i = 0$, $BP_i = 0$, $M_i = SP_i \times NUM_{i-1} + R_{i-1}$, $R_i = 0$, $ct = ct + 1$.

　flag = 3 のとき
　　　　　$SP_i = Lv1_i$, $NUM_i = 0$, $BP_i = 0$, $M_i = SP_i \times NUM_{i-1} + R_{i-1}$, $R_i = 0$, $ct = ct + 1$.

　flag = 5 のとき
　　　　　$SP_i = Lv2_i$, $NUM_i = 0$, $BP_i = 0$, $M_i = SP_i \times NUM_{i-1} + R_{i-1}$, $R_i = 0$, $ct = ct + 1$.

　flag = 6 のとき
　　　　　$SP_i = HP_i$, $NUM_i = 0$, $BP_i = 0$, $M_i = SP_i \times NUM_{i-1} + R_{i-1}$, $R_i = 0$, $ct = ct + 1$.

　flag = 9 のとき
　　　　　$BP_i = LP_i$, $NUM_i = [M_{i-1}/BP_i]$, $R_i = M_{i-1} - BP_i \times NUM_i$, $SP_i = 0$, $M_i = 0$, $ct = ct + 1$.

　flag = 10 のとき
　　　　　$BP_i = Lv5_i$, $NUM_i = [M_{i-1}/BP_i]$, $R_i = M_{i-1} - BP_i \times NUM_i$, $SP_i = 0$, $M_i = 0$, $ct = ct + 1$.

280　第Ⅲ部　応用編

$flag = 12$ のとき
$BP_i = Lv6_i$, $NUM_i = [M_{i-1}/BP_i]$, $R_i = M_{i-1} - BP_i \times NUM_i$, $SP_i = 0$, $M_i = 0$, $ct = ct + 1$.
$flag = 13$ のとき
$BP_i = HP_i$, $NUM_i = [M_{i-1}/BP_i]$, $R_i = M_{i-1} - BP_i \times NUM_i$, $SP_i = 0$, $M_i = 0$, $ct = ct + 1$.
Step5-6 $M_i = 0$ のとき $fmoney_i = CP_i \times Num_i + R_i$, $M_i \neq 0$ のとき $fmoney_i = M_i$.
Step6 $Lv0_i$, $Lv1_i$, $Lv2_i$, $Lv3_i$, $Lv4_i$, $Lv5_i$, $Lv6_i$, $Lv7_i$, $i = 0, 1, \cdots, n$ の出力.
Step7 BP_i, NUM_i, R_i, M_i, SP_i, $fmoney_i$, $i = 0, 1, \cdots, n$ の出力.
Step8 end.

E3.3 株式投資シミュレーションのユーザーフォーム

本節では，株式投資シミュレーション用のユーザーフォームの作成等を概説するが，実際の作業やプログラミングは後述の課題に従って行なうとよい．

まず E2.4 節のユーザーフォームの作り方を参考に図 E9 のユーザーフォームを作成する．サイズは E2.4.2 節のように設計してもよいし，作成しながら目検討で見やすいように決めてもよい．投資銘柄の部分は，次のように作成する．

- フレームを作成しプロパティの Caption に「投資銘柄」と記入する．
- ツールボックスの［オプションボタン］を選択し，上記のフレーム上に配置する．プロパティの Caption に銘柄の名前を入力する．
- 全ての銘柄のオプションボタンを作成した後，全ボタンを選択して，メニューの［書式］

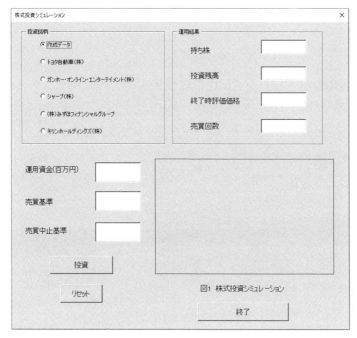

図 E9　株式投資シミュレーションのユーザーフォーム

中のサブメニューから「整列」を選択して左揃えとする。また［書式］のサブメニュー「上下の間隔」を選択して上下の間隔を整える。

また，ユーザーフォーム上のコントロールの中で，プログラム中で使用するものには，デフォルト名でないオブジェクト名を付けておくと便利である。たとえば表 E3 のように名前をつける。

表 E3　ユーザーフォーム上のコントロールとオブジェクト名

コントロールの種類	コントロールの Caption	オブジェクト名
オプションボタン	自作データ	MyData
オプションボタン	トヨタ自動車（株）	TOYOTA
オプションボタン	ガンホー・オンライン・エンターテイメント（株）	GungHo
オプションボタン	シャープ（株）	SHARP
オプションボタン	（株）みずほフィナンシャルグループ	MIZUHO
オプションボタン	キリンホールディングス（株）	KIRIN
テキストボックス	ラベル「運用資金（百万円）」右のテキストボックス	Mny
テキストボックス	ラベル「売買基準」右のテキストボックス	Param1
テキストボックス	ラベル「売買中止基準」右のテキストボックス	Param2
ボタン	投資ボタン	Investment
ボタン	リセットボタン	Reset
テキストボックス	ラベル「持ち株」右のテキストボックス	Number
テキストボックス	ラベル「投資残高」右のテキストボックス	Balance
テキストボックス	「終了時評価価格」右のテキストボックス	Rtrn
テキストボックス	「売買回数」右のテキストボックス	Counter
ボタン	終了ボタン	EndBtn
イメージ	ラベル「図 1 株式投資シミュレーション」上のイメージ	Image

E3.4　株式投資のシミュレーションのプログラム

表 E4 は E3.2 節のアルゴリズムを用いたプログラムである。このプログラムでは，広域変数を用いて簡便な方法で作成してあるが，各サブプロシージャの独立性を保ちたい場合は，引数を用いて Call by Value（キーワード「ByVal」を使用）で呼び出すなど改善するとよい。各コントロールが使用された場合の処理の記述は，E2.5 節と同様に行なう。

表 E4　ユーザーフォームを用いた株式投資プログラム

VBA プログラム	No.
Option Explicit Dim n As Integer Dim HP(500) As Double, LP(500) As Double, CP(500) As Double, OP(500) As Double Dim BP(500) As Double, NUM(500) As Double, R(500) As Double Dim M(500) As Double, SP(500) As Double, fmoney(500) As Double Dim p As Double, pp As Double	①

282　第Ⅲ部　応用編

```vba
Dim Lv0(500) As Double, Lv1(500) As Double, Lv2(500) As Double, Lv3(500) As Double
Dim Lv4(500) As Double, Lv5(500) As Double, Lv6(500) As Double, Lv7(500) As Double
Dim ct As Integer
Dim st As String
```

```vba
Private Sub UserForm_Initialize()                              ②
  Mny.Text = ""                                                ③
  Param1.Text = ""
  Param2.Text = ""
  Number.Text = ""
  Balance.Text = ""
  Rtrn.Text = ""
  Counter.Text = ""
  MyData.Value = True                                          ④
  st = "MyData"                                                ⑤
  n = 65                                                       ⑥
  Mny.TextAlign = 3
  Param1.TextAlign = 3
  Param2.TextAlign = 3
  Number.TextAlign = 3
  Balance.TextAlign = 3
  Rtrn.TextAlign = 3
  Counter.TextAlign = 3
End Sub
```

```vba
Private Sub MyData_Click()                                     ⑦
  st = "MyData"
End Sub
```

```vba
Private Sub TOYOTA_Click()                                     ⑧
  st = "TOYOTA"
End Sub
```
⑨

```vba
Private Sub KIRIN_Click()                                      ⑩
  st = "KIRIN"
End Sub
```

```vba
Private Sub Mny_Change()                                       ⑪
  If Mny.Text <> "" Then M(0) = Mny.Value * 10000
End Sub
```

```vba
Private Sub Param1_Change()                                    ⑫
  If Param1.Text <> "" Then p = Param1.Value
End Sub
```

```vba
Private Sub Param2_Change()                                    ⑬
  If Param2.Text <> "" Then pp = Param2.Value
End Sub
```

```vba
Private Sub Investment_Click()                                 ⑭
  '1000000 Mariko FUNADA

  'Step1                                                       ⑮
  Dim i As Integer, j As Integer
  Dim flag As Integer
  Sheets(st).Activate
```

プロジェクトE　VBA を用いた株式投資シミュレーション　*283*

```
'Step3                                                          ⑯
BP(0) = Worksheets(st).Cells(2, 2)
NUM(0) = Int(M(0) / BP(0))
R(0) = M(0) - NUM(0) * BP(0)
M(0) = 0
SP(0) = 0
fmoney(0) = BP(0) * NUM(0) + R(0)
Lv0(0) = BP(0) + BP(0) * pp
Lv7(0) = BP(0) - BP(0) * pp
Lv4(0) = Lv0(0)
Lv3(0) = Lv7(0)
ct = 0

'Step4                                                          ⑰
For i = 0 To n
  OP(i) = Worksheets(st).Cells(i + 2, 2)
  HP(i) = Worksheets(st).Cells(i + 2, 3)
  LP(i) = Worksheets(st).Cells(i + 2, 4)
  CP(i) = Worksheets(st).Cells(i + 2, 5)
Next i

'Step5                                                          ⑱
For i = 1 To n
  'Step5-1
  Lv0(i) = BP(i - 1) + BP(i - 1) * pp
  Lv1(i) = BP(i - 1) + BP(i - 1) * p
  Lv2(i) = BP(i - 1) - BP(i - 1) * p
  Lv3(i) = BP(i - 1) - BP(i - 1) * pp
  Lv4(i) = SP(i - 1) + SP(i - 1) * pp
  Lv5(i) = SP(i - 1) + SP(i - 1) * p
  Lv6(i) = SP(i - 1) - SP(i - 1) * p
  Lv7(i) = SP(i - 1) - SP(i - 1) * pp

 'Step5-2                                                        ⑲
  flag = 0

 'Step5-3                                                        ⑳
  If NUM(i - 1) <> 0 Then
    If Lv0(i) <= LP(i) Then
      flag = 1
    ElseIf Lv1(i) <= LP(i) And LP(i) < Lv0(i) Then
      flag = 2
    ElseIf Lv1(i) > LP(i) And HP(i) >= Lv1(i) Then
      flag = 3
    ElseIf Lv2(i) < LP(i) And HP(i) < Lv1(i) Then
      flag = 4
    ElseIf Lv2(i) > LP(i) And HP(i) >= Lv2(i) Then
      flag = 5
    ElseIf Lv2(i) > HP(i) And HP(i) > Lv3(i) Then
      flag = 6
```

```
      Else
         flag = 7
      End If


'Step5-4
   Else
      If Lv4(i) <= LP(i) Then
         flag = 8
      ElseIf LP(i) < Lv4(i) And HP(i) > Lv4(i) Then
         flag = 9
      ElseIf Lv5(i) > LP(i) And HP(i) >= Lv5(i) Then
         flag = 10
      ElseIf Lv6(i) < LP(i) And HP(i) < Lv5(i) Then
         flag = 11
      ElseIf Lv6(i) >= LP(i) And HP(i) >= Lv6(i) Then
         flag = 12
      ElseIf Lv6(i) > HP(i) And HP(i) >= Lv7(i) Then
         flag = 13
      Else
         flag = 14
      End If
   End If


'Step5-5
   Select Case flag
      Case 1
         BP(i) = BP(i - 1)
         NUM(i) = NUM(i - 1)
         M(i) = M(i - 1)
         SP(i) = SP(i - 1)
         R(i) = R(i - 1)
      Case 2
         SP(i) = LP(i)
         NUM(i) = 0
         BP(i) = 0
         M(i) = SP(i) * NUM(i - 1) + R(i - 1)
         R(i) = 0
         ct = ct + 1
      Case 3
         SP(i) = Lv1(i)
         NUM(i) = 0
         BP(i) = 0
         M(i) = SP(i) * NUM(i - 1) + R(i - 1)
         R(i) = 0
         ct = ct + 1
      Case 4
            ⋮
      Case 5
         SP(i) = Lv2(i)
         NUM(i) = 0
```

プロジェクト E　VBA を用いた株式投資シミュレーション　*285*

```
        BP(i) = 0
        M(i) = SP(i) * NUM(i - 1) + R(i - 1)
        R(i) = 0
        ct = ct + 1
    Case 6
        SP(i) = HP(i)
        NUM(i) = 0
        BP(i) = 0
        M(i) = SP(i) * NUM(i - 1) + R(i - 1)
        R(i) = 0
        ct = ct + 1
    Case 7
        ⋮
    Case 8
        ⋮
    Case 9
        BP(i) = LP(i)
        NUM(i) = Int(M(i - 1) / BP(i))
        R(i) = M(i - 1) - BP(i) * NUM(i)
        SP(i) = 0
        M(i) = 0
        ct = ct + 1
    Case 10
        BP(i) = Lv5(i)
        NUM(i) = Int(M(i - 1) / BP(i))
        R(i) = M(i - 1) - BP(i) * NUM(i)
        SP(i) = 0
        M(i) = 0
        ct = ct + 1
    Case 11
        ⋮
    Case 12
        BP(i) = Lv6(i)
        NUM(i) = Int(M(i - 1) / BP(i))
        R(i) = M(i - 1) - BP(i) * NUM(i)
        SP(i) = 0
        M(i) = 0
        ct = ct + 1
    Case 13
        BP(i) = HP(i)
        NUM(i) = Int(M(i - 1) / BP(i))
        R(i) = M(i - 1) - BP(i) * NUM(i)
        SP(i) = 0
        M(i) = 0
        ct = ct + 1
    Case 14
        ⋮
    Case Else
        Stop
End Select
```

㉔

㉕

㉖

㉗

㉘

```vba
'Step5-6                                                        ㉙
If M(i) <> 0 Then
   fmoney(i) = M(i)
Else
   fmoney(i) = CP(i) * NUM(i) + R(i)
End If


Next i

'Step6, Step7                                                   ㉚
For i = 0 To n
   Worksheets(st).Cells(i + 2, 8) = M(i)
   Worksheets(st).Cells(i + 2, 9) = BP(i)
   Worksheets(st).Cells(i + 2, 10) = SP(i)
   Worksheets(st).Cells(i + 2, 11) = NUM(i)
   Worksheets(st).Cells(i + 2, 12) = R(i)

   If Lv0(i) = 0 Then
      Worksheets(st).Cells(i + 2, 13) = ""
   Else
      Worksheets(st).Cells(i + 2, 13) = Lv0(i)
   End If
   If Lv1(i) = 0 Then
      Worksheets(st).Cells(i + 2, 14) = ""
   Else
      Worksheets(st).Cells(i + 2, 14) = Lv1(i)
   End If
   If Lv2(i) = 0 Then
      Worksheets(st).Cells(i + 2, 15) = ""
   Else
      Worksheets(st).Cells(i + 2, 15) = Lv2(i)
   End If
   If Lv3(i) = 0 Then
      Worksheets(st).Cells(i + 2, 16) = ""
   Else
      Worksheets(st).Cells(i + 2, 16) = Lv3(i)
   End If
   If Lv4(i) = 0 Then
      Worksheets(st).Cells(i + 2, 17) = ""
   Else
      Worksheets(st).Cells(i + 2, 17) = Lv4(i)
   End If
   If Lv5(i) = 0 Then
      Worksheets(st).Cells(i + 2, 18) = ""
   Else
      Worksheets(st).Cells(i + 2, 18) = Lv5(i)
   End If
   If Lv6(i) = 0 Then
      Worksheets(st).Cells(i + 2, 19) = ""
```

```
          Else
            Worksheets(st).Cells(i + 2, 19) = Lv6(i)
          End If
          If Lv7(i) = 0 Then
            Worksheets(st).Cells(i + 2, 20) = ""
          Else
            Worksheets(st).Cells(i + 2, 20) = Lv7(i)
          End If

          Worksheets(st).Cells(i + 2, 21) = fmoney(i)
        Next i

        Number.Value = Format(NUM(n))                                    ㉛
        Balance.Value = Format(Int(R(n) + 0.5))
        Rtrn.Value = Format(Int(fmoney(n) + 0.5), "###,###,###")
        Counter.Value = Format(ct)

        If st = "MyData" Then                                            ㉜
          ActiveSheet.ChartObjects(1).Chart.Export "L:¥MyDataGraph.jpg"
          Image.Picture = LoadPicture("L:¥MyDataGraph.jpg")
        ElseIf st = "TOYOTA" Then
          ActiveSheet.ChartObjects(1).Chart.Export "L:¥TOYOTAGraph.jpg"
          Image.Picture = LoadPicture("L:¥TOYOTAGraph.jpg")
              ⋮
        ElseIf st = "KIRIN" Then                                        ㉝
          ActiveSheet.ChartObjects(1).Chart.Export "L:¥KIRINGraph.jpg"
          Image.Picture = LoadPicture("L:¥KIRINGraph.jpg")
        End If
        'Step8
      End Sub
```
```
      Private Sub Reset_Click( )                                        ㉞
        st = "MyData"
        Mny.Text = ""
        Param1.Text = ""
        Param2.Text = ""
        Number.Text = ""
        Balance.Text = ""
        Rtrn.Text = ""
        Counter.Text = ""
        MyData.Value = True
      End Sub
```
```
      Private Sub EndBtn_Click( )                                       ㉟
        Unload Me
      End Sub
```

①，⑮　変数宣言。目的に応じて一部を広域変数（①），残りをローカル変数（⑮）として宣言
　　　している。配列のサイズは500として，500日までの株式投資シミュレーションを可能と
　　　している。今回の投資日数は65日なので使用サイズは65である。

②，⑦〜⑭，㉞，㉟　各コントロールが使用された場合の処理を示すプロシージャの始まり。

③ すべてのテキストボックスの表示をクリアする。

④ オプションボタンのデフォルト値の設定。「作成データ」をデフォルト値とする。

⑤ デフォルトの対象シート名「MyData」の設定（st に代入）。

⑥ 株式投資の日数を 13 週 65 日に設定。フォームに週数の入力テキストを加えれば投資の日数を変更可能である。

⑧, ⑨, ⑩ オプションボタンの選択によりシート名を設定。⑨は課題。

⑪, ⑫, ⑬ 各テキストコントロールに入力された値（属性「Value」）の変数への代入。

⑭ 「投資」ボタンがクリックされた時の処理の記述。

⑯〜㉚ アルゴリズムの Step3 〜 Step7 までに対応する処理。

㉘ Select 文の flag が 1 〜 14 の整数以外の場合（想定外のエラーが生じた場合）の処理。

㉛ ユーザーフォームの「運用結果」の欄のラベル「待ち株」,「投資残高」,「終了時評価価格」の右のテキストボックスに結果を表示する命令。Format は数値を文字列に変換し, "" 内で指定した形式で出力する関数である。たとえば「終了時評価価格」は 3 桁ずつの「,」区切りで示される。

㉜, ㉝ 実行中にアクティブとなったシート上のグラフを jpg 形式で出力し, 呼び出してユーザーフォームの Image コントロールに代入する命令。L は入出力するドライブを表している。

㉞ 「リセット」ボタンがクリックされた場合の処理。テキスト全てをクリアし, オプションボタンの選択を「作成データ」（シート名「MyData」）とする。

㉟ 「終了」ボタンが押された場合の処理。

【課題】

(1) 本書で指定された方法で Excel のブック「株式投資シミュレーション」を呼び出し, USB メモリなど他の媒体にセーブする。その際, ファイルの種類が「マクロ有効ブック」であることを確認する。

(2) 図 E9 のフォームを E2.3 節の説明を参照して作成しなさい。上書きした後, フォームを実行し, 目的のフォームが完成していることを確認しなさい。実行の中断には「Esc キー」を使用する。

(3) ユーザーフォームやコントロールをダブルクリックして UserForm_Initialize から順に表示される Private サブプロシージャの枠組みに表 E4 のプログラムを入力する。⑨にはオプションボタン「GungHo」,「SHARP」,「MIZUHO」がクリックされた場合の処理を作成して入力する。処理内容は「TOYOTA」,「KIRIN」がクリックされた場合とほぼ同様である。作業中はこまめに上書き保存を行なう。

(4) ㉓から㉗には「Case 1」の場合と同じ処理が入る。補って完成させる。または，「Case 1」の代わりに「Case 1, 4, 7, 8, 11, 14」とすると1カ所の記述で済む。ただし，「Case 4」，「Case 7」〜「Case14」の部分は消去する必要がある。

(5) ㉜の命令文の中の「L」はグラフを保存するドライブを示す記号である。利用環境に応じて，USBメモリなどのドライブを示す記号に置き換える。

(6) ㉝は㉜の命令の一部である。「GungHo」，「SHARP」，「MIZUHO」がそれぞれ選択された場合の処理部分を加え完成させる。

(7) 上書き保存した後，実行し，デバッグを行なう。予想されるエラーは，コントロールのオブジェクト名の変更忘れ，スペルミス，その他の入力ミスなどである。エラーが出た場合はデバッグを選択し，エラーメッセージを参考に修正する。

(8) プログラムのエラーの修正が完了したら，プログラムを実行し，最初にユーザーフォーム上の「作成データ」を選択して以下のパラメタを入力して［投資］ボタンをクリックする。

運用資金（百万円）：100，売買基準：0.01，売買中止基準：0.2

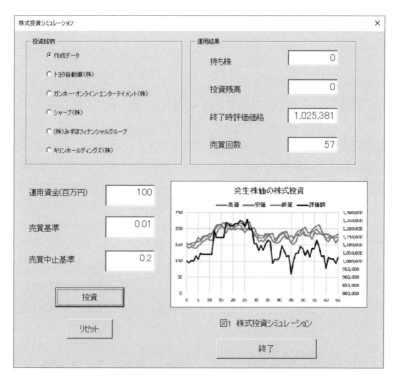

図E10 「株式投資シミュレーション」の実行結果の例

図E10はプログラムの実行結果の例である。運用結果のフレームの中に65日間の株式投資を行なった結果が表示されている。終了時点で株式は保有しておらず，そのため投資

残高は0で，終了時評価価格の欄に示された価格の現金を保有していることになる。取引回数は57回でほぼ毎日売り買いをしたことがわかる。右下のグラフ中にはこの間の高値と安値が表示され（メモリは左縦軸使用），その間の評価価格が表示されている（メモリは右縦軸）。評価価格が変化しない部分は買い止めによる現金保有の期間を示している。この図は実行結果の例で，作成した株価データが異なれば，金額や，グラフは同一とはならない。

(9) 売買基準のパラメタ p，売買中止パラメタ pp は，モデルから $0 < p < pp < 1$ の関係を満足するように決定する。両パラメタの上限1は必ず必要な条件ではないが，pp を1とすると売却停止価格は購入価格の2倍，購入停止基準は0円となり，pp が1より大きくなると購入停止価格は負の値となる。また p を0に近づけると，売買を毎日繰り返すことになり，pp を0に近づけるとほとんど売買しないことになる。リセットボタンをクリックし，実行を反復して，条件 $0 < p < pp < 1$ を満足する範囲で，利益ができるだけ多くなるようなパラメタ p と pp を求めよ。

(10) 「MyData」以外のシート上に各社の66日分（投資開始日の前日の株価も含む）の株価データを調べて貼り付けなさい。パラメタにいろいろな値を入力し，利益が大きくなるパラメタ p，pp の値を求めなさい。

演習問題

1. 図D3のデータの基本統計量を求めるプログラムを利用して，図E11のフォームにも基本統計量を出力するプログラムを作成しなさい。

図E11　基本統計量を求めるプログラム用のフォーム

2. 図E12のユーザーフォームを作成し，Integer型の自然数 n と r を入力し，その順列 $P(n, r)$ と組み合わせ $C(n, r)$ の値を表示するプログラムを作成しなさい。ただし，n

図E12　順列と組み合わせの値を計算する
　　　　ユーザーフォーム

の値が大きいために計算できない場合は，"Over Flow"と表示するようにしなさい。

3. 「株式投資シミュレーション」のシート「MyData」に，「株価発生シミュレーション」でシート「DATA1」～「DATA3」に発生したデータをコピーしなさい。これらのデータを用いて，株価の変動に応じて利益が大きくなるパラメタ p, pp の値の決定方法を考えなさい。

4. 関心のある会社を選び，株式の日足データを収集し，前問で考えたパラメタの決定方法を用いて利益が得られるか確認しなさい。

5. 次の表 E5 と表 E4 のプログラムを参照すると株式投資シミュレーション終了時（65日目）に利益が最も多くなるパラメタ p と pp の値の近似値を求めることができる。作成したプログラムを実行し，利益が最も大きくなる p と pp の値の近似値を求めなさい。（ただし，使用システムにもよるが実行には時間がかかる。）この結果を踏まえて問題 3 で考えたパラメタ p, pp の決定方法が適切であったか検討しなさい。

表 E5　最大利益を上げるためのパラメタの近似値を求めるプログラム部分

```
Sub  main()
  ⋮
  stp = 0.001
  For  p = stp to 1 - stp
    For  pp = p + stp t-o 1 - stp
      表 E4 の Private Sub Investment_Click( ) の必要部分
    Next  pp
  Next p
  ⋮
End Sub
```

※ For 文の制御変数として浮動小数点数（Double 型，Single 型）を使用することは通常は望ましくない。表現誤差や丸めの誤差の影響で繰り返し回数が常に保証されないためである。この問題では近似値を求めることが目的なので，わかりやすさを優先して p と pp の浮動小数点数をとる変数を制御変数として使用した。

【参考文献】

新井邦宏『株　儲かるテクニカル売買「入門」』明日香出版，2000

井上俊宏『VBA の応用 80 例』ソフトバンクパブリッシング，2001

フィナンシャルアカデミー『株式投資の学校［入門編］』ダイヤモンド社，2016

宮武修・脇本和昌『乱数とモンテカルロ法』数学ライブラリー 47，森北出版，1978

師啓二・樋口和彦・舩田眞里子・黒澤和人『情報科学の基礎と活用』同友館，2006

横山達大『ExcelVBA プログラミングユーザーフォーム＆コントロール』秀和システム，2014

和文索引

あ 行

アクセスタイム　22
アクティブマトリックス方式　40
悪徳マルチ商法　93
アジェンダ　155
値渡し　260
アップデート　101
アナログ式　18
アプリケーション・プログラム　51, 60
アマゾン・ドット・コム　76
アルゴリズム　241
アルゴリズム取引　3
一括処理システム　72
イメージスキャナー　36
インクジェットプリンタ　38
液晶ディスプレイ　39
円グラフ　124
オープンソース・ソフトウェア　54
オブジェクト・コード　63
オブジェクト・プログラム　63
オプション評価モデル　6
オペレーティング・システム　51, 52
折れ線グラフ　124
終値　267
オンライン・ショップ　10
オンライン・トレード　10
オンラインバンキング　3
オンラインバンク　3
オンライン処理　2, 57

か 行

回帰式　143
回帰分析　143
階層型ファイルシステム　55
外部キー　170
外部記憶装置　20, 25
ガウス分布 データ分布の正規性（*）　225
架空請求詐欺　92
拡張現実　15
拡張現実感　15
仮想通貨　6
カーナビゲーションシステム　12
仮引数　260
カレントディレクトリ　55
キー　162

記憶装置 （右段）

記憶装置　20
記憶容量を示す単位　24
記憶量の基本単位　22
企業間の取引　10
揮発性メモリ　23
キーボード　33
基本統計量　138, 249
逆関連　187
業務用ソフト　63
寄与率　143
クエリ　103, 171
クラウド　77, 101, 107
クラウド・サービス　77
クラウド・ファンディング　6
クロス集計　146
クロック周波数　21
グローバル変数　261
経営資源の最適配分（**）　214
計算量　242
結合線　169
欠損値　136
公開鍵暗号　78
光学マウス　33
降順　162, 253
国際標準図書番号　9
古典ビット　47
コンテンツ　34, 63
コンテンツコントロール　117
コンパイラ　63
コンパイラ言語　63
コンパイル　63
コンピュータの五大装置　20

さ 行

再帰法　261
在庫　206
最小値　129, 137, 249
最大値　129, 137, 249
サイバーストーカー　92
サブディレクトリ　55
差分　66
サラミ　93
参照渡し　261
散布図　141
時間計算量　242
磁気ディスク装置　25
磁気テープ装置　31

294

磁気ヘッド　26
シーケンシャルアクセス・メモリ　25
システムクラッカー　93
実引数　260
四分位差　137
四分位数　137
資本資産評価モデル　6
シミュレーション　267
住基カード　13
集中処理　2
周辺装置　20
主キー　170
主記憶装置　22
出力装置　20, 38
「首胴尾」型　179
順位　130
順関連　187
需要　206
昇順　162, 253
情報通信技術　2
情報格差　15
情報の産廃（産業廃棄物）問題　91
情報倫理　88
書画カメラ　36
初期化　26
書誌情報　112
ジョセフソン接合　48
シリアルATA　32
シリアルインタフェース　31
シリアル・プリンタ　38
深層学習　69
信頼度　139
スキーマ　164
スクリプト　63
スクリプト言語　63
スコープ　261
ストーカー規制法　92
ストリーミング配信　10, 67
制御装置　20
制御プログラム　52
セキュリティホール　101
セクタ　26
絶対番地　130
設備投資案の評価（＊＊）　209
説明変数　143
全角文字　23
漸近的計算量　242
全国キャッシュサービス　2
尖度　249
相関係数　141

相関分析　140, 143
相関分析（＊）　184
ソーシャルエンジニアリング　108
相対データ　185
相対番地　129
双方向サービス　11
ソース・コード　63
ソース・プログラム　63
ソーティング　253
ソフトウェア　51

た　行

台帳　81
タイムラインの表示　233
対話型言語　63
ダウンロード配信　67
高値　26
タブレット　33
短観　7
単純集計　145
単純マトリックス方式　40
チェック・ディジット　8
知的財産権　91
中央値　137, 249
著作権　91
地理情報　11
通信衛星　11
通信・放送　11
ディープラーニング　69
ディジタイザ　34
ディスクの最適化　28
ディスクパック　25
ディスプレイ装置　39
ディレクトリ　55
データの処理単位　23
データ分析　138
データベース　159
データベース管理システム　159
データ構造　59
テクノストレス　96
デジタルアーカイブ　14
デジタルカメラ　34
デジタル式コンピュータ　18
デジタルビデオカメラ　35
デジタル式　18
デバイスドライバ　31
デフラグメンテーション　28
電子マネー　4
電子写真方式プリンタ　38
電子商取引　10

和文索引　295

電子署名　78
ドライバ　31
トラック　26
取り込み形式　230
ドローン　46
ドロー系　62
トンネル効果　48

な 行

内部記憶装置　20
生データ　136
入出力デバイス　31
入力装置　20, 33
ねずみ講　93
ネット・オークション　10
ネットストーカー　92
ネットバンキング　3
ネット銀行　3
ノード　73

は 行

バーコード　8
バーコードリーダー　8, 37
ハードウェア　18
ハードディスク装置　25
バイト　23
バイナリ・ファイル　60
配列　250
バグ　101
パケット　74
箱ひげ図　137
パス　33
パス　55
外れ値　136, 137
バスロケーションシステム　12
パス指定　55
ハッカー　93
バッチ処理　2
バッチ処理システム　57, 72
ハブ　42
バブルジェット　38
バブルソート　253
パラレルインタフェース　31
半角文字　23
ハンドアウト　63, 155
販売時点情報管理システム　6
光ケーブル　66
光ディスク　28
光ファイバー　42
引数　260

ビジネス文書　105, 109
ヒストグラム　139
ビッグデータ　8
ビット　22
ビデオキャプチャー　37
ピボットテーブル　143
ヒューマンインタフェース　64
標準偏差　129, 249
標本化　19
標本平均　138
ファイアウォール　77
ファイル　54
ファイルの断片化　27
フィールド　159
フィールドリスト　169
フィボナッチ数列　263
フィルタ　77
フィンテック　5
不揮発性　24
符号化方式　109
不正アクセス禁止法　93
物理フォーマット　26
不偏分散　138, 249
フラグメンテーション　27
フラットベッド型スキャナー　37
プリンタ　38
プリント　63, 155
ブルートゥース　32
プルーフ・オブ・ワーク　82
フルブロックスタイル　121
フレーム　66
プレゼンテーション　150
プログラム　51
プログラム・パッケージ　60
プロジェクター　40
プロトコル　74
分散型ネットワークシステム　73
ベイズ統計(**)　227
ベイズの定理　227
ペイント系　62
ページ・プリンタ　38
ヘッダ　73, 74
棒グラフ　124
訪問販売等に関する法律　93
歩行者用ナビゲーションシステム　12
母集団　249
補助記憶装置　20, 25

ま 行

マーク付け　110

296　和文索引

マーケットプレイス・レンディング　5
マイクロプロセッサ　20
マイナンバー制度　96
マウス　33
マウス・タブレット　33
マッハジェット　38
マルチメディア　66
無関連　187
無限連鎖講の防止に関する法律　93
メインメモリ　22
メタ情報　112
メモリカード　29
メルカリ　10
メールサーバ　77
目的変数　143
文字コード　109
文字集合　109
モジュール　256
モデム　42
モバイル POS　6
問題　241

や 行

有機 EL ディスプレイ　40
ユークリッドの互除法　241
ユーザーフォーム　268
ユビキタス・コンピューティング　54

ら 行

乱数列　267
ランダムアクセス・メモリ　25
リスト　159
リッチ・テキスト・フォーマット　59
リハーサル　150, 154

リモートバッチ処理　57
リモートバッチ処理システム　72
領域計算量　242
量子化　19
量子化誤差　19
量子コンピュータ　47
量子ビット　47
量的データ　136
リレーショナルデータベース　164
リレーションシップ　168
ルータ　42, 71, 73
ルートディレクトリ　55
レーザプリンタ　38
レコード　54, 159
レジメ（レジュメ）　155
レスポンスタイム　58
レビュー記事　180
レポート（Access の）　173
連続量データ　136
ろうそく足チャート　267
ローカル・エリア・ネットワーク　71
ローカル変数　261
ロボ・アドバイザー　6
ロングテールビジネス　10, 76
論理フォーマット　26

わ 行

歪度　249
ワイド・エリア・ネットワーク　72
ワイヤレスマウス　33
ワイルドカード　162
ワークシート関数　128
ワンセグ　11
ワンタイムパスワード　3

数字・欧文索引

1バイト・コード　23
1回の発注量の1/2が平均在庫　200
1変数の場合　136
2バイト・コード　23
2次元測位　12

A

ACS　2
AGP（Accelerated Graphic Ports）　33
AI（Artificial Intelligence）　69
Algorithm　241
AR（Augmented Reality）　15
ASC Ⅱ文字　109
ASIN　9
ATA　32
ATM　3

B

B to B（Business to Business）
　　10
BASIC　52
BD-R　29
BD-RW　29
Bitcoin　79
Blockchain　81, 84
Bluetooth　32
Blu-ray Disc　29

C

C to C（Consumer to Consumer）　10
CAD　41, 62
Capital Asset Pricing Model　6
CATV　11
CCD　34
CD（Compact Disk）　28
CD-R　28
CD-ROM　28
CD-RW　28
cloud service　76
computer virus　94
CPU　20
CS　11

D

dark web　95
DAT　56

3D プリンタ　39
3-D 縦棒　146
4K・8K テレビ　45
5W2H　111
5 数要約　137

DBMS　159
defragmentation　28
digital divide　15
Digital Versatile Disk　28, 53
DLT　56
DMZ　77
DOS/V（Disk Operating System V）　53
dpi　36
DSTN　40
DTPR　41
DV　35
DVD-R　28
DVD-ROM　28
DVD-RW　28

E

EPUB　111
ETC　12
Ethernet　32
Explzh　7

F

file　54
Flash Memory　30
For 文　251
fragmentation　27
For 文　251
FEP（Front End Processer）　61
Function プロシージャ　257, 260

G

GIF　66
GIS　12
GM　41
Google　54
GPS　12
GUI　33, 53, 64

H

HD　25, 45
HTML　63, 74

298

I

ICT 2
IEEE1394 31
IF 文 254
If-Else IF 文 255
Image Input Unit 34
Infrared Data Association 32
ISBN (International Standard Book Number)
    9
IoT (Internet of Things) 85
iPad 54
iPhone 54
iPod touch 54
IPAddress 74
IrDA 32
ISBN 9
ITS 12
i-mode 11

J

JAN 8
JPEG 66

L

LAN 71
LCD 39
LCD projecter 41
LED printer 38
long-tail business 76

M

macro virus 94
malware 94
Marketplace lending 5
MDS 25
MSDOS (MicroSoft Disk Operating System)
    53
MICS 2
MIDI 41
Modem 42
Moore's law 24
MPEG 66

N

net business 76
NAS (Network Attached Storage) 43
NTSC 43

O

OA 96
OPM (Option Pricing Model) 6
OS 52

P

Parallel interface 31
PC 18
PCI 33
PCI Express 33
P2P (Peer-to-Peer) 81
PCI (Peripheral Computer Interconnect) 33
PC (Personal Computer) 18
Personal Financial Management 5
PFM 5
PlayStation VR 68
POS (Point of Sales) 6, 8, 37
proof-of-work 82

Q

QR コード 17
quantization error 19
qubit 47

R

R-2 乗値 143
RAM (Random Access Memory) 23, 25
RDB 164
ROM (Read Only Memory) 24
RGB 66
robo-adviser 6
RS232C 31
RTF 59

S

SAM 25
SCSI (Small Computer System Interface) 32
SD 45
Select 文 255
Serial interface 31
SNS (Social Networking Service) 74, 76
Solid State Disk 30
spyware 94
SSL 79
STN 40
Sub プロシージャ 260

T

Tablet 33

TCP/IP　74
TFT　40
Trojan horse　94
TRON　54
TWAIN　37

U

Unicode　109
USB　31
USB memory　30
UTF-8　109

V

VBA　243
VICS　12
Virtual Currency　6
VLSI　22

VR　68
VRAM　24

W

WAN　72
WealthNavi　6
Wi-Fi　71
wikipedia　17
while 文　252
Word processor　61
worm　94

X

XML　111

Z

ZIP　110

これからの情報科学

2018年4月30日　第1版第1刷発行
2022年1月30日　第1版第3刷発行

著者　師　啓　二
　　　樋　口　和　彦
　　　舩　田　眞里子
　　　黒　澤　和　人

発行者　田　中　千津子

発行所　株式会社　学　文　社

郵便番号 153-0064　東京都目黒区下目黒 3-6-1
電話 (03)3715-1501 (代表)　振替 00130-9-98842
https://www.gakubunsha.com

落丁・乱丁本は，本社にてお取り替えします。　印刷／新灯印刷株式会社
定価は，カバーに表示してあります。〈検印省略〉

©2018 MORO Keiji, HIGUCHI Kazuhiko, FUNADA Mariko and KUROSAWA Kazuto
Printed in Japan

ISBN 978-4-7620-2801-4